La discipline positive

© Jane Nelsen, 1981, 1987, 1996 et 2006

Titre original : *Positive Discipline*

Tous droits réservés.

Publié aux États-Unis par Ballantine Books, une branche de The Random House Publishing Group, division de Random House Inc. à New York.

Première publication par Sunrise Press, Fair Oaks, Californie, 1981. Des éditions revues de ce livre ont été publiées par Ballantine Books en 1987 et 1996.

Le chapitre 10, « Comment notre personnalité affecte-t-elle la leur ? », est adapté du chapitre originellement paru dans le livre *Positive Discipline for Preschoolers* de Jane Nelsen, Cheryl Erwin et Roslyn Duffy.

© Jane Nelsen, Cheryl Erwin et Roslyn Duffy, 1998

© 2012, Éditions du Toucan pour la traduction française

25 rue du Général-Foy – 75008 Paris

Jane Nelsen

La discipline positive

Adaptation de Béatrice Sabaté,
avec la collaboration d'Anne Burrus

Traduction de l'anglais (américain)
par Stéphanie Delacroix

MARABOUT

Sommaire

Préface 7

Avant-propos 11

L'approche positive 17

Principes adlériens :
les fondements de la Discipline Positive 51

L'impact du rang de naissance 85

Un nouveau regard
sur les comportements inappropriés 109

S'éloigner des conséquences logiques
pour se concentrer sur les solutions de réparation 157

Se centrer sur la recherche de solutions 187

Utiliser l'encouragement de façon efficace 211

Les Temps d'Échange en Famille (TEF) 253

Les Temps d'Échange en Classe (TEC) 285

Comment notre personnalité affecte-t-elle la leur ? 333

Profiter pleinement du chemin éducatif 371

À propos de l'auteur 413

Remerciements 415

Préface

La Discipline Positive a la force d'un rêve, celui d'éduquer dans la fermeté et la bienveillance sans avoir à choisir entre l'une et l'autre, de trouver la juste autorité dont les enfants ont aujourd'hui besoin pour déployer leurs ailes dans la coopération et l'autonomie. Le rêve aussi, pour les parents et les enseignants, d'aider les enfants à développer des compétences indispensables pour la vie, tout en profitant pleinement d'une relation fondée sur la confiance et le respect mutuel.

La Discipline Positive est une réponse concrète au défi d'une société en pleine mutation : d'une part, que cela plaise ou non, les enfants d'aujourd'hui ne grandissent plus dans un modèle de soumission. Nombre de parents et d'enseignants se demandent ainsi comment exercer une autorité juste et constructive, qui permette à l'enfant de devenir un membre épanoui de sa communauté. D'autre part, des études françaises récentes montrent combien l'encouragement se pose en facteur essentiel de la réussite et permet à l'enfant de s'engager au mieux dans ses apprentissages académiques et sociaux.

Face à ces changements de fond, la Discipline Positive, fondée sur les principes adlériens, est une méthode incroyablement novatrice grâce à ses outils centrés sur l'encouragement.

On trouve tout au long de cette première édition française des pistes de réflexion et d'action qui font la richesse de cette approche psychoéducative. Ainsi, les parents et les enseignants sont encouragés à regarder les erreurs comme des opportunités d'apprentissage dans un processus dynamique et constructif. La recherche de solutions et l'identification des besoins derrière les comportements des enfants y sont pleinement intégrées comme un souffle puissant qui fait grandir dans la coopération. Plus globalement, cette approche permet aux parents et enseignants de découvrir les secrets d'une éducation où fermeté et bienveillance se conjuguent dans un désir de créer du lien et de développer un sentiment d'appartenance qui nourrit et fait exister.

Cette édition s'adresse aussi bien aux parents qu'aux enseignants, parce que, s'il est évident que les contextes familiaux et scolaires sont très différents, l'approche et les concepts restent les mêmes, avec des outils qui s'adaptent aux besoins de chacun. Nous sommes au cœur de la relation à l'autre, et c'est aussi ce qui fait la force et la cohérence de la Discipline Positive.

À la suite d'Alfred Adler et de Rudolf Dreikurs, Jane Nelsen partage avec le lecteur son pragmatisme, son

Préface

expérience, sa joie d'être parent et, par-dessus tout, sa passion de l'éducation. Elle pose un regard plein de finesse sur le potentiel de l'enfant. Un regard qui espère, fait confiance et libère l'adulte des exigences de la perfection.

Ma gratitude de l'avoir rencontrée et de travailler avec elle est immense. La Discipline Positive a changé le regard que je posais sur la vie et m'a donné ce « courage d'être imparfaite » grâce à la conviction que, dans l'éducation, l'erreur n'est pas seulement une deuxième chance mais l'opportunité d'apprendre ensemble avec beaucoup plus de sérénité et sans culpabilité.

Aujourd'hui, je partage le privilège de connaître cette femme hors du commun avec l'équipe de formateurs français dont l'objectif est de développer, avec passion et professionnalisme, la Discipline Positive en France.

Que ce livre soit source d'inspiration, de joie, de réflexion, d'espoir, de progression sur le chemin des apprentissages et de la transmission. Un chemin de vie au cœur de la relation éducative.

Béatrice Sabaté

Avant-propos

La Discipline Positive est basée sur la philosophie et les enseignements d'Alfred Adler et de Rudolf Dreikurs. L'approche adlérienne a changé ma vie et a nettement amélioré mon relationnel avec les enfants, en particulier chez moi et dans les classes.

Je suis mère de sept enfants, et grand-mère de vingt et un petits-enfants. Il y a longtemps, alors que je n'avais « que » cinq enfants dont deux adolescents, je me suis sentie impuissante, comme beaucoup de parents d'aujourd'hui. Je n'arrivais pas à calmer les disputes, j'en avais assez de ramasser les jouets ou de faire les choses à la place de mes enfants. Je n'arrivais pas à les coucher le soir ni à les faire se lever le matin. Les réveils étaient difficiles, et la préparation pour aller en classe s'accompagnait de remarques incessantes. Le retour de l'école et le moment de se mettre aux devoirs étaient aussi pénibles ; menaces et cris étaient souvent au rendez-vous. Je me sentais mal, mes enfants aussi, et cela ne fonctionnait pas. Je répétais inlassablement : *Je t'ai demandé cent fois de ranger tes jouets*, en me sentant inefficace et frustrée. Je ne savais pas comment faire pour que les choses s'arrangent, et je me rendais compte que mon approche y était peut-être pour quelque chose.

J'étais en dernière année d'université avec pour objectif d'être diplômée en « développement de l'enfant » et, malgré mes nombreuses lectures spécialisées, je me sentais découragée alors même que je découvrais des idéaux pour les enfants et les parents. Malheureusement, ces livres aux théories séduisantes ne me donnaient pas beaucoup d'aide sur le plan pratique !

Au dernier semestre d'université, j'ai suivi le cours du Dr Hugh Allred, qui expliqua que nous n'allions pas apprendre tout une série de théories, mais une seule : la psychologie adlérienne, qui incluait des méthodes pratiques pour aider les enfants à apprendre l'autodiscipline, la responsabilité, la coopération et les qualités nécessaires à la résolution de problèmes. J'étais pleine d'espoir face à cette possibilité, mais surtout ravie de constater, passées mes premières réserves, que les méthodes d'Adler et de Dreikurs étaient efficaces. À ma grande joie, les disputes de mes enfants diminuèrent de façon significative. Les couchers et les levers se faisaient dans la coopération générale. Mais le plus grand changement était qu'enfin, j'apprenais à apprécier pleinement mon rôle de mère, du moins… la plupart du temps !

Mes propres succès m'ont rendue si enthousiaste que j'ai eu envie d'en faire profiter les autres. J'ai commencé à expérimenter la méthode avec un groupe de parents de mon voisinage, puis avec des parents d'enfants souffrant de troubles de l'apprentissage et de troubles émotionnels. Ils avaient au départ quelques réticences sur l'autodiscipline, et doutaient que leurs enfants soient en mesure de coopérer. Beaucoup de parents sous-estiment leurs enfants. Cette approche leur a permis de mieux apprécier le potentiel de leur progéniture.

J'ai travaillé ensuite à l'école du district de Elk Grove en Californie, où beaucoup de parents, enseignants, psychologues et personnel administratif étaient favorables aux concepts adlériens et à leur application aussi bien à la maison qu'à l'école. Je suis particulièrement reconnaissante au Dr John Platt, psychologue, que j'ai adopté comme mentor. Il m'a beaucoup appris.

Je suis plus tard devenue la directrice du projet ACCEPT (Adlerian Counseling Concepts for Encouraging Parents and Teachers), toujours dans le district scolaire de Elk Grove. C'était un projet financé par le gouvernement. Notre but était de montrer que les enfants amélioreraient leur comportement lorsque les adultes, en participant à des groupes d'études, apprendraient des moyens plus efficaces d'éduquer les enfants dans les contextes familial et scolaire. Les résultats montrèrent une amélioration significative des comportements des enfants, et nous avons donc été récompensés par le financement de trois années supplémentaires pour mettre en place notre programme dans de nouveaux districts.

À travers cette expérience, j'ai eu l'occasion de partager ces concepts adlériens avec des milliers de parents et enseignants. Cela me ravissait de les entendre me raconter les progrès de leurs enfants grâce aux compétences qu'ils avaient acquises lors de nos formations.

J'ai appris plus encore que je n'ai enseigné.

Merci à ceux que j'ai rencontrés qui m'ont permis de m'appuyer sur les exemples extraits de leur vie personnelle. Un remerciement tout particulier à Frank Meder pour sa contribution lors des temps partagés en classe.

Merci aussi à ceux qui se sont impliqués dans le projet ACCEPT : Judi Dixon, Susan Doherty, George Montgomery, Ann Platt, Barbara Smailey, Marjorie Spiak et Vicky Zirkle ; en tant que parents responsables de groupe, ils ont été infatigables et très efficaces dans la mise en place et l'organisation de ces ateliers.

Lynn Lott est une amie et collègue précieuse qui m'a épaulée quand un de mes enfants a été confronté à la drogue. J'ai été tentée à ce moment-là d'arrêter ma mise en pratique de la Discipline Positive et de revenir à un modèle de contrôle répressif.

À ses côtés, j'ai suivi un atelier facilitant les relations avec les adolescents à la NASAP (North American Society of Adlerian Psychology). J'ai senti alors qu'elle pouvait me tendre la main et me remettre sur les rails. Je lui ai demandé d'écrire un livre avec moi parce que je pensais que, si quelque chose avait marché pour moi, cela valait la peine de le partager. Nous avons depuis écrit plusieurs livres ensemble, et elle a considérablement influencé le développement des concepts de Discipline Positive.

Mes enfants ont toujours été des sources d'inspiration, d'expérience et d'amour. Je me réfère souvent à eux. Terry et

Jim étaient déjà adolescents quand j'ai commencé à apprendre ces concepts. Kenny, Bradley et Lisa avaient respectivement 7, 5 et 3 ans. Mark et Mary sont nés après que j'ai commencé à enseigner en groupe. Ils m'ont aidée au quotidien dans la mise en place des concepts de Discipline Positive.

Le bénéfice principal a été d'installer en famille une atmosphère fondée sur le respect mutuel, la coopération, la joie et l'amour. Encore aujourd'hui, à chaque fois que je m'éloigne des principes de ce livre, cela engendre du désordre. Mais je me réjouis en me disant qu'en revenant à la méthode, je peux non seulement réparer le désordre causé, mais aussi améliorer l'existant. Les erreurs sont réellement de merveilleuses occasions d'apprendre.

Depuis des années, je suis touchée de rencontrer toutes ces personnes qui ont choisi d'intégrer la Discipline Positive dans leur vie.

L'Association américaine de Discipline Positive a vu le jour en 2004. C'est une organisation à but non lucratif qui compte aujourd'hui plus de 160 membres actifs (formateurs, enseignants, responsables scolaires ou éducatifs, psychologues). Leur dynamisme permet le développement de la Discipline Positive à travers le monde, et je remercie sincèrement chacun d'entre eux, sans malheureusement pouvoir les citer tous. Les travaux et recherches d'Alfred Adler ont touché la vie de tellement de parents et d'enseignants.

En mai 2012, c'est l'Association Discipline Positive France qui a vu le jour, avec pour principal objectif de développer cette approche en France.

Jane Nelsen

1

L'approche positive

Si vous êtes enseignant, l'êtes-vous depuis assez longtemps pour vous souvenir de l'époque où les enfants s'asseyaient sagement dès que vous le leur demandiez ?

Si vous êtes un parent, vous souvenez-vous du temps où les enfants n'auraient jamais osé vous contredire ou vous répondre avec impertinence ? Si ce n'est pas le cas, peut-être que vos grands-parents, eux, s'en souviennent.

Aujourd'hui, de nombreux parents et enseignants sont frustrés par le comportement des enfants, bien éloigné des manières du bon vieux temps.

Que s'est-il passé ? Pourquoi les enfants d'aujourd'hui ne développent-ils pas le même sens des responsabilités et la même motivation que ceux que l'on trouvait aux générations précédentes ?

Parmi les réponses généralement proposées, on peut citer des structures familiales en mutation ou éclatées, l'abus de télévision et de jeux vidéo, le développement de l'activité professionnelle des mères. Ces états de fait sont tellement répandus dans la société actuelle que la situation serait désespérée s'ils suffisaient à expliquer les défis que nous rencontrons dans l'éducation des enfants. D'ailleurs, nous connaissons probablement tous des parents qui travaillent et élèvent seuls leurs enfants de façon efficace.

Une autorité en mutation...

Rudolf Dreikurs, psychiatre autrichien, propose une autre théorie.

D'après lui, de nombreux changements intervenus dans la société ces dernières années expliquent plus spécifiquement pourquoi les comportements des enfants ont évolué.

Le premier changement d'importance vient du fait que les adultes ne sont plus pour les enfants des exemples de soumission et d'obéissance. Ils oublient qu'eux-mêmes ne se comportent plus comme le faisaient les adultes des générations précédentes.

Souvenez-vous du temps où les mères faisaient sagement ce que les pères leur demandaient, ou du moins donnaient l'impression de se soumettre, parce que c'était comme ça et que c'était culturellement acceptable.

Au bon vieux temps, rares étaient ceux qui se posaient la question de savoir s'il était normal que les décisions du père soient irrévocables et définitives. Mais sous l'influence des mouvements se réclamant des droits de l'homme, les modèles d'autorité sont aujourd'hui en mutation.

Rudolf Dreikurs fait remarquer que « le jour où le père a perdu son contrôle sur la mère, les deux ont perdu leur contrôle sur les enfants ». Ainsi, les mères ont cessé d'être, pour leurs enfants, un modèle de soumission. Et il s'agit d'un progrès. Tout n'était pas si bon au bon vieux temps...

À l'époque, les modèles de soumission étaient nombreux. Le père, en tant qu'employé, obéissait à son employeur (qui n'accordait souvent que peu d'intérêt à ses opinions) pour ne pas perdre son travail.

Les minorités acceptaient d'être soumises au mépris de leur dignité personnelle.

Aujourd'hui, tous les groupes minoritaires revendiquent activement leurs droits à l'équité et à la dignité. Il est difficile de trouver quelqu'un qui accepte une vie soumise ou qualifiée d'inférieure.

Les enfants ne font que suivre les exemples qu'ils observent autour d'eux. Or, comme ils grandissent dans un modèle égalitaire, ils ne réagissent plus comme les générations précédentes. Ils souhaitent, eux aussi, être traités avec respect et dignité.

Il est important de noter qu'égal ne veut pas dire identique. Cinq pièces de 1 euro et un billet de 5 euros sont très différents mais ils représentent la même somme, ils ont la même valeur.

Les enfants n'ont évidemment pas les privilèges et responsabilités qui viennent avec l'expérience, la maturité et les compétences. Il est essentiel que les adultes les éduquent à la responsabilité, en étant des porteurs d'autorité, de repères éducatifs, tout en leur garantissant respect et dignité. Les enfants ont également besoin qu'on leur donne l'opportunité d'acquérir les compétences de vie nécessaires à leur épanouissement, plutôt que d'évoluer dans une atmosphère répressive chargée de reproches ou de culpabilité.

L'approche positive

Un autre grand changement vient du fait que de nos jours, les enfants ont moins d'opportunités de développer le sens des responsabilités et la motivation.

Nous n'avons plus besoin que les enfants contribuent économiquement à notre survie. Aujourd'hui, au nom de l'amour, nous leur donnons trop, sans qu'ils aient besoin de fournir un quelconque effort ou investissement, ce qui les conduit à se comporter comme si tout leur était dû.

Trop de mères et de pères pensent que leur rôle est de protéger leurs enfants de toutes les déceptions. Croyant bien faire, ils interviennent ou surprotègent, privant ainsi leurs enfants de l'opportunité de développer une confiance solide dans leur capacité à faire face aux aléas de la vie.

Apprendre est un processus qui s'inscrit dans le temps. Or les turbulences du quotidien, les agendas chargés n'offrent pas toujours spontanément ce que l'on sait indispensable au développement du savoir-faire de l'enfant.

Par ailleurs, on sous-estime souvent à quel point il est important pour les enfants de participer et de contribuer. En agissant pour eux, nous leur retirons sans le savoir l'opportunité de sentir qu'ils ont une place et qu'ils peuvent apporter une contribution significative, utile et responsable. Puis nous nous plaignons de leur manque de responsabilité.

Les enfants ne deviennent pas responsables au contact de parents et d'enseignants faisant preuve d'un excès de sévérité et de contrôle, ni avec des parents et des enseignants permissifs. Ils acquièrent progressivement le sens des responsabilités lorsque leurs apprentissages se déroulent dans un cadre où fermeté et bienveillance garantissent dignité et respect mutuel.

Il est donc essentiel d'insister sur le fait que se détourner des punitions ne signifie en aucun cas autoriser les enfants à faire tout ce qu'ils veulent. À nous, parents et enseignants, de leur fournir les opportunités d'apprentissage dont ils ont besoin pour développer le sens des responsabilités en lien direct avec l'autonomie et les privilèges qui y sont attachés. Faute de quoi, ils risqueraient de devenir des manipulateurs dépendants qui pensent que la seule manière d'être reconnus est de faire agir les autres à leur place.

Certains enfants développent l'idée suivante : *On ne m'aime pas si on ne s'occupe pas de moi, si je ne suis pas le centre de l'attention.* D'autres peuvent être amenés à croire qu'il ne leur sert à rien d'essayer, parce qu'ils encourent trop souvent des reproches, générateurs de honte et de souffrance. Le plus triste, c'est que certains finissent par penser : *Je ne suis pas à la hauteur,* simplement parce qu'ils n'ont pas l'opportunité de s'entraîner à acquérir les aptitudes qui leur permettent de se sentir capables.

Ces enfants-là dépensent beaucoup d'énergie :
- à se rebeller ;
- à essayer de faire leurs preuves ;
- à se désengager.

Lorsque toutes leurs forces tendent vers l'un de ces trois buts, les enfants ont davantage de mal à développer les perceptions et les aptitudes nécessaires pour traverser la vie avec la conviction d'être des personnes capables.

Les 7 Perceptions et Compétences Essentielles

Dans *Raising Self-Reliant Children in a Self-Indulgent World* (ndlt : « Élever des enfants autonomes dans un monde complaisant »), les auteurs identifient les 7 Perceptions et Compétences Essentielles nécessaires au développement de personnes autonomes et capables, classées dans le tableau ci-contre.

Les enfants développent ces perceptions et ces aptitudes de façon naturelle quand ils ont la possibilité de coopérer aux côtés de leurs parents et de leurs enseignants, recevant par là même une sorte de « formation sur le terrain » tout en contribuant de façon significative à la vie familiale et scolaire.

L'ironie de la chose est qu'au bon vieux temps, les enfants avaient de nombreuses opportunités de développer des compétences de vie, mais peu de liberté pour s'en servir. Le monde d'aujourd'hui est rempli d'opportunités, mais beaucoup d'enfants n'y sont pas préparés.

La plupart des comportements inappropriés des enfants trouvent leur source dans l'absence ou la fragilité d'une ou plusieurs de ces 7 Perceptions et Compétences Essentielles.

L'adulte joue ici un rôle fondamental, puisque nous verrons comment il peut aider l'enfant à développer ces perceptions tout en choisissant des alternatives à la punition.

Perceptions	Attitudes
Une perception solide de ses aptitudes personnelles	*Je suis capable.*
Une perception solide de son importance dans les relations avec ses proches	*Je contribue de façon significative et on a réellement besoin de moi.*
Une perception solide de maîtrise et de capacité à agir sur sa propre vie	*J'ai une influence sur ce qui m'arrive.*
Des aptitudes intra-personnelles	La capacité à identifier et à comprendre ses propres émotions afin de pouvoir développer l'autodiscipline et le contrôle de soi.
Des aptitudes inter-personnelles efficaces	La capacité à travailler avec les autres et à nouer des amitiés en s'appuyant sur la communication, la coopération, la négociation, le partage, l'empathie et l'écoute.
Des aptitudes systémiques	La capacité à réagir aux contraintes de la vie quotidienne avec responsabilité, adaptabilité, flexibilité et intégrité.
L'aptitude à exercer son propre jugement	Faire preuve de sagesse et être capable d'évaluer les situations en fonction d'un système de valeurs appropriées et structurantes.

Afin d'ajuster l'exercice de notre autorité aux changements profonds que connaît la société actuelle, il est essentiel de comprendre :

- en quoi ces changements viennent modifier les comportements des enfants ;

L'approche positive

- pourquoi les méthodes autoritaires, qui fonctionnaient si bien avant, ne sont plus aussi efficaces de nos jours ;
- en quoi il est indispensable de fournir aux enfants des opportunités d'apprentissage afin qu'ils puissent développer sens des responsabilités et motivation ;
- en quoi une coopération fondée sur le respect mutuel et le partage des responsabilités est aujourd'hui plus efficace et durable que le modèle autoritaire.

Autoritarisme, permissivité et Discipline Positive : 3 modèles d'interaction parents/enfants

Il va sans dire que les attitudes des parents et des enseignants et l'apprentissage qu'en retire l'enfant changent radicalement en fonction de l'approche qu'ils choisissent.

Autoritaire (contrôle excessif) : *Voilà les règles que tu dois suivre, et voilà la punition que tu recevras si tu ne les respectes pas.* Les enfants ne sont absolument pas impliqués dans le processus de prise de décision.

Permissif : *Il n'y a pas de règles. Nous allons nous aimer et être heureux et, plus tard, tu seras capable de choisir tes propres règles.* Les enfants ont toutes les libertés mais pas de cadre.

Discipline Positive (fermeté *et* bienveillance simultanément) : *Nous allons décider ensemble des règles qui seront bénéfiques pour tous. Nous allons aussi nous mettre d'accord sur des solutions qui aideront chacun lorsque nous rencontrerons un problème. Si j'ai besoin de décider sans pouvoir* *t'impliquer, je le ferai avec bienveillance et fermeté, dignité et respect.*

Pour illustrer de façon amusante chacune de ces trois approches, le Dr John Platt nous raconte le petit déjeuner de Jean, 3 ans, dans trois familles différentes.

1. Famille autoritaire

Dans la famille autoritaire, où la mère sait toujours ce qu'il faut faire, Jean ne peut rien choisir pour son petit déjeuner. Quand il pleut et qu'il fait froid, les mères directives du monde entier le savent toutes, un enfant a besoin de quelque chose de bien nourrissant. Mais Jean ne l'entend pas de cette oreille, il regarde son bol de céréales et dit : *Beurk ! J'en veux pas d'ce truc !*

Au siècle dernier, il était bien plus facile d'être une mère autoritaire et directive. Il aurait alors suffi de dire : *Mange !* et Jean aurait obéi. C'est bien plus difficile de nos jours... Alors, pour se faire obéir, la mère de Jean passe par les 4 étapes suivantes :

Étape 1

La mère de Jean essaie de le convaincre en lui expliquant qu'il a besoin de ce bol de céréales pour avoir de l'énergie pour sa journée. Rappelez-vous, votre mère ou votre grand-mère vous disaient probablement : *Ça te tiendra au corps !* Avez-vous déjà essayé de vous mettre à la place d'un enfant de 3 ans qui entend que son bol de céréales lui tiendra au corps ? Pas sûr qu'il soit très convaincu...

Étape 2

La mère de Jean tente alors de rendre les céréales plus appétissantes. Elle essaye d'ajouter : sucre roux, bananes, raisins secs, miel, fromage blanc et même pépites de chocolat. Jean en prend une deuxième cuillère et persiste : *Beurk, c'est pas bon !*

Étape 3

La mère de Jean essaye de lui faire prendre conscience de sa chance. *Mais, Jean, pense un peu à tous ces pauvres enfants qui meurent de faim en Afrique.* Jean, toujours pas convaincu, répond : *Si tu veux, tu peux leur envoyer.*

Étape 4

Enfin la mère de Jean, à bout de nerfs, pense qu'il ne lui reste pas d'autre choix que de lui donner une leçon. Elle lui donne une fessée et lui dit qu'il aura faim, et c'est tout. Pendant une demi-heure, elle est satisfaite de la façon dont elle a géré la situation, puis commence à culpabiliser. Que penseraient les gens s'ils savaient qu'elle n'arrive pas à faire manger son enfant ? Et s'il avait vraiment faim ?

Jean, pendant ce temps, est parti jouer dehors, puis revient pour dire : *Maman, j'ai vraiment faim !*

Le moment est maintenant venu pour la mère de Jean de pratiquer la plus plaisante de toutes les morales, celle du *je t'avais prévenu*. Mais elle ne remarque pas que Jean regarde ailleurs en attendant qu'elle finisse son discours. Elle est d'ailleurs très satisfaite de sa leçon de morale.

Elle a accompli son devoir et lui a montré que c'est elle qui avait raison. Elle lui donne un petit gâteau et le renvoie jouer.

Pour compenser le déficit nutritionnel du petit déjeuner, elle file à la cuisine et lui prépare du poulet et des haricots verts. Je vous laisse imaginer le déjeuner !

2. Famille permissive

La scène suivante se déroule dans une maison permissive, où la mère est aux prises avec un enfant roi, petit anarchiste en devenir. Quand Jean entre dans la cuisine, sa mère lui demande : *Qu'est-ce que tu veux pour ton petit déjeuner, mon ange ?* Jean, après trois années d'entraînement, maîtrise déjà très bien la façon d'amener sa mère à satisfaire ses exigences. Il demande d'abord un œuf à la coque. Sa mère doit en faire plusieurs avant d'arriver à en cuire un juste comme il aime. Il décide ensuite qu'en fait, il ne voulait pas vraiment d'œuf, mais plutôt des tartines à la confiture.

Pendant ce temps, Jean regarde une publicité à la télévision sur le « Petit déjeuner des champions ». Il dit alors : *Maman ! Je veux du miel sur mes tartines !* Après une bouchée, il change d'avis et demande une pâte à tartiner au chocolat. Sa mère n'en a pas, et lui promet de s'en procurer dès le lendemain. Jean n'a même pas besoin de la culpabiliser, elle s'en charge elle-même du matin au soir.

Ces histoires peuvent paraître exagérées, mais reflètent pourtant des situations réelles. En cherchant, on trouverait aisément des exemples similaires dans un contexte scolaire. Une mère m'a raconté que son enfant se nourrissait exclusivement de pain. Quand je lui ai demandé d'où venait ce pain, elle s'est exclamée : *Il faut bien que je lui en achète puisqu'il ne mange rien d'autre !* Les enfants élevés de façon permissive sont convaincus que le monde entier leur est redevable et passent plus de temps à essayer de fuir leurs responsabilités qu'à développer leurs capacités et acquérir leur autonomie.

3. Famille Discipline Positive

Dans la famille Discipline Positive, on note d'ores et déjà deux détails d'importance avant même d'en venir au petit déjeuner. Jean suit sa routine du matin : il est déjà habillé et son lit est fait. (Nous verrons ultérieurement l'importance du cadre et des routines, ainsi que la façon de se les approprier.) Ensuite, Jean va contribuer de façon pratique au déroulement de la routine familiale. Il va, par exemple, mettre la table ou faire griller le pain.

Aujourd'hui, c'est le jour des tartines. La mère de Jean lui propose un choix limité. *Tu préfères des tartines au beurre ou à la confiture ?* Comme Jean a aussi vu la publicité à la télévision sur ce que mangent les grands athlètes, il choisit la tartine toute simple au beurre. Après une bouchée, il change d'avis et déclare : *Je n'en veux plus !* Sa mère lui répond : *D'accord. Je considère que tu n'as plus faim. Va jouer dehors, on se verra pour le déjeuner.*

Vous aurez remarqué que la mère de Jean a sauté toutes les étapes par lesquelles était passée la mère autoritaire.

Elle n'a pas essayé de le convaincre, de lui parler des enfants qui meurent de faim, ni de rendre la tartine plus appétissante. Elle lui a simplement donné la possibilité de faire l'expérience des conséquences de ses choix. Comme cette mère débute en Discipline Positive, Jean essaye tout de même de la faire culpabiliser. Deux heures plus tard, quand il dit à sa mère qu'il a faim, elle lui répond de façon respectueuse : *Oui, j'imagine !* Elle se dispense d'ajouter : *Je te l'avais dit*, et, à la place, elle le rassure : *Je sais que tu tiendras jusqu'à l'heure du déjeuner.*

Ça serait bien si l'histoire s'arrêtait là, avec Jean faisant preuve de compréhension et de coopération, mais cela ne se passe pas souvent ainsi. Jean n'a pas l'habitude que sa mère se conduise ainsi. Il est frustré car il n'a pas obtenu ce qu'il espérait, et se lance alors dans une colère. À ce point, il serait somme toute normal pour la plupart des mères de penser : *Cette histoire de Discipline Positive, ça ne marche pas.* Lorsque les schémas sont installés, les enfants sont habitués à recevoir certaines réponses des adultes. Quand nous changeons nos réponses, il arrive souvent que les enfants accentuent leur comportement dans le but de nous faire réagir comme ils l'attendent. C'est l'analogie du « coup de pied dans le distributeur de boissons ». Quand on met une pièce dans le distributeur et que la cannette ne tombe pas, on tape plus fort pour que la machine fasse ce que l'on attend d'elle.

Le problème, avec la sévérité sans bienveillance, c'est que lorsque la réponse à un comportement inapproprié est la punition, le comportement cesse immédiatement, mais reprend peu de temps après pour se répéter régulièrement. Même si le comportement des enfants empire parfois lorsqu'on commence à utiliser la Discipline Positive, avec le temps, l'utilisation assidue de cette approche réduit bien souvent l'intensité et la fréquence des comportements inappropriés. Avoir tout simplement conscience de la façon dont les changements se mettent en place permet de les vivre avec davantage de patience.

Un défi, une opportunité d'apprentissage, plusieurs outils…

Quand Jean pique une colère, sa mère se trouve devant une opportunité d'apprentissage. Elle peut utiliser l'outil du **temps de pause** pour lui apprendre à retrouver son calme et, par exemple, quitter la pièce afin de laisser le temps aux deux parties de se sentir mieux. On notera, par ailleurs, qu'il n'est pas très amusant de faire une crise de rage sans public.

Elle pourrait aussi essayer le **geste d'affection**, le bisou-câlin pour les plus jeunes. L'objectif, encore une fois, est de se sentir mieux avant de changer ses comportements et de s'améliorer.

Une fois la tension apaisée et si l'enfant est assez grand, ils pourront **réfléchir ensemble à une solution**. Pour les jeunes enfants, le fait de se sentir mieux, une simple distraction ou une redirection de l'attention suffisent généralement à modifier l'humeur et le comportement en question.

Cette histoire illustre bien, par ses exemples, les spécificités des trois modèles d'interactions entre adultes et enfants, et montre comment la Discipline Positive permet d'obtenir des résultats à long terme. Reste qu'il est difficile pour certains adultes d'abandonner un contrôle excessif, parce qu'ils sont persuadés que la seule alternative à la fermeté est la permissivité.

Attention à « ce qui marche »

Je ne dirai jamais que les punitions ne marchent pas. Très souvent, cela met un terme immédiat au comportement inapproprié de l'enfant. Mais quels en sont les résultats à long terme ? Nous sommes souvent aveuglés par les résultats immédiats, sans prendre la peine de nous projeter et de regarder ce qu'ils construisent pour demain.

Les résultats à long terme des punitions peuvent se résumer aux 4 « R » suivants :

Les 4 « R » de la punition

RANCŒUR	C'est pas juste. Je ne peux pas faire confiance aux adultes.
REVANCHE	Bon, là, c'est eux qui gagnent, mais je les aurai la prochaine fois.
RÉBELLION	Je vais faire exactement l'inverse pour leur prouver qu'ils ne peuvent pas m'obliger à faire ce qu'ils veulent.
RETRAIT (dissimulation)	La prochaine fois, je ne me ferai pas prendre. Baisse de l'estime personnelle : Je ne vaux rien.

Les enfants n'ont habituellement pas conscience des décisions qu'ils prennent en réponse à la punition. Cependant, leurs comportements futurs sont basés sur ces décisions inconscientes. À nous, adultes, de garder à l'esprit les effets à long terme de nos choix pédagogiques plutôt que de nous laisser séduire par les résultats à court terme.

D'où nous vient cette folle idée que pour qu'un enfant se conduise mieux, il faut d'abord qu'il se sente dévalorisé ?

Pensez à la dernière fois où vous vous êtes senti humilié ou traité de façon injuste.

Est-ce que cela vous a donné envie de coopérer ou de faire mieux ? Prenez une minute et fermez les yeux pour vous souvenir de la dernière fois (récemment, ou quand vous étiez enfant) où quelqu'un a essayé de vous motiver en essayant d'abord de vous rabaisser. Souvenez-vous en détail de ce qui s'est alors passé. Quel était votre ressenti ?

Rappelez-vous de ce que vous avez alors décidé (même si vous n'étiez probablement pas conscient d'être en train de prendre une décision à ce moment-là). Avez-vous ressenti une quelconque motivation pour vous améliorer ? Si oui, était-ce une sensation agréable, ou était-ce plutôt motivé par des sentiments négatifs ? Avez-vous ressenti l'envie d'abandonner ou de faire semblant pour éviter une nouvelle humiliation la prochaine fois ? Ou vous êtes-vous senti devenir dépendant à cette drogue appelée « approbation » – choisissant d'être dans l'injonction de « faire plaisir », au détriment de la personne que vous étiez ?

Les enfants ne développent pas des compétences positives (constructives et utiles) fondées sur les ressentis et les décisions inconscientes résultant de punitions.

Les parents et les enseignants qui n'aiment ni le contrôle excessif, ni la permissivité, mais qui ne connaissent pas d'autres alternatives, peuvent se retrouver contraints de pratiquer tantôt l'une, tantôt l'autre approche, comme s'ils étaient pris au piège entre deux choix inefficaces. Ils exercent un contrôle excessif jusqu'à ne plus supporter de se voir si tyranniques. Ils passent alors au mode permissif jusqu'à ne plus supporter de voir leurs enfants aussi exigeants… et ils retournent à l'approche autoritaire.

Le prix d'un contrôle excessif se décline entre rébellion et soumission, pour décrire un univers qui n'est pas celui de la Discipline Positive. L'approche adlérienne (voir chapitre 2), le dos résolument tourné au blâme, à l'humiliation, à la douleur (physique ou émotionnelle), trouve ses racines dans l'encouragement.

Le but de la Discipline Positive est d'obtenir des résultats positifs à long terme et de développer sans attendre autonomie et coopération.

La permissivité, quant à elle, crée une codépendance néfaste au lieu de développer autonomie et coopération.

De nombreux parents et enseignants pensent que, s'ils abandonnent le contrôle excessif et la sévérité, ils s'exposent aux affres de la permissivité. Il est donc important de revenir au sens premier du mot « discipline ». Ce terme est souvent assimilé au fait de punir et de soumettre.

Le mot « discipline » vient du latin *discipulus/disciplini* qui veut dire « celui qui suit la vérité, un modèle ou un principe ».

Les enfants et les élèves ne se soumettront pas à un modèle sans répondre à une motivation intrinsèque ni sans avoir appris l'autoévaluation et la maîtrise de soi. Or la punition comme la récompense résultent toutes deux d'une évaluation extérieure à l'enfant.

Ni sévérité ni permissivité ?
Alors, quelle voie choisir ?

La Discipline Positive est fondée sur le respect mutuel, la coopération et s'appuie sur le principe **de bienveillance *et* de fermeté simultanées**. Il s'agit d'une discipline qui enseigne les compétences de vie en développant un référentiel interne solide.

La Discipline Positive est centrée sur l'importance d'établir le lien (de connecter) avant de corriger (à comprendre dans le sens d'« enseigner »), et sur la nécessité d'impliquer les enfants dans la recherche de solutions plutôt que de punir leurs erreurs.

Quand les adultes font preuve de trop de contrôle, les enfants développent un référentiel externe et perdent leur sens des responsabilités.

Un des systèmes de discipline les plus répandus, que ce soit en famille ou à l'école, est celui des récompenses et des punitions. Avec ce mode de fonctionnement, les adultes encouragent les « bons » comportements par la récompense et limitent ou sanctionnent les « mauvais » par la punition. Le référentiel est externe, et l'adulte seul décisionnaire. Mais que se passe-t-il en dehors de la présence de l'adulte ? Est-ce ainsi que les enfants apprennent à être responsables de leur propre conduite ?

Il est intéressant de constater que ce sont souvent les adultes les plus autoritaires qui se plaignent le plus de l'irresponsabilité des enfants, sans même réaliser que ce sont eux, bien souvent, qui la suscitent. La permissivité, pour sa part, entraîne également l'irresponsabilité puisque, dans cette approche, les adultes comme les enfants abandonnent toute véritable prise en charge.

Un des concepts essentiels de la Discipline Positive est que les enfants sont plus à même de suivre des règles quand ils sont impliqués dans leur mise en place. En participant activement à la vie de famille, en classe, dans leurs communautés, ils deviennent capables de prendre des décisions et de développer une estime de soi solide.

5 critères pour identifier une discipline efficace et positive

1. Une discipline simultanément ferme et bienveillante (respectueuse et encourageante).
2. Une discipline qui aide les enfants à développer un sentiment d'appartenance et d'importance (être en lien).
3. Une discipline efficace à long terme (la punition est efficace à court terme, mais elle a des résultats négatifs sur le long terme).
4. Une discipline qui enseigne des compétences sociales et favorise le développement de personnalités agissant avec respect, intérêt pour les autres, responsabilité et coopération.
5. Une discipline qui invite les enfants à avoir confiance en leurs capacités et à se servir de leur potentiel personnel de manière constructive.

L'approche punitive ne répond à aucun de ces critères.

Chaque outil enseigné en Discipline Positive répond à tous ces critères.

Le premier critère, **bienveillance *et* fermeté simultanées**, fait partie des concepts fondateurs de la Discipline Positive.

Bienveillance et fermeté simultanées

Rudolf Dreikurs enseigne l'importance d'être à la fois ferme et bienveillant.

La bienveillance témoigne du respect du monde de l'enfant.

La fermeté, elle, représente le respect de soi-même, c'est-à-dire du monde de l'adulte, et répond aux besoins spécifiques de la situation.

Les méthodes autoritaires, nous l'avons bien compris, manquent généralement de bienveillance, alors que les méthodes permissives manquent de fermeté.

De nombreux parents et enseignants ont des difficultés avec ce concept, et ce, pour plusieurs raisons.

La première raison est qu'ils n'ont généralement pas envie d'être bienveillants avec un enfant qui les provoque. Bien souvent, ces adultes attendent que l'enfant contrôle sa manière de se comporter alors qu'eux-mêmes ne le font pas. Voilà pourtant une belle opportunité pour l'adulte d'être l'exemple du temps de pause : toujours l'idée que l'on fait mieux lorsqu'on se sent mieux.

Une autre raison pour laquelle les adultes ont du mal à être bienveillants et fermes à la fois est qu'ils ne savent pas, bien souvent, à quoi ressemble une telle conduite. Ils restent prisonniers de cette danse entre bienveillance et fermeté, amour et loi, respect du monde de l'enfant et respect du monde de l'adulte.

L'attraction des contraires : un parent bienveillant avec un parent ferme

Il arrive souvent que deux personnes ayant des approches opposées s'unissent :

L'un a tendance à être un peu trop indulgent, et l'autre un peu trop strict.

Parfois, celui qui est indulgent pense devoir être encore un peu plus indulgent pour compenser les effets négatifs de la sévérité de son conjoint.

Le parent strict, lui, pense évidemment l'inverse et vise à compenser les effets négatifs de l'indulgence. Leurs approches divergent de plus en plus, ils se disputent régulièrement sans s'apercevoir qu'ils sont tous deux inefficaces.

Trouver une approche efficace centrée sur les solutions

Se centrer sur les solutions est une façon efficace de réconcilier les parents d'approches contraires en leur permettant de se soutenir mutuellement tout en aidant leurs enfants. Par exemple, ils peuvent organiser régulièrement (ou lorsque le besoin s'en fait sentir) une discussion familiale au cours de laquelle ils auront la possibilité de chercher des solutions aux problèmes rencontrés et de choisir ensemble ce qui pourra aider tous les membres de la famille.

Bienveillance : respect du monde de l'enfant

De nombreux parents et enseignants se trompent sur ce qu'est la bienveillance. Choisir d'utiliser la Discipline Positive ne veut pas dire devenir permissif dans un désir de ne plus être punitif. La bienveillance ne signifie pas céder aux demandes des enfants, les protéger des frustrations, voler systématiquement à leur secours, les gâter avec excès, intervenir à chaque instant. Ces comportements relèvent de la permissivité.

Être bienveillant implique de se montrer respectueux de l'enfant et de soi-même. Ce n'est pas respectueux de leur éviter toute déception, puisque cela les prive de l'opportunité d'en faire l'expérience et d'apprendre à y réagir correctement.

Être respectueux du monde de l'enfant serait, par exemple, de commencer par valider le ressenti attaché au comportement : *Je vois que tu es déçu, en colère, contrarié, etc.*

Être respectueux dans la bienveillance, c'est aussi avoir confiance en eux pour survivre à la déception et leur permettre ainsi de développer le sentiment d'être capable.

Si nous voulons être des porteurs de repères éducatifs dans le respect de nos valeurs, nous ne pouvons pas leur

permettre de nous traiter ou de traiter les autres irrespec-
tueusement. Cela ne veut pas dire non plus qu'il faille gérer
la situation de manière punitive, puisque la punition est,
elle aussi, irrespectueuse… Alors, que faire ?

Supposons qu'un enfant soit insolent et vous réponde
avec impertinence.

Une manière ferme et bienveillante de gérer la situation serait, par exemple, de quitter la pièce. J'entends d'ici
les objections : *Mais n'est-ce pas le laisser s'en tirer à bon
compte ?*

Réfléchissons plus avant.

On ne peut pas obliger quelqu'un à nous traiter avec
respect, mais on peut se traiter soi-même avec respect.
S'en aller est une façon de se respecter – et c'est aussi un
exemple fort pour les enfants.

Il sera toujours temps, plus tard, d'en reparler quand
tout le monde se sentira mieux et se sera calmé.

Vous pourrez alors dire quelque chose comme : *Chéri(e),
je suis désolé(e) que tu aies été en colère. Je respecte ce
que tu ressens, mais pas la manière dont tu le gères. Si tu
recommences à me traiter de la même façon, je quitterai à
nouveau la pièce. Je t'aime et j'ai envie d'être avec toi, alors
dis-moi quand tu seras prêt(e) à me traiter avec respect et je
serai content(e) de t'aider à trouver d'autres façons de gérer
ta colère. Es-tu prêt(e) à chercher avec moi des solutions qui
seront respectueuses pour nous deux ?*

Une fois le calme revenu, il est toujours utile de faire
savoir à un enfant ce qui se passera dans le futur.

Le temps de pause : reconnecter ses émotions à sa capacité à les gérer

Il est nécessaire de rappeler encore une fois que trop de parents et d'enseignants pensent que, pour ne pas prendre le risque de la permissivité, un problème se gère à chaud. Or le moment où tout le monde est contrarié est probablement le pire moment pour agir. Lorsqu'on perd son calme, le cerveau reptilien, siège des pulsions et des émotions primaires, est aux commandes et les options sont alors réduites :

- lutte d'influence ;
- repli ;
- incapacité totale à réagir.

Comment penser de façon rationnelle avec la partie irrationnelle du cerveau ? Les mots dépassent souvent notre pensée.

Prendre le temps de se calmer permet ainsi de se reconnecter avec la partie rationnelle de notre cerveau, celle justement que l'on utilise dans la résolution de problèmes.

Enseigner cette compétence aux enfants, en être le modèle, est un véritable cadeau. Cette compétence s'appelle **décider de ce que l'on va faire** (nous y reviendrons dans le chapitre 5). C'est souvent plus efficace que d'essayer de faire faire quelque chose à un enfant – du moins avant que nous arrivions à susciter sa coopération sans entrer dans une lutte d'influence.

Fermeté ou respect du monde de l'adulte

Pour beaucoup, être ferme équivaut à punir, faire la leçon ou exercer une forme de contrôle. C'est faux ! La fermeté, quand elle se conjugue avec la bienveillance, implique le respect de l'adulte, le respect de la situation et le respect de l'enfant.

▶ Le respect des limites

À quoi servent les limites ? L'un des objectifs poursuivis est que l'enfant puisse faire l'apprentissage des compétences sociales avec un cadre sécurisant et contenant.

Imposer les limites et les faire respecter à force de punitions, de grands discours et de contrôle risquent d'encourager la rébellion et les luttes de pouvoir. Cela ne contribue ni à se sentir en sécurité, ni à acquérir des compétences sociales.

Pourquoi ne pas réfléchir ensemble, parents et enfants, aux limites qu'il faudrait, par exemple, mettre au temps passé devant les écrans, aux horaires de coucher, au temps passé à jouer dehors, au temps à consacrer aux devoirs, à l'utilisation des téléphones portables et autres appareils électroniques, etc. ?

Discutons avec eux de l'importance de ces limites, de ce qu'elles devraient être, et de la manière de responsabiliser chacun pour qu'elles soient respectées.

Demandons, par exemple, aux enfants, en quoi il est important de faire ses devoirs. Ils nous répondront peut-être : *Pour que j'apprenne, pour que j'aie de meilleures notes, je ne sais pas…*

L'approche positive

Impliquons-les ensuite sur la façon dont ils souhaitent s'organiser : combien de temps doivent-ils y consacrer ? Quel est pour eux le meilleur moment pour les faire ? Les parents veulent généralement que les enfants fassent leurs devoirs juste après l'école quand les enfants préfèrent souvent commencer par se changer les idées. **Lorsque les enfants sont impliqués dans le « comment » et ont des choix, ils se sentent très vite en situation de capacité, entraînés vers la coopération.**

Une fois qu'ils ont décidé du moment qui leur convient le mieux, parents et enfants s'accordent ensemble sur les limites à respecter. Par exemple, ils peuvent regarder la télé pendant une heure, mais seulement quand les devoirs sont terminés.

L'adulte peut aussi leur faire savoir qu'il sera disponible pour les aider, mais, par exemple, seulement entre telle et telle heure en fonction de ses contraintes, et qu'il ne fera pas de gestion d'urgence à la dernière minute. **Plus les enfants participent à la mise en place de limites fondées sur leurs besoins, une bonne compréhension de la situation et le sens de leurs responsabilités, plus ils sont disposés à les respecter.**

La mise en place de limites est évidemment différente en fonction de l'âge des enfants. Prenons le cas des enfants de moins de 4 ans. Pour les plus jeunes, les parents établissent les limites seuls, mais ils peuvent quand même les faire respecter avec fermeté et bienveillance.

Quand une limite est dépassée, même si la tentation de faire la leçon et de punir est grande, continuer à impliquer l'enfant de façon respectueuse reste une stratégie pertinente.

Afin d'éviter d'être soi-même dans le « dire » (dans la formulation de ce qui vient de se passer, de ce qu'il faudra faire pour y remédier), **les questions de curiosité sont souvent fort utiles :**

- *Que s'est-il passé ?*
- *À ton avis, qu'est-ce qui a provoqué cette situation ?*
- *Qu'est-ce que tu proposes comme solution ? Comment penses-tu résoudre le problème ?*
- *Qu'as-tu appris qui pourra t'aider la prochaine fois ?*

Si les enfants sont habitués à être grondés ou punis, s'ils n'ont pas l'habitude de cette approche par les questions de curiosité, il arrive qu'ils répondent : *Je sais pas* ; on peut alors leur répliquer : *Pourtant, tu trouves souvent des solutions ! Allez, donne-toi le temps de réfléchir, et tu me diras quelles sont tes idées.*

Quelques idées de phrases alliant fermeté et bienveillance dont on peut s'inspirer pour développer la coopération :

- *Je termine ce que je suis en train de faire et je suis à toi !*
- *Je sais que tu es capable de dire ça de façon respectueuse.*
- *Je t'aime et je vais attendre qu'on puisse reprendre cette conversation de façon respectueuse.*
- *Je sais que tu peux trouver une solution qui nous aidera.*
- Dans le cas des plus jeunes, au lieu de parler, on peut choisir de prendre l'enfant calmement par la main et lui montrer ce qui doit être fait.
- *On en parlera plus tard, parce que maintenant, il est temps de* (par exemple) *monter dans la voiture.*

L'approche positive   45

- Si l'enfant pique une colère dans un magasin, on peut lui montrer que l'on a compris ses sentiments (se mettre en lien) avant de dire : *On part tout de suite, mais on réessayera plus tard.*

Quand on décide d'arrêter de punir, il est nécessaire d'acquérir, par la pratique, de nouvelles techniques. Apprendre le respect mutuel et la façon de résoudre les problèmes aux enfants demande du temps et de l'entraînement pour tous, petits et grands. La première étape consiste à aider l'enfant à développer un sentiment d'appartenance ainsi que l'envie de participer.

▶ **Aider les enfants à développer un sentiment d'appartenance et d'importance (à se sentir « connectés »)**

L'appartenance et l'envie de participer sont deux besoins essentiels de l'être humain, et donc de l'enfant.

Le sentiment (ou son absence) d'être connecté est d'une telle importance qu'il est un des principaux indicateurs permettant de prévoir la réussite scolaire – sur le plan académique aussi bien que social.

Aucun des élèves ayant porté un préjudice sévère à d'autres élèves ou à des enseignants n'avait un sentiment d'appartenance à son établissement scolaire ou l'envie de participer d'une façon constructive. Ils se sentaient complètement déconnectés au lieu d'être en lien.

La punition n'aide pas les enfants à développer ce sentiment d'appartenance et d'importance, encore moins le sentiment d'être en lien. C'est l'une des raisons de l'inefficacité des punitions sur le long terme.

L'approche et les outils de la Discipline Positive aident les enfants à se sentir en lien, et c'est là un thème central et fondateur de cet ouvrage. La démarche de créer un lien (connecter) est essentielle avant de pouvoir corriger avec respect un comportement inapproprié.

Connecter avant de corriger (enseigner)

De très nombreuses études ont montré qu'il n'est pas vraiment possible d'influencer les enfants d'une façon positive sans avoir au préalable établi un lien avec eux.

Si punir, sermonner, gronder, accuser, humilier et crier ne créent pas de lien, alors quelles sont les alternatives ? Comment créer cette connexion ?

Avant d'aller plus loin, je voudrais souligner que c'est une erreur de penser qu'il est bon de donner aux enfants tout ce qu'ils veulent.

Nous l'avons vu : intervenir systématiquement, réparer et surprotéger ne sont pas forcément des moyens qui permettent d'enseigner ce que l'on souhaite transmettre à l'enfant.

Lorsque les enfants et les adultes partagent un sentiment d'appartenance et d'importance, c'est le signe qu'un lien efficace est établi, et ce, même si c'est l'adulte qui a initié la connexion.

Quels outils pour connecter avec l'enfant ?

Connecter avec l'enfant par l'écoute :

- Écouter de façon active... écouter vraiment. Prendre le temps de centrer toute son attention sur l'enfant (éliminer les parasites comme les téléphones portables, par exemple). La connexion s'établit lorsque l'adulte commence par **valider ce que ressent l'enfant**. De la même façon, n'est-il pas plus facile pour nous, adultes, d'être en lien et réceptifs à l'autre lorsque nous nous sentons compris ?

- Partager avec lui nos sentiments, de façon appropriée. Souvenons-nous que les enfants nous écoutent après avoir eu le sentiment d'être écoutés.

  Les enfants se sentent mis en valeur quand nous partageons respectueusement avec eux quelque chose de personnel. Respectueusement, c'est-à-dire sans inventer d'histoires pour faire valoir notre point de vue ou transmettre une morale. Un partage vrai.

- Se centrer, avec les enfants, sur les solutions possibles, une fois le calme revenu. Le mot « avec » est omniprésent parce qu'il représente la voie royale de la connexion.

- Prendre du temps pour s'entraîner et installer les apprentissages de façon respectueuse.

- Poser des **questions de curiosité** pour aider les enfants à explorer les conséquences de leurs choix au lieu de leur faire subir les conséquences.

- Faire confiance aux enfants, aux élèves pour gérer eux-mêmes leurs problèmes. (Apportons-leur notre soutien dans la **recherche de solutions**, validons leurs émotions, témoignons-leur notre affection tout en résistant à la tentation de trouver pour eux une solution, de réparer à leur place.)

- Passer avec eux un « **temps dédié** », à deux. Rien ne saurait créer un lien plus riche avec nos enfants, nos élèves, que de passer avec eux un temps de qualité apprécié par chacun.
- Les **gestes d'affection**, lorsque le contexte s'y prête et que cela permet de se sentir mieux avant de faire mieux.

Le chemin de la discipline positive

La Discipline Positive est un chemin qui nous invite à préciser nos objectifs de transmission : que souhaitons-nous vraiment pour nos enfants ?

Quand on demande aux parents et aux enseignants de dresser la liste des qualités qu'ils aimeraient que leurs enfants ou leurs élèves développent, ils évoquent bien souvent les caractéristiques suivantes :

- une bonne estime de soi ;
- l'envie d'apprendre ;
- le sens des responsabilités ;
- la courtoisie ;
- l'autodiscipline ;
- l'honnêteté ;
- la coopération ;
- la maîtrise de soi ;
- l'ouverture d'esprit ;

L'approche positive

- la patience ;
- l'autonomie et une motivation intrinsèque ;
- de bonnes capacités de raisonnement ;
- le sens de l'humour ;
- le respect de soi et des autres ;
- des capacités à résoudre les problèmes ;
- la compassion, l'empathie ;
- l'intégrité ;
- la conviction d'être capable ;
- l'amour de la vie.

Chacun peut ajouter à cette liste (qui n'est pas exhaustive) les compétences de vie qu'il a envie de transmettre. L'idée sera de garder ces qualités à l'esprit en étudiant les concepts de la Discipline Positive et tout au long de la lecture de cet ouvrage. Il apparaîtra au fil des pages que ce sont des caractéristiques que les enfants développent lorsqu'ils sont impliqués de façon active dans ce modèle de respect mutuel et de coopération.

« Boîte à outils »
Discipline Positive – chapitre 1

1. Éliminer la punition.
2. Éliminer la permissivité.
3. Utiliser la bienveillance *et* la fermeté simultanément (pas l'une ou l'autre, mais les deux à la fois).
4. Offrir des opportunités d'apprentissage aux enfants pour qu'ils intègrent les 7 Perceptions et Compétences Essentielles.
5. Se méfier de ce qui fonctionne en étant conscient des effets à long terme du moyen utilisé (la punition a des effets négatifs à long terme) et privilégier la question : *Qu'est-ce que je souhaite enseigner à mon enfant dans le cas présent ? De quelle compétence manque-t-il ? Quel outil choisir ?*
6. Laisser de côté l'idée étrange que « pour qu'un enfant fasse mieux, nous devons d'abord l'amener à se sentir moins bien » (principe de la punition).
7. Impliquer les enfants dans la définition des limites.
8. Utiliser des phrases à la fois fermes *et* bienveillantes.
9. Connecter avant de corriger/enseigner avec respect.

2

Principes adlériens : les fondements de la Discipline Positive

Dans ce chapitre, nous irons à la rencontre d'Alfred Adler, psychiatre autrichien, dont la clairvoyance étonne encore aujourd'hui.

Les principes érigés par Adler, qui fondèrent sa pratique et ceux de la psychologie individuelle et sociale, sous-tendent l'approche et les outils de Discipline Positive. Nous verrons à l'aide de quelques exemples comment la Discipline Positive les décline dans notre quotidien avec pragmatisme et simplicité. Ce chapitre est inévitablement plus théorique que les autres, mais il permet de se plonger dans l'approche, d'en comprendre les fondements, et de rendre l'utilisation des outils plus juste et plus efficace.

Prendre le temps de bien cerner ces concepts de base nous aidera aussi à porter un regard compréhensif et sensible sur la nature humaine et sur ce qui pousse les enfants à choisir des comportements inappropriés. Cela nous permettra aussi d'identifier ce qui, dans les outils de la Discipline Positive, contribue à faire de nos enfants, de nos élèves, des membres épanouis de la société à laquelle ils appartiennent.

Adler, Dreikurs et la psychologie sociale

Alfred Adler était un homme en avance sur son temps. Il voulait créer une psychologie proche de la vie réelle qui permettrait à chacun de mieux comprendre l'autre. Après sa rupture avec Freud, ses conférences et ses séminaires publics connurent un grand succès. Il s'y montrait déjà un fervent défenseur de l'égalité entre les peuples, les sexes et les générations. La montée du nazisme freina pour un temps le développement de la psychologie individuelle et força Adler à aller s'installer aux États-Unis afin d'y poursuivre ses travaux.

Rudolf Dreikurs, psychiatre également, poursuivit le développement de la psychologie adlérienne en modélisant la théorie d'Adler de façon très pragmatique. Il écrivit de nombreux livres destinés à aider parents et enseignants à mieux comprendre les comportements des enfants et développer chez eux un sentiment d'appartenance et d'importance à travers la coopération.

Les craintes de Dreikurs sur les distorsions possibles dans l'application des principes adlériens

Avant de mourir, en 1971, Dreikurs s'inquiétait du fait que de nombreux adultes essayaient d'utiliser ses suggestions sans pour autant en partager ni comprendre les principes fondateurs.

L'application des principes adlériens ne prend son sens que si elle s'accompagne d'encouragement, de compréhension et de respect. Si ces qualités ne sont pas intégrées, alors les techniques utilisées seront réduites à une manipulation irrespectueuse, pour « assujettir » l'enfant plutôt que de l'impliquer dans la coopération. La question du développement de la coopération sera abordée dans le « principe d'égalité » (principe adlérien 6).

▶ Soumettre les enfants plutôt que d'inviter la coopération

Rien n'est plus aux antipodes de l'adlérisme qu'une éducation dans laquelle l'adulte impose un savoir de l'extérieur, et contrôle à grand renfort de règles et retrait de privilèges.

La soumission forcée met l'enfant dans une relation de dépendance face à l'adulte et de recherche d'approbation.

Déjà les questions se bousculent dans les esprits, où émerge l'importance des effets à long terme du mode éducatif que l'on choisit pour ses enfants : *Pourront-ils, une fois adultes, prendre des risques ou auront-ils trop peur d'échouer ? Pourront-ils faire grandir leur estime de soi dans un environnement où l'humiliation fait loi ?*

Le véritable apprentissage adlérien, lui, vient de l'intérieur. Il se fonde sur l'encouragement, l'amour inconditionnel, une coopération qui implique et facilite l'acquisition des compétences de vie. Sur les pas d'Adler et de Dreikurs, fermeté et bienveillance deviennent nos bâtons de pèlerin.

▶ Penser que l'on peut « donner » l'estime de soi

Avant de présenter un par un les principes adlériens fondateurs de la Discipline Positive, revenons un instant sur l'estime de soi, sans laquelle tout apprentissage devient plus difficile.

Il est intéressant de constater que même les experts n'arrivent pas à se mettre d'accord sur une définition unique.

Ma conviction est que nous n'avons pas rendu service aux enfants, bien au contraire, en poursuivant l'idée que l'on pouvait leur « donner » de l'estime de soi.

L'approche de la carotte (la récompense) et du bâton (la punition) s'est développée à grand renfort de louanges, d'images, de bons points, et autres récompenses pour les tâches accomplies. Pendant des années, on a considéré la récompense comme n'ayant aucun effet négatif à long terme ; mais que se passe-t-il lorsque l'enfant est convaincu que sa valeur personnelle dépend de l'opinion des autres et vient donc de l'extérieur ? C'est, de toute évidence, un des risques attachés à cet outil de motivation : celui de construire chez l'enfant un référentiel externe ne favorisant ni l'autoévaluation ni la responsabilisation.

Avez-vous remarqué à quel point l'estime de soi peut être fragile lorsqu'elle repose sur un référentiel externe ?

À la première erreur, nous basculons dans l'autocritique ; au moindre jugement, notre estime personnelle s'étiole brusquement.

Les fondements de la Discipline Positive basés sur les principes adlériens

La Discipline Positive s'inscrit dans le rapport à l'autre ; si les explications qui suivent sont fournies pour mieux comprendre les besoins et les comportements des enfants, elles sont, bien sûr, facilement transposables aux adultes.

1. Les enfants sont des êtres sociaux

« Le sentiment de solidarité, de communion est implanté dans l'âme enfantine et il ne quitte l'individu que sous l'action des plus graves déviations. » Ainsi en est-il de la nature humaine selon Adler.

Le comportement est intimement lié au contexte social, à la vision que l'enfant se construit du monde qui l'entoure, des autres et de lui-même. Adler précise ainsi : l'enfant, qui a tant besoin du secours de la communauté, se trouve en face d'un milieu qui prend et donne, exige et accomplit.

2. Le comportement de l'enfant est tendu vers un but

Adler met en lumière que le comportement de l'enfant vise à atteindre un but. Inutile de préciser que les enfants n'ont pas conscience de l'objectif qu'ils cherchent à atteindre.

Toutes les composantes de l'esprit s'organisent en fonction du but que l'individu se fixe.

Dans leur désir profond d'appartenir à la communauté, les enfants se construisent un dispositif interne auquel leurs comportements vont être subordonnés. L'enfant vit une expérience, en a une perception, l'interprète et s'en sert pour la mise en place de son système de croyances. Fort de cette logique interne, personnelle et subjective, l'enfant prend constamment des décisions qui vont motiver ses comportements. La question sous-jacente qu'il se pose est cruciale : *Que dois-je faire pour appartenir, survivre ou m'épanouir ?*

L'épanouissement va de pair avec le développement des compétences que l'on retrouve dans les 7 Perceptions et Compétences Essentielles (page **23**).

Lorsque la logique interne se fonde sur des interprétations erronées, les moyens mis en place par l'enfant pour satisfaire son besoin d'appartenance peuvent être tout à fait inappropriés. Dreikurs aime à rappeler que les **enfants perçoivent bien mais interprètent mal**. Ils obtiennent alors l'effet inverse de ce qu'ils recherchent. Par exemple, ils tentent de façon maladroite d'atteindre leur but, provoquant l'agacement ou la colère, ce qui renforce encore leur comportement inapproprié. L'adulte réagit au comportement inapproprié de façon bien souvent décourageante, et nous voilà tous prisonniers d'un cercle vicieux qui finit par cristalliser le comportement.

Voici une bonne illustration de la façon dont un tel cycle peut se mettre en place.

L'exemple concerne une petite fille, mais pourrait se généraliser quel que soit l'âge.

Lorsqu'Adèle, 2 ans, voit sa maman rentrer de la maternité avec un bébé, elle constate bien vite que ce nouveau-né reçoit beaucoup d'attention de la part de sa mère. Son interprétation pourra être : *Maman préfère le bébé, elle ne m'aime plus autant qu'avant.* Ce n'est pas vrai, bien sûr, mais ce qui va influencer la conduite d'Adèle, ce sont ses perceptions et ses croyances, et non pas la réalité. Croyant être moins aimée, Adèle va tout faire pour retrouver sa place privilégiée auprès de sa mère, et elle croit de façon erronée que pour y parvenir, elle doit se comporter comme un bébé... Peut-être adoptera-t-elle des comportements régressifs : vouloir des biberons, régresser dans l'apprentissage de la propreté, pleurer beaucoup plus que d'habitude. Face à cette conduite, sa mère risque de s'agacer, de la repousser... Adèle aura alors obtenu exactement l'inverse de ce qu'elle recherchait.

Et si, à l'exemple d'Alfred Adler, nous regardions tout simplement les comportements inappropriés comme des stratégies de survie ? Notre regard deviendrait alors plus profond et enrichi de l'envie d'encourager.

3. Le besoin essentiel de l'être humain est d'appartenir et d'avoir de l'importance

Les deux concepts précédents se rejoignent et trouvent ici leur cohérence : le but ultime de tout comportement est pour l'enfant d'avoir un sentiment d'appartenance et d'importance au sein d'un environnement social. Par « sentiment d'importance », Adler entend : avoir une place et apporter une contribution unique au sein de la communauté à laquelle l'enfant appartient ; ce sentiment merveilleux de se sentir utile et indispensable dans sa contribution.

Le sentiment d'appartenance, d'importance et le fait de se sentir capable sont les piliers d'une bonne estime de soi. Sentir qu'ils sont à la hauteur et que leur contribution personnelle a une réelle importance dans le fonctionnement de leur famille, de leur école, renforce chez les enfants la conviction qu'ils « font partie », qu'ils appartiennent.

Un de mes dessins préférés de *Snoopy* est celui où Lucy demande à Linus :

— *C'était comment, l'école, aujourd'hui ?*

— *Je n'y suis pas allé*, lui répond Linus, avant de poursuivre : *En arrivant, j'ai demandé si quelqu'un avait besoin de moi. Personne n'a répondu ; alors je suis rentré à la maison.*

Cette illustration nous rappelle à quel point les enfants ont tout simplement besoin de sentir que leur présence est désirée (appartenance). Ils ont besoin que l'on ait besoin d'eux.

Quand ils développent des compétences parmi les 7 Perceptions et Compétences Essentielles, ils renforcent leur estime d'eux-mêmes, et les adultes peuvent alors les impliquer dans la coopération au lieu d'essayer de les soumettre.

4. Un enfant qui se comporte mal est un enfant découragé

Que nous disent vraiment les enfants par leurs comportements inappropriés ?

Je n'ai pas l'impression d'appartenir ni d'avoir de l'importance, et je ne sais pas toujours comment faire pour changer les choses.

Quand un enfant se comporte de façon inappropriée, parfois même « odieuse », on comprend sans peine pourquoi la plupart des adultes n'arrivent pas à voir ce que l'enfant recherche, ni à se souvenir du vrai sens du message qui se dissimule derrière les actes : *Je veux seulement appartenir.*

Comprendre, pour l'adulte, revient à se demander : *Qu'essaye-t-il (elle) de me dire ?*

Notre regard sera alors bien différent, si l'on devine que derrière ce comportement se cache le besoin d'appartenance d'un enfant qui est un peu déboussolé et ne sait pas comment faire pour contribuer à la satisfaction des besoins du groupe auquel il souhaite appartenir.

C'est l'occasion pour le parent de voir comment il implique son enfant par son attitude, et l'aide à trouver sa place et à sentir qu'il compte vraiment.

5. La responsabilité sociale ou le sens de la communauté

L'esprit communautaire, ce concept de *Gemeinschaftsgefühl* (terme allemand inventé par Adler), se trouve au centre de la doctrine adlérienne. Il n'existe pas vraiment de bonne traduction française, mais Adler a finalement choisi d'utiliser le terme « intérêt social », et j'utilise, quant à moi, celui de « responsabilité sociale ».

Être socialement responsable implique d'avoir réellement à cœur l'intérêt d'autrui et de nourrir un désir sincère de contribuer à la société.

Être socialement responsable : un exemple concret

Il était une fois deux frères qui avaient une ferme. À cause du sol rocailleux et de la sécheresse, ils n'en tiraient pas grand-chose, mais ils partageaient tous leurs gains en deux parts égales. L'un des frères était marié, il avait une femme et cinq enfants à nourrir. L'autre était célibataire.

Une nuit, le frère marié se dit tout à coup que cet arrangement était injuste.

Il se tournait et se retournait dans son lit, ne parvenant pas à trouver le sommeil et se disait : *Mon frère n'a pas la joie d'avoir des enfants qui l'attendent chez lui le soir et qui pourront s'occuper de lui dans ses vieux jours. Il a vraiment besoin de plus de la moitié de nos gains. Demain, je lui offrirai de lui laisser les deux tiers. Ce sera assurément plus équitable ainsi.*

Or, cette même nuit, l'autre frère ne parvenait pas plus à trouver le sommeil. À lui aussi, le partage à parts égales tel qu'il existait lui semblait injuste. Il pensait : *Mon frère a une femme et cinq enfants à nourrir ; en plus, ils travaillent tous à la ferme et contribuent à nos revenus. Mon frère mérite bien plus que la moitié des gains. Demain je lui proposerai de garder les deux tiers pour lui*[1].

Voilà un bel exemple pratique de « responsabilité sociale » ; au-delà de la solution que ces deux frères auront finalement choisie, l'histoire traduit avant tout la préoccupation qu'ils avaient l'un de l'autre.

Une autre anecdote illustre l'importance et le bénéfice de ce concept de responsabilité sociale.

Adler avait mis en place un système qu'il appelait « programme de guérison en 14 jours ». Il prétendait pouvoir

---

1. Cette histoire a été partagée par Kristin R. Pancer dans un numéro du magazine *Individual Psychologist* publié en décembre 1978, afin d'illustrer le concept de « responsabilité sociale ».

soigner n'importe quelle maladie mentale en seulement deux semaines si le patient faisait tout ce qu'il lui disait de faire. Un jour, une femme qui souffrait d'une dépression nerveuse sévère vint le voir.

Il lui dit : *Je peux vous débarrasser de votre dépression en à peine 14 jours si vous suivez mes instructions.*

Sans grand enthousiasme, la patiente demande : *Que voulez-vous que je fasse ?*

Réponse d'Adler : *Faites chaque jour une chose pour quelqu'un, pendant 14 jours ; à la fin de la période, vous serez guérie.*

Ce à quoi elle objecta : *Pourquoi devrais-je faire quelque chose pour quelqu'un, alors que personne ne fait rien pour moi ?*

Adler répondit en plaisantant : *Alors, dans ce cas, peut-être qu'il vous faudra 21 jours !* Puis il ajouta : *S'il n'y a rien que vous soyez prête à faire pour quelqu'un, pensez juste à quelque chose que vous pourriez faire si vous en aviez envie.*

Adler savait que si elle parvenait au moins à s'imaginer faire quelque chose pour quelqu'un, alors elle serait déjà sur la voie de la guérison.

Il est extrêmement important d'enseigner la responsabilité sociale aux enfants. À quoi bon leur transmettre des connaissances académiques s'ils n'apprennent pas à devenir des membres contributeurs de la société ? Dreikurs disait souvent : « Ne faites pas pour un enfant ce qu'il est capable de faire tout seul » ; en faisant trop de choses pour eux, nous privons les enfants de beaucoup d'occasions de développer, par l'expérience, leur sentiment d'être capables. Au contraire, ils risquent de croire qu'ils ont besoin d'être pris en charge ou qu'ils ont le droit à un traitement de faveur.

Enseigner la responsabilité sociale

La première étape dans l'enseignement de la responsabilité sociale est l'enseignement de l'autonomie.

Quand les adultes assument le rôle du « super » parent et du « super » enseignant, les enfants apprennent à attendre des autres qu'ils soient à leur service au lieu de se rendre eux-mêmes disponibles aux autres.

Ces enfants en viennent à penser que c'est injuste quand on ne les laisse pas faire tout ce dont ils ont envie, comme ils en ont envie et au moment où ils en ont envie. Quand quelqu'un refuse d'être à leur service, ils se sentent incompris, s'apitoient sur leur sort ou cherchent à se venger de façon blessante et destructrice. Sans compter qu'en accomplissant cette vengeance, ils se font toujours à eux-mêmes au moins autant de mal que ce qu'ils infligent aux autres.

À l'autre extrême se trouvent les parents et les enseignants qui sont trop occupés pour prendre le temps d'enseigner aux enfants les compétences sociales et quotidiennes qui contribuent au développement d'une personnalité résiliente. Ce sont bien souvent ces mêmes adultes qui s'indignent lorsque les enfants se comportent de façon inappropriée. Comment alors ces enfants sont-ils censés apprendre à se comporter avec respect ?

La Discipline Positive aide les enfants et les adultes à mettre un terme à ces cercles vicieux en encourageant la responsabilité sociale. Les parents et les enseignants ne se rendent généralement pas compte de tout ce que les enfants pourraient faire eux-mêmes si les adultes ne le faisaient pas à leur place. À la maison comme à l'école, ils ne prennent pas toujours le temps d'apprendre aux enfants à contribuer.

Ne pas faire « pour/à la place de » et prendre le temps d'enseigner

Prêtons-nous à l'exercice d'écrire la liste suivante :

Pour les enseignants : *Quelles sont les choses que je fais à l'école que les enfants pourraient très bien faire eux-mêmes ?*

Pour les parents : *Quelles sont les choses que je fais à la place de mes enfants, parce que c'est plus pratique, plus rapide, les empêchant ainsi, sans le vouloir, de se sentir capables de contribuer ?* En faisant à la place des enfants, ce sont autant d'opportunités d'apprentissage qui ne sont pas mises à profit pour enseigner les compétences de vie que l'adulte souhaite pourtant transmettre.

Impliquer

Il existe plusieurs façons d'impliquer les élèves dans des recherches de solutions sur toutes les tâches quotidiennes nécessaires au bon fonctionnement d'une classe[1]. L'enseignant peut évidemment participer à la recherche de solutions, et c'est impressionnant de voir le nombre de suggestions faites par les enfants. Une fois établie la liste de toutes les responsabilités, l'étape suivante est de

---

1. Ces suggestions sont présentées en détail dans l'ouvrage *Positive Discipline in the Classroom* (ndlt : « La Discipline Positive dans la classe ») de Jane Nelsen, Lynn Lott, et H. Stephen Glenn, aux éditions Three Rivers Press (New York), 2000.

les assigner à des volontaires, l'idéal étant que chacun ait un rôle. On peut même désigner un « responsable des métiers ». Il est important d'établir aussi (avec la participation des élèves) un système de rotation pour que personne ne reste trop longtemps avec une fonction peu attrayante.

Impliquer les enfants dans les tâches à accomplir développe le sentiment d'appartenance, enseigne des compétences de vie utiles au quotidien, et permet aux enfants de faire l'expérience de la responsabilité sociale.

6. Le principe d'égalité, fondement de la coopération

Comme nous l'avons déjà souligné dans le premier chapitre, égal ne veut pas dire identique. Par égalité, Adler entendait le fait que tout le monde a droit au respect et à la dignité.

On entend souvent des objections telles que : *Comment les enfants peuvent-ils être les égaux des adultes alors qu'ils n'ont ni l'expérience, ni les connaissances ou les responsabilités des adultes ?* La plupart des adultes sont d'accord sur le fait qu'un enfant a la même valeur que celle d'un adulte. Se sentir inférieur n'aide pas à grandir. C'est pour cette raison que l'humiliation ne fait pas partie des outils de la Discipline Positive, qui se centre inlassablement sur la coopération et le respect mutuel.

Dès lors qu'ils se sentent compris, les enfants sont plus enclins à écouter notre point de vue et à rechercher des solutions aux problèmes. Quatre étapes nous permettent de créer une connexion pour que les enfants se sentent prêts à écouter et coopérer, c'est-à-dire « faire ensemble ».

L'outil de Discipline Positive des « 4 Étapes pour Gagner la Coopération des Enfants » illustre bien ce principe adlérien d'égalité.

4 Étapes pour Gagner la Coopération des Enfants

1	Montrer à l'enfant que l'on comprend ses émotions en lui posant des questions et en reformulant ses ressentis.
2	Faire preuve d'empathie, sans pour autant excuser ni approuver. L'empathie signifie simplement que l'on a compris la perception de l'enfant. Un partage d'expériences personnelles similaires (comportement ou ressenti) est une façon astucieuse de le faire.
3	Partager nos perceptions et ressentis en tant qu'adulte. Si les deux premières étapes sont sincères et bienveillantes, l'adulte aura déjà créé une connexion et l'enfant sera en mesure de l'écouter.
4	Inviter l'enfant à se centrer sur une solution. Lui demander s'il a des idées sur ce qui pourrait être mis en place afin d'éviter le problème à l'avenir. Si les idées manquent, lui faire des suggestions et parvenir à un accord.

Une attitude aimante, attentionnée et respectueuse est essentielle au cours de ces étapes. Notre simple décision de créer une connexion suffira à faire naître en nous un sentiment positif.

Voici deux exemples pour illustrer l'outil des 4 Étapes pour Gagner la Coopération des Enfants.

Exemple 1

L'exemple suivant montre comment une mère, après avoir créé de la distance et suscité de l'hostilité, a pu mettre en pratique les 4 Étapes pour Gagner la Coopération des Enfants, réparer son erreur, créer de la proximité et susciter la confiance.

Sa fille Isabelle rentre de l'école et se plaint que son professeur l'ait violemment prise à partie devant toute sa classe. Mme B. lui demande sur un ton accusateur : *Qu'est-ce que tu avais encore fait ?*

Isabelle baisse les yeux, et répond avec colère : *Rien du tout !*

Réponse de la mère : *Arrête, les professeurs ne crient pas sans raison. Tu avais forcément fait quelque chose !*

Isabelle s'affaisse sur le sofa, l'air renfrogné, et regarde sa mère, qui continue toujours sur le même ton : *Et qu'est-ce que tu comptes faire pour résoudre la situation ?*

— *Rien,* finit par dire Isabelle sans cacher son agressivité.

L'histoire pourrait s'arrêter sur cette scène de colère et d'incompréhension ; mais c'est là que la mère se souvient des 4 Étapes pour Gagner la Coopération des Enfants.

Première Étape : exprimer de la compréhension.

Elle prend une grande respiration, et, changeant d'attitude, dit sur un ton très adouci : *J'imagine que ça a dû être vraiment désagréable de te faire agresser comme ça devant tout le monde...*

Isabelle lève la tête vers sa mère, avec un air mi-intéressé mi-suspicieux.

Deuxième Étape : montrer de l'empathie sans pour autant excuser ni approuver.

Mme B. partage alors un souvenir avec sa fille : *Je me souviens, en CM2, il m'était arrivé la même chose... juste parce que je m'étais levée pour tailler mon crayon pendant un contrôle de maths. La maîtresse m'avait grondée devant toute la classe ; j'étais vraiment gênée, et furieuse.*

— *Vraiment ?* demande Isabelle, réellement intéressée cette fois. *Moi, j'ai juste demandé qu'on me prête un crayon. Il n'y avait pas de quoi me réprimander ; ce n'est vraiment pas juste.*

La troisième Étape n'a pas été nécessaire dans ce cas. (Partager nos ressentis d'adulte : *Est-ce que je peux te dire ce qui m'inquiète, ce que je ressens ?*)

Quatrième Étape : inviter l'enfant à se centrer sur une solution.

Mme B. poursuit : *C'est sûr, je comprends ce que tu as dû ressentir. Est-ce que tu as une idée pour ne plus te retrouver dans ce genre de situation embarrassante ?*

Isabelle répond : *Je pourrais, par exemple, vérifier que j'ai toujours plusieurs crayons ; comme ça, je n'aurais pas besoin d'en emprunter.*

— *Cela me semble être une excellente idée*, conclut Mme B.

Un des objectifs de Mme B. était d'aider Isabelle à se conduire de telle manière qu'elle ne fâche pas son professeur. On remarque que, la première fois qu'elle a invité sa fille à chercher le moyen de résoudre le problème, Isabelle, qui se sentait frustrée de n'avoir pas été comprise et en colère, n'avait aucune envie de coopérer.

Dès qu'elle s'est sentie encouragée par sa mère et que la connexion s'est établie (selon les 4 Étapes pour Gagner la Coopération des Enfants), Isabelle s'est sentie en confiance, et prête à réfléchir à une solution. C'est à partir du moment où sa mère a pu envisager la situation du point de vue de sa fille qu'Isabelle a pu abandonner sa position défensive.

Exemple 2

Mme D. a utilisé les 4 Étapes pour Gagner la Coopération des Enfants quand elle a appris que Paul, son fils de 6 ans, avait volé. Elle a attendu un moment de calme, où ils étaient seuls tous les deux, pour demander à Paul de venir s'asseoir sur ses genoux – un bon moyen, à cet âge-là, de « connecter ». Elle a alors dit à Paul qu'on lui avait raconté qu'il avait volé un paquet de chewing-gums. (On remarque qu'elle n'a pas essayé de le piéger en lui demandant s'il avait fait quelque chose de mal tout en sachant déjà que c'était le cas.) Elle lui a ensuite raconté le jour où, en classe de 6e, elle avait elle-même volé une gomme dans un magasin ; elle s'était alors sentie tellement coupable d'avoir fait ça qu'elle en avait conclu que cela n'en valait vraiment pas la peine.

Paul, sur la défensive : *Mais ils en ont des tonnes, de chewing-gums, dans ce magasin.*

Face à cet argument, Mme D. a commencé à réfléchir avec Paul pour calculer le nombre de paquets de chewing-gums et autres articles que le propriétaire du magasin devrait vendre pour pouvoir payer son loyer, le salaire de ses employés, pour acheter du stock, et gagner de quoi vivre. Paul a dû reconnaître qu'il n'y avait jamais pensé. Ils tombèrent également d'accord sur le fait qu'ils n'aimeraient pas que quelqu'un leur prenne leurs affaires. Paul a donc déclaré qu'il ne voudrait plus voler et qu'il paierait pour les chewing-gums. Quant à Mme D., elle lui proposa de l'accompagner au magasin, pour le soutenir moralement.

On voit qu'elle avait su créer une connexion, et permettre ainsi à Paul de trouver comment résoudre la situation sans avoir à le condamner, le blâmer ni lui faire la leçon.

Paul ne s'est pas dit : *Je suis un moins que rien*. Il s'est senti capable de participer à l'élaboration d'une solution qui, sans être facile, restera une précieuse leçon de vie pour orienter ses comportements futurs.

Cette mise en capacité a été rendue possible, en grande partie, grâce à l'attitude bienveillante de la mère de Paul, qui à aucun moment n'a basculé dans l'agressivité ni en mode défensif.

Obstacles à une vraie coopération

Le plus important n'est pas ce que l'on fait, mais la manière dont on le fait. Ce sont les sentiments et les intentions qui se cachent derrière nos actes qui priment.

Un adulte peut demander : *Que retiens-tu de tout ça ?* sur un ton accusateur ou sur un ton qui exprime de l'intérêt et de l'empathie. Un adulte peut créer une atmosphère qui invite à la confiance ou une atmosphère qui crée de la distance et de l'hostilité. Le ton de notre voix indique généralement le ressenti qui se cache derrière les mots.

Si un enfant renverse du lait par terre, la conséquence logique serait qu'il le nettoie. Cela reste une solution tant que l'adulte s'adresse à l'enfant avec des mots fermes et bienveillants, comme : *Oups, et maintenant, que vas-tu faire ?*

Un ordre devient une punition quand les adultes n'utilisent pas un ton bienveillant et respectueux ou qu'ils ajoutent une touche d'humiliation, par exemple : *Mais comment peux-tu être aussi maladroit ?! Nettoie ça tout de suite ! Et désormais, c'est moi qui te servirai le lait puisque, visiblement, tu n'y arrives pas !*

On remarque combien c'est plus responsabilisant pour l'enfant de s'entendre demander ce qu'il doit faire plutôt que de se le faire ordonner. **Demander au lieu d'ordonner** est un outil très efficace qui sera présenté en détail dans le chapitre 6.

Nous serons plus efficaces avec les enfants si nous nous demandons systématiquement : *Ce que je fais là met-il l'enfant en situation de maîtrise*, ou encore : *Est-ce encourageant ? Ai-je pris le temps d'établir une connexion avant de corriger (enseigner) ?*

7. Les erreurs sont de merveilleuses opportunités d'apprentissage

L'idée de regarder la vie en terme d'opportunités d'apprentissage prend sa source chez Adler et Dreikurs, et son expression pleine et entière se poursuit avec la Discipline Positive.

Redonner sa juste place à l'erreur

Notre société nous apprend à voir l'erreur comme un échec dont il est courant d'avoir honte.

La démarche consiste à trouver le courage de changer nos croyances « limitantes » au sujet de l'imperfection.

Ce septième point est parmi les concepts les plus encourageants, et pourtant c'est aussi l'un des plus compliqués à mettre en œuvre. Sur Terre, il n'existe pas un seul être humain parfait, et pourtant, la perfection est si souvent exigée.

Fermons les yeux et souvenons-nous de ce que nos parents et nos enseignants nous ont dit sur les erreurs quand nous étions enfants. Pour rendre l'exercice plus intéressant, nous pouvons même l'écrire.

Quels adjectifs nous viennent à l'esprit : inadéquat, nul, décevant, maladroit ?

Fermons à nouveau les yeux et souvenons-nous d'une occasion spécifique où nous nous sommes fait gronder pour avoir fait une bêtise. À ce moment précis, quelle décision prenions-nous sur nous-mêmes ? Sur les autres ? Sur le monde ?

Quelques exemples de décisions assez courantes :
- *Je suis mauvais, nul ou inadapté.*
- *Je ne prendrai plus de risque, de peur d'être humilié si mes efforts n'aboutissent pas à un résultat parfait.*
- *Je vais trouver une ruse, une feinte pour que mes erreurs ne soient pas découvertes et je suis prêt à tout pour ne pas me faire prendre.*

Les intentions des adultes sont souvent positives, avec l'envie de motiver les enfants à s'améliorer. Les moyens pourtant ne sont pas toujours réfléchis et trop souvent basés sur la peur.

Les adultes craignent le regard des autres s'ils n'arrivent pas à faire en sorte que les enfants s'améliorent, et un certain nombre d'entre eux se soucie davantage du regard des autres que de ce que leurs enfants apprennent. C'est à nouveau cette peur d'être permissifs qui nous poursuit.

Vaincre cette peur revient à changer notre regard sur l'erreur et sa valeur éducative.

Ne serait-ce pas merveilleux d'entendre un adulte dire à un enfant : *Tu t'es trompé. C'est fantastique ! Qu'apprends-tu de cette erreur ?*

Dans une société orientée vers le résultat, l'erreur a du mal à trouver une place valorisée. Le *sois fort, sois parfait* est encore omniprésent dans l'approche éducative. Nous avons grandi avec ces attentes depuis des générations. Intégrer l'erreur dans le processus d'apprentissage demande à l'adulte **le « courage d'être imparfait »** dont parlait si souvent Dreikurs.

Quelques idées pour y parvenir :
- Être modèle de la gestion des erreurs.
- Remonter à la source de l'erreur : manque de temps, de formation, d'encouragement ?
- Au cours de discussions à la maison ou à l'école, apprendre aux enfants à identifier leurs erreurs et à en tirer des bénéfices constructifs. De façon ludique, chacun pourrait, par exemple, partager son « erreur du jour » et la leçon qu'il en a tirée.
- Autoriser les enfants à se tromper (en montrant alors de l'empathie, sans intervenir pour empêcher l'échec). Ils découvriront par eux-mêmes comment résoudre les problèmes quand ils se présentent.

- Enseigner l'autoévaluation aux enfants est l'un des plus grands services que l'on puisse leur rendre (ce point sera abordé dans le chapitre 7).
- Apprendre la résilience aux enfants pour leur permettre de faire face aux aléas de la vie.

Les conflits, les incidents et tous les défis que l'on rencontre sur le chemin éducatif sont aussi, à l'image des erreurs, des opportunités d'apprentissage et peuvent être regardés de la même façon. Le message devient alors incroyablement efficace et cohérent pour ceux qui ont la chance de le recevoir.

Un outil efficace de Discipline Positive :
« Les erreurs sont de merveilleuses
opportunités d'apprentissage »

Si l'on fait confiance au processus éducatif, on devine très vite qu'il y a toujours une deuxième chance, une chance de faire mieux. L'outil des 3 « R » de la réparation est un excellent moyen de transmettre le courage d'être imparfait et de faire ainsi germer l'opportunité d'apprentissage.

Les 3 « R » de la réparation

RECONNAÎTRE sa part de responsabilité	*Oups ! J'ai fait une erreur.*
RÉCONCILIER	*Je suis désolé(e) d'avoir...*
RÉSOUDRE	*J'ai besoin de ton aide. J'aimerais que l'on trouve une solution ensemble.*

Il est plus facile de reconnaître sa part de responsabilité dans une erreur si l'on y voit une opportunité d'apprentissage et non quelque chose de négatif. Si nous considérons les erreurs comme la marque de nos faiblesses, nous aurons tendance à nous sentir inadéquats et découragés, ce qui peut nous rendre défensifs, moralisateurs et critiques de nous-mêmes ou des autres. Les intégrer dans le processus d'apprentissage nous donne le courage de les reconnaître, de les assumer et devient alors un exercice enrichissant : *Je me demande ce que je vais apprendre de cette erreur.*

Se pardonner à soi-même est un élément important du premier des 3 « R » de la réparation.

Avez-vous déjà remarqué comme les enfants sont prêts à pardonner quand un adulte s'excuse ?

Où que je sois, lorsque je pose la question : *Vous êtes-vous déjà excusé auprès d'un enfant ? Si oui, comment a-t-il répondu ?*

J'obtiens toujours la même réponse. Quand un adulte s'excuse avec sincérité, les enfants répondent le plus souvent : *C'est pas grave !*

En réponse à un comportement irrespectueux, les enfants peuvent passer en un instant de la colère et du ressentiment au pardon absolu à condition que l'adulte concerné puisse dire : *Je suis désolé(e)...*

Les deux premiers « R » de la réparation (reconnaître sa part de responsabilité et réconcilier) permettent de créer une connexion préalable à la troisième étape du processus : résoudre. Il est inutile d'essayer de trouver des solutions sans avoir d'abord créé la connexion et sans avoir retrouvé son calme au préalable (temps de pause).

Une des choses que je préfère dans la Discipline Positive est que, quels que soient les soucis causés par nos erreurs, nous pouvons toujours revenir aux concepts, apprendre de ces erreurs, réparer ce que l'on a fait, et améliorer les choses. Ce concept des 3 « R » de la réparation est, pour moi, un outil incontournable.

Un exemple pour illustrer le concept

Mon exemple emblématique est la fois où j'ai dit à Mary, ma fille de 8 ans : *Mary, tu n'es qu'une enfant pourrie gâtée.*

Mary, qui connaît très bien les 3 « R » de la réparation, m'a répondu : *Très bien, mais après, ne viens pas me dire que tu es désolée !*

Je lui ai renvoyé aussi sec : *Ne t'inquiète pas, il n'y a aucun risque, parce que justement, je ne suis pas désolée du tout !*

Mary a couru dans sa chambre et claqué la porte ; peu après, étant de nouveau capable d'une pensée rationnelle, je me suis rendu compte de ce que j'avais dit, et je suis allée dans sa chambre pour lui présenter mes excuses. Mary était encore fâchée, et certainement pas prête à entendre mes excuses. Je la vis alors penchée sur une première édition de mon livre *La Discipline positive*, armée d'un énorme marqueur noir, très occupée à en souligner et commenter des passages. Jetant un œil par-dessus son épaule, je pus lire dans la marge : *N'importe quoi !*

Je sortis de sa chambre ; manifestement, j'avais vraiment été très très maladroite.

Cinq minutes plus tard, Mary apparut timidement, elle me prit dans les bras et me dit : *Maman, je suis désolée.*

Je lui ai répondu : *Moi aussi, ma chérie. Je t'en voulais de ne pas réussir à te contrôler, alors que moi-même, j'étais complètement hors de moi. Je suis désolée.*

— *C'est pas grave, j'ai vraiment été odieuse.*

— *En tout cas, maintenant, je vois bien dans ce que j'ai fait ce qui a pu te faire réagir comme ça.*

— *Et moi, je comprends ce que j'ai fait de mal.*

J'ai vu ce genre de situation un nombre incalculable de fois. Dès lors que les adultes reconnaissent leur part de responsabilité dans le déclenchement d'un conflit (et dans tout conflit, il faut être au moins deux), les enfants sont enclins à suivre leur exemple et à assumer leur propre part. Les enfants apprennent à prendre leur responsabilité quand les adultes sont avec eux modèles de cette compétence.

Quelques jours plus tard, Mary était au téléphone avec son amie, Debbie : *Debbie, tu es vraiment trop bête !* Aussitôt, elle s'est rendu compte de ce qu'elle venait de dire et s'est reprise : *Pardon, Debbie. Quand je dis que tu es bête, cela prouve que c'est moi qui le suis.*

Elle avait intégré les principes des 3 « R » de la réparation et appris, ce faisant, que les erreurs ne sont rien de plus que de merveilleuses opportunités d'apprentissage.

Il nous reste encore un concept clé qui permet d'ouvrir toutes les portes… .

8. S'assurer de faire passer
le message d'amour

Ce principe de Discipline Positive s'intègre au même titre que les sept autres dans les fondements de l'approche.

Un exemple sur l'importance de faire
passer le message d'amour

Un jour, je reçois l'appel d'une mère célibataire, Mme C., à propos d'un problème qu'elle avait avec sa fille, Maria. Mme C. avait peur que sa fille ne tombe dans la dépendance à l'alcool. Elle avait trouvé un pack de bières dans le placard de Maria. La scène est la suivante. Furieuse et inquiète, elle se plante devant sa fille, le pack de bières à la main : *Qu'est-ce que c'est que ça ?*

Le ton de sa voix laisse facilement comprendre que la réponse ne l'intéresse pas vraiment. C'est le type même de la question piège, avec pour seule intention de mettre sa fille en difficulté ; d'emblée, la distance et l'hostilité sont installées.

Réponse sarcastique de la fille : *Ça ressemble à ce qu'on appelle un pack de bières, maman.*

La discussion s'envenime, Mme C. lance : *Ne joue pas à la plus maligne avec moi !*

Maria répond, le plus innocemment du monde : *Mais, maman, je ne vois vraiment pas de quoi tu parles !*

Mme C., prête à refermer le piège : *J'ai trouvé ça dans ton placard, alors tu as intérêt à trouver une bonne excuse !*

Principes adlériens

— *Ah oui, j'avais complètement oublié. C'est à une amie ; je les garde pour elle.*

— *Ben voyons ! Non mais, tu crois vraiment que je vais gober ça ?*

— *Que tu me croies ou non, je m'en fous pas mal !* et Maria part dans sa chambre en claquant la porte.

Voulant aider Mme C. à comprendre le vrai sens du message d'amour, je lui demandai : *Pourquoi étiez-vous si fâchée de trouver ces bières ?*

Sa réponse indignée montrait clairement que ma question lui semblait complètement inepte : *Mais... parce que je ne veux pas qu'elle ait d'ennuis !*

J'insistai : *Pourquoi ne voulez-vous pas qu'elle ait d'ennuis ?*

— *Parce que je ne veux pas qu'elle gâche sa vie !* me rétorqua-t-elle, au comble de l'irritation, regrettant visiblement de m'avoir appelée.

Mais comme elle ne semblait pas avoir compris le message, j'insistai encore : *Et pourquoi ne voulez-vous pas que sa vie soit gâchée ?*

— *Mais parce que je l'aime !*

Enfin ! Elle était arrivée au vrai sujet.

Je posai ma dernière question plus doucement : *Vous êtes sûre que ce message-là, elle l'a entendu ?*

Mme C. était vraiment triste en prenant conscience qu'elle n'avait pas réussi à transmettre le moindre message d'amour à Maria dans cette histoire. Mais une semaine après, elle m'appela pour me dire comment elle avait combiné les 3 « R » de la réparation et les 4 Étapes pour Gagner la Coopération des Enfants pour rétablir le lien avec sa fille.

Le lendemain de leur dispute, elle avait accueilli Maria à son retour des cours, et, puisant cette fois dans l'amour qu'elle ressentait pour sa fille, lui avait proposé : *Maria, on pourrait parler un moment ?*

Maria, toujours sur ses gardes : *De quoi tu veux parler ?*

(Il est important de noter que les enfants peuvent mettre du temps avant de s'ouvrir et faire confiance, quand les adultes changent d'attitude.) Au lieu de réagir à l'agressivité de sa fille, Mme C. se projeta dans l'univers de Maria en tentant de comprendre ce qu'elle pouvait ressentir : *Quand je me suis mise à crier hier soir pour cette histoire de bières, je parie que tu as pensé que je n'en avais rien à faire de toi.*

Maria se sentit si bien comprise qu'elle se mit à pleurer. D'une voix tremblante et accusatrice, elle dit : *C'est vrai. J'ai l'impression de n'être qu'un poids pour toi, qu'il n'y a que mes amis pour qui je compte vraiment.*

— *Je comprends. Quand je m'adresse à toi et que c'est ma peur et ma colère qui parlent à la place de mon amour, c'est plutôt normal que tu aies l'impression de ne pas compter, comment pourrais-tu ressentir autre chose ?*

Puisqu'elle pouvait maintenant percevoir l'amour de sa mère, Maria changea d'attitude. Mme C., le devinant, put continuer : *Je suis vraiment désolée de t'avoir malmenée comme ça hier.* La proximité et la confiance avaient pris la place de la distance et de l'hostilité.

— *Ce n'est pas grave, maman, mais tu sais, ces bières, je les gardais vraiment pour une amie.*

— *Maria, je t'aime de tout mon cœur ; quelquefois, j'ai peur que tu te fasses du mal. Je me laisse submerger par mes craintes et j'oublie de te dire que c'est uniquement parce que je t'aime que j'ai peur.*

Mme C. prit sa fille dans ses bras et lui dit : *Prenons un nouveau départ ? On peut essayer de discuter et de résoudre nos problèmes ensemble, avec amour, en faisant attention aux besoins l'une de l'autre ?*

— *Bien sûr, maman. Ça me va.*

Le soir même, Mme C. et sa fille eurent leur première discussion de famille. En me racontant cela, elle était pleine de reconnaissance ; en s'assurant de faire passer le message d'amour avant de partager ses inquiétudes, une atmosphère d'amour et de coopération s'était mise en place, et avait, depuis, complètement modifié leur relation.

Remarquons que tous les exemples de ce chapitre illustrent le fait que la réponse de l'adulte peut entretenir, voire favoriser, le comportement inapproprié de l'enfant. La chance que l'on a, c'est que lorsque l'adulte change d'attitude, l'enfant peut en faire autant.

Les huit concepts adlériens présentés permettent de mieux comprendre les comportements, enseignent des compétences et posent les fondations nécessaires à la mise en œuvre de la Discipline Positive. Les outils proposés aideront, je l'espère, les adultes à intégrer les compétences utiles pour aider les enfants à développer à leur tour ce dont ils auront besoin pour avancer sur le chemin de la vie.

« Boîte à outils »
Discipline Positive – chapitre 2

1. Impliquer les enfants au lieu d'utiliser son pouvoir pour les soumettre : gagner la coopération plutôt que d'entrer en relation de pouvoir.
2. Connecter avant de corriger (enseignement).
3. Inviter l'enfant à rechercher des solutions.
4. Offrir aux enfants des opportunités de développer et de mettre en pratique les 7 Perceptions et Compétences Essentielles afin qu'ils sachent s'autoévaluer.
5. Développer la coopération en utilisant les questions de curiosité, de façon à inviter la participation des enfants dans la résolution des problèmes.
6. Mettre en pratique les « 4 Étapes pour Gagner la Coopération des Enfants ».
7. Se rappeler que le sentiment qui sous-tend nos actes et nos paroles compte plus encore que ce que nous faisons ou disons.
8. Impliquer les enfants dans la décision, la planification et la réalisation des tâches nécessaires au bon fonctionnement de la maison ou de l'école.
9. Éviter de surprotéger les enfants pour leur permettre de croire en leurs capacités.
10. Se demander : *Ce que je fais là met-il l'enfant en situation de maîtrise ?* ou inversement : *Est-ce encourageant ? Ai-je pris le temps de « connecter » avant de corriger ?*
11. Enseigner et mettre en pratique le fait que les erreurs sont de merveilleuses opportunités d'apprentissage.
12. Enseigner et mettre en pratique les 3 « R » de la réparation en cas d'erreur.
13. S'assurer que le message d'amour est bien passé.

Principes adlériens :
les fondements de la Discipline Positive

- Adler met en avant les sentiments **d'appartenance et d'importance (contribution)** comme les deux besoins essentiels de l'être humain. Nous sommes des êtres sociaux qui souhaitons « appartenir » et trouver notre place dans le groupe en contribuant à son fonctionnement.

  « L'homme est une partie d'un tout. » Adler

  (Adler parle également de *Gemeinschaftsgefühl* : « sens de la communauté » ou « intérêt social ».)

- L'approche adlérienne est celle d'une personne indivisible. Chaque individu existe avec son corps, son esprit et son inconscient, mais aussi dans son rapport à la famille, à la société.

- Les êtres humains doivent définir leur place dans l'existence et luttent contre les sentiments d'infériorité par la construction d'une logique interne et subjective.

  « Le sentiment d'infériorité domine la vie psychique, et on le trouve clairement exprimé dans les sentiments d'insuffisance, d'imperfection et dans les efforts ininterrompus fournis par les êtres humains et l'humanité. » Adler

- Chaque être humain mérite **respect et dignité**.

- Tout comportement a une **raison d'être**.

- Le changement constructif est facilité par **l'encouragement**, qui se centre sur les forces de l'individu.

- Les enfants élaborent leurs croyances à partir de la perception de leurs expériences qui influenceront leurs comportements tout au long de leur vie.

La Discipline Positive s'intéresse **aux besoins qui se cachent derrière les comportements** des enfants.

- Nous **décidons de ce que nous faisons**.

  Par conséquent, nous pouvons changer. Même si nous sommes impuissants à changer une situation, nous pouvons choisir notre réponse.

- La **liberté individuelle** s'accompagne de **responsabilités sociales**.

3

L'impact du rang de naissance

Ce chapitre nous invite à regarder comment les enfants tendent à comprendre leur rôle et la place qu'ils occupent dans la famille en fonction de leur rang de naissance, et comment ils peuvent développer sur cette base des interprétations erronées sur eux-mêmes. Chaque personne est unique. Il ne s'agit pas de classifier ou d'enfermer dans des stéréotypes, mais de donner des clés pour « entrer dans le monde de l'enfant ».

La place qu'occupe un enfant dans sa famille participe à la construction de sa logique interne, de son style de fonctionnement. L'enfant fait une expérience et l'interprète avec ses faibles moyens. Ainsi s'installent dans la vie de chacun les traces de l'histoire familiale.

Reconnaître l'importance du rang de naissance et des croyances mises en place rend plus tolérant et permet de faire le tri entre ce qui est positif (vouloir retrouver sa place d'aîné par exemple, être de nouveau reconnu) et ce qui ne l'est pas (les comportements perturbants et inappropriés pour y arriver). Cette prise de conscience est un outil en soi. Pour bon nombre d'adultes, il s'agit d'une idée nouvelle sur laquelle je me permettrai d'insister.

L'impact du rang de naissance

On pourrait croire qu'il est logique pour des enfants d'avoir des caractéristiques communes puisqu'ils appartiennent à la même famille, et ce, quel que soit leur rang de naissance. Pourtant, ce n'est pas ce que l'on observe dans la réalité.

En effet, la plupart des enfants pense que la seule option qu'ils ont pour avoir un sentiment d'appartenance familiale est de se différencier au sein de leur fratrie.

De fait, les enfants d'une même famille sont souvent extrêmement différents en termes de caractères, alors que, même s'il y a des exceptions, les enfants de même rang partagent de nombreux traits communs.

On est tenté de se demander pourquoi, ou bien de penser que cela n'a aucun sens ; la question n'est pas de savoir pourquoi, mais d'être capables de mieux comprendre ce qui se passe dans la tête des enfants. En effet, nous avons vu dans le chapitre précédent que les traits de personnalité que les enfants développent ne sont pas nécessairement le résultat des expériences qu'ils vivent mais le fruit de l'interprétation qu'ils en font. Il en va de même pour les interprétations liées à l'ordre de naissance.

Ainsi, les enfants se comparent très souvent à leurs frères et sœurs. Si l'un d'entre eux a investi un domaine avec succès, alors, pour survivre en continuant à être vus, les autres pensent qu'ils n'ont que quatre choix possibles :

1. Développer une compétence dans un domaine complètement différent.

2. Entrer en compétition et faire mieux que les autres membres de la fratrie.

3. Se rebeller ou se venger.

4. Se désengager, en ayant la conviction de ne pas être à la hauteur.

Si un enfant occupe le rôle de l'enfant toujours sage, ses frères et sœurs pourront choisir de s'investir dans le rôle du rebelle, du premier de la classe, du sportif, ou tout autre rôle qui lui permettra de trouver sa place.

Enfin, toute règle a ses exceptions. Parfois, tous les enfants d'une même famille vont choisir d'exceller dans un même domaine. Ce cas de figure, moins fréquent que le précédent, est souvent le signe que l'ambiance familiale est basée sur la coopération plutôt que sur la compétition.

Les enfants placés dans un rôle similaire, soumis aux mêmes pressions, poursuivent souvent un but identique et font les mêmes interprétations sur ce qu'ils pensent devoir faire afin d'appartenir et de trouver leur place dans la vie.

Ils partagent ainsi souvent certaines caractéristiques et comportements.

Il va sans dire que l'élaboration des traits de personnalité n'est jamais la conséquence d'un seul facteur, mais l'ordre de naissance y tient une place importante.

Le rang de naissance : quelle influence a-t-il sur les traits de caractère ?

Les traits de personnalité les plus prévisibles sont ceux des aînés ainsi que ceux des benjamins, puisque ces positions sont soumises au plus petit nombre de variables. Il y a davantage de configurations pour les cadets : ce n'est pas la même chose d'être au milieu d'une fratrie de 3 ou de 7 ! Les enfants uniques pourront, quant à eux, avoir les caractéristiques des aînés ou des benjamins en fonction du style d'éducation qu'ils auront reçu : dorlotés, comme souvent les plus jeunes, ou responsabilisés, comme les plus âgés.

Comme le rappelle Alfred Adler, ce n'est pas parce que les aînés ou les enfants d'un même rang tendent à adopter des comportements similaires qu'il faut généraliser, mais l'observer peut nous donner des pistes de réflexion pour mieux comprendre les caractéristiques communes.

Avant d'aller plus loin, voici un petit exercice :

Fermez les yeux et pensez aux adjectifs qui vous viennent spontanément à l'esprit pour décrire des aînés, des petits derniers, des enfants du milieu, parmi ceux que vous connaissez. Assez rapidement, nous avons des profils en tête.

Dans la suite du chapitre, nous allons nous pencher sur les traits communs aux personnes qui occupent un même rang dans la fratrie ; puis on s'attachera aux éléments qui peuvent moduler ces traits, sans oublier qu'il existe des exceptions aux règles générales.

▶ Les aînés

C'est parmi les aînés que l'on observe les similitudes les plus manifestes. On reconnaît facilement les aînés comme étant responsables, « leaders », autoritaires (même s'ils pensent agir pour le bien des autres en les poussant à faire mieux), perfectionnistes, critiques (vis-à-vis d'eux-mêmes et des autres), conformistes, organisés, aimant la compétition, indépendants, prudents et plutôt conservateurs, ayant aussi parfois une tendance à protéger les autres, voire à les diriger.

À l'arrivée d'un autre enfant, l'aîné a facilement l'impression que le nouveau venu lui est préféré alors qu'il était habitué à être le centre de la famille. Il s'imagine alors que, pour compter aux yeux des autres, il doit être le meilleur ou le premier. Cette interprétation se manifeste de plusieurs façons : par exemple, finir un exercice en premier, quitte à le bâcler ; ou le rendre en dernier pour avoir pris le temps de le faire parfaitement.

▶ Les derniers-nés

Des petits derniers trop choyés ?
La première caractéristique qui vient à l'esprit quand on veut décrire un benjamin est « chouchouté ».

Beaucoup de derniers-nés sont très gâtés par leurs parents et reçoivent le soutien de toute la famille. Cela les amène naturellement à conclure qu'il suffit d'user de leurs charmes, au risque d'être manipulateurs, pour obtenir ce qu'ils veulent. Il leur est alors facile d'installer la conviction suivante : *Je me sens aimé lorsqu'on s'occupe de moi.*

Ils sont souvent créatifs et aiment s'amuser. Personne ne les talonne pour rivaliser avec eux, ce qui les installe dans une situation plutôt confortable.

Il arrive que les frères et sœurs plus âgés jalousent le dernier-né en ayant l'impression qu'il est le préféré des parents.

Un des plus grands risques pour les benjamins est d'interpréter la vie comme étant injuste à chaque fois que l'on ne s'occupe pas d'eux ou qu'ils n'obtiennent pas ce qu'ils veulent. Ils se sentent facilement blessés par cette injustice et ont tendance à trouver normal de faire des colères, de s'apitoyer sur leur sort ou d'avoir des désirs de vengeance.

Malgré la situation *a priori* favorable dans laquelle ils se trouvent, ce sont eux, paradoxalement, qui représentent le plus grand nombre d'enfants ayant des difficultés, après les aînés.

Souvent trop protégés, ils ont du mal à être autonomes et attendent d'être assistés dans ce qu'ils entreprennent. Parfois même, ils attendent que l'on agisse à leur place.

Ainsi, par exemple, il arrive qu'ils aient du mal à s'adapter à l'école, pensant que la maîtresse devrait non seulement leur accorder un traitement de faveur (comme c'est le cas à la maison) mais aussi, pourquoi pas, apprendre à leur place.

Je n'y arrive pas. Montre-moi sont souvent des manières déguisées de dire : *Fais-le pour moi.*

En tant que conseillère d'éducation dans une école primaire, j'ai eu l'occasion de parler à beaucoup de petits derniers qui avaient des difficultés à s'investir sur le plan académique.

Je leur demandais toujours : *Qui t'habille le matin ?* Comme vous vous en doutez, il y avait souvent quelqu'un pour endosser cette responsabilité.

Lorsque j'étais enseignante spécialisée dans le développement des enfants dans un centre universitaire américain, beaucoup de mes étudiants travaillaient dans des crèches et des écoles maternelles. Pendant dix ans, ils ont étudié les enfants qu'ils côtoyaient et ont noté que très peu s'habillaient seuls.

Les enfants sont capables d'assumer seuls cette tâche dès l'âge de 2 ou 3 ans, à condition d'avoir des vêtements appropriés et d'avoir appris comment faire.

Si, passé cet âge-là, les parents continuent à habiller leurs enfants, ils risquent de les priver de l'opportunité de construire un sentiment de responsabilité, d'autonomie et de confiance en eux. Au lieu de renforcer sa conviction d'être capable, l'enfant développe alors un sentiment d'appartenance basé sur l'approbation d'autrui.

Dans une école primaire, un groupe d'élèves causait de grosses difficultés. En CE1, leur professeur envisagea même de prendre sa retraite, celui de CE2 eut du mal à tenir jusqu'aux grandes vacances.

En CM1, le professeur fit un sondage dans la classe, et apprit ainsi que 85 % des élèves de ce groupe étaient des derniers-nés. Cela pouvait expliquer que beaucoup d'entre eux, toujours en recherche d'attention exclusive, avaient du mal à s'engager pleinement dans les apprentissages.

Il obtint, grâce à des discussions de classe régulières, une amélioration significative des comportements des élèves : davantage d'entraide, d'autonomie, d'implication dans la résolution de problèmes.

La surprotection, un travers difficile à éviter

Beaucoup d'adultes sont persuadés que c'est le meilleur moyen de témoigner de l'amour à leurs enfants.

J'ai parfois entendu le point de vue selon lequel les enfants auraient bien le temps de s'ajuster aux difficultés de la vie ; alors pourquoi ne pas les laisser profiter d'une enfance confortable et agréable aussi longtemps que possible ?

Lorsqu'une situation s'inscrit dans le temps, des interprétations temporaires s'ancrent et deviennent importantes dans la construction de la personnalité de l'enfant. Certaines de ces interprétations finissent aussi par faire partie du style de fonctionnement de l'enfant devenu adulte.

D'autres raisons invoquées pour excuser la surprotection sont :
- la facilité ;
- le besoin de se sentir indispensable ;
- la croyance que c'est ce qui est attendu d'un bon parent ;
- l'envie de ne pas reproduire certains schémas ;
- la pression des proches.

Les parents ne sont pas pleinement conscients des effets à long terme de leurs actes quand, voulant faciliter la tâche, et pour faire plus vite et mieux, ils font « pour » et privent leurs enfants de la possibilité de s'entraîner à devenir autonomes.

Alors comment éviter de tomber dans le piège du « faire pour » ? En donnant du temps aux apprentissages, en autorisant les enfants à s'entraîner. C'est toujours une erreur de penser que les enfants apprendront plus tard. C'est précisément par les opportunités quotidiennes qu'ils rencontrent qu'ils pourront développer leur confiance en eux et leur sens de la responsabilité.

Quelques benjamins choisissent une interprétation complètement différente de celle décrite ci-dessus et deviennent des « fonceurs perfectionnistes » que rien n'arrête sur la route du succès. Ils croient, à tort, que pour être importants, ils doivent tout faire plus vite et mieux que les autres. Adultes, ils engagent alors toute leur énergie à prouver leur importance dans une course à la performance.

▶ **Les cadets : les enfants du milieu**

Ces enfants du milieu se trouvent dans une position difficilement comparable à celle des autres enfants.

Ils se sentent souvent coincés au milieu de leur fratrie, sans les privilèges des aînés ni les avantages des benjamins. Cela leur fournit une très bonne raison d'aboutir à l'interprétation erronée que, pour être importants, ils doivent être différents.

Cette différence peut prendre plusieurs formes, et en faire des surperformants (ils ont souvent devant eux un enfant plus âgé et plus développé, ce qui les incite à faire des efforts pour le rejoindre) ou des sous-performants (pourquoi se donner tout ce mal puisqu'on ne rattrapera jamais son modèle). Ils peuvent être excessivement sociables, ou extrêmement timides ; s'ils sont rebelles, ils pourront l'être en ardents défenseurs d'une cause, ou simplement installés dans une opposition passive. Habitués à partager l'attention, ils sont plus faciles à vivre que leurs frères et sœurs, ils font preuve d'empathie pour ceux qu'ils perçoivent comme différents des autres et avec lesquels ils s'identifient facilement.

Ils s'avèrent généralement être de bons pacificateurs et sont appréciés parce qu'ils sont sympathiques et compréhensifs.

Ils sont souvent bien plus larges d'esprit que leurs aînés, qui peuvent rester plus conformistes.

▶ Les enfants uniques

L'élan éducatif des parents est, dans ce cas, centré sur l'enfant, sans partage de leur attention ni comparaison.

S'il se comporte comme un aîné, l'enfant unique mettra toutefois moins d'intensité dans sa recherche de perfection, parce qu'il ne sentira pas la pression d'un plus jeune qui pourrait mettre en péril sa position privilégiée.

Les enfants uniques ont généralement la même exigence dans leurs attentes que celles formulées par leurs parents. Parce qu'ils ont été habitués à être le seul enfant de la famille, ils peuvent facilement rechercher et apprécier la solitude, ou au contraire craindre l'isolement.

Il est possible que pour eux le fait d'être unique revête plus d'importance que le fait d'être le premier.

Les premiers astronautes américains, par exemple, étaient tous des aînés, soit des « aînés psychologiques », soit des enfants uniques. En effet, Neil Armstrong, fils unique, eut l'expérience on ne peut plus unique d'être le premier homme à marcher sur la Lune.

D'autres aspects qui interfèrent
avec le rang de naissance

Ces caractéristiques du rang de naissance peuvent être nuancées par différents facteurs :

▶ Le genre

Si le premier enfant et le second sont de sexes différents, il est possible que tous les deux développent les caractéristiques d'un aîné, et ce particulièrement dans une famille où prévaut une répartition sexuée des tâches. Chaque enfant assumera alors la position d'aîné dans les responsabilités assignées à son genre. Si le plus âgé est un garçon, il aura les caractéristiques de l'aîné dans le rôle masculin. Si le second enfant est une fille, elle développera quand même les caractéristiques de l'aînée, mais dans le rôle féminin.

Cependant, si les deux plus âgés d'une fratrie de trois sont de même sexe, les différences entre ces deux-là n'en seront probablement que plus marquées. Plus ils seront proches en âge et plus leurs spécificités seront prononcées, ce qui nous conduit à un deuxième facteur de nuance.

▶ L'écart d'âge

Quand quatre ans ou plus séparent des frères et sœurs, ils s'influencent moins les uns les autres et se sentent moins en concurrence.

Dans une fratrie composée de cinq enfants tous éloignés de plus de quatre ans, chacun des enfants est susceptible de développer des caractéristiques d'aîné ou d'enfant unique. Ils deviennent ce que l'on appelle des **aînés psychologiques**. Les derniers-nés psychologiques peuvent être ceux qui sont restés plus de 4 ans sans frère ou sœur plus jeune.

Dans l'exemple de cette famille de sept enfants, âgés respectivement de 19, 17, 15, 9, 7, 3 et 1 ans, il y a un véritable aîné (19 ans) ; deux aînés psychologiques, les enfants de 9 et 3 ans parce que ceux qui les précèdent ont, au moins, 4 ans de plus ; un vrai dernier-né (1 an) ; et deux derniers-nés psychologiques, les enfants de 15 ans et de 7 ans, parce que pendant plus de quatre ans, ils ont effectivement été les derniers-nés.

Quand un enfant a investi une position pendant plus de quatre ans, il a déjà formé de nombreuses interprétations sur son rapport au monde et les manières d'obtenir un sentiment d'appartenance et d'importance. Le système de croyance installé peut bien sûr évoluer si la constellation familiale change, mais il se trouve rarement complètement modifié.

Il est intéressant d'observer ce qui se passe parfois lorsqu'un des aînés quitte la maison (par exemple, pour faire des études dans une autre ville), il arrive que celui qui le suit directement change de façon considérable – assumant davantage de responsabilités, mais sans l'intensité perfectionniste de son aîné.

▶ **Les échanges de rôle**

Une autre exception à la règle est que les enfants échangent parfois, de façon complètement arbitraire, les caractéristiques liées à leur ordre de naissance.

Un cadet peut, à force de persévérance, dépasser son aîné. Sous pression constante pour rattraper l'aîné(e), la motivation est devenue un trait de sa personnalité. Adulte, il pourra continuer à trouver des modèles qu'il jugera supérieurs et qu'il essayera de dépasser.

Il est alors possible que l'aîné abandonne les caractéristiques de son rang et se désengage, signe d'un certain perfectionnisme. Cet enfant a décidé : *À quoi bon essayer si je ne peux pas être le meilleur ou le premier ?*

Il arrive que cette stratégie de l'aîné devienne récurrente sur le long terme. Un exemple en est le décrochage scolaire. Connaître l'influence du rang de naissance peut éclairer certains parents sur les causes de la détresse de leur aîné détrôné. La frustration et la colère peuvent alors faire place à une meilleure compréhension et davantage d'empathie.

Enfin, un petit dernier qui devient un « fonceur perfectionniste » laisse libre la place de chouchou, ce qui inévitablement conduira à redistribuer les cartes pour d'autres membres de la fratrie.

▶ **L'atmosphère familiale**

L'atmosphère familiale peut accroître ou lisser les différences.

Lorsque la compétition règne en tant que valeur et modèle familial, les différences de comportements vont très probablement s'accentuer.

Dans les familles ayant un modèle centré sur la coopération, les différences vont, au contraire, avoir tendance à s'estomper dans une véritable ambiance d'égalité.

Les désaccords parentaux fréquents peuvent contribuer à installer une atmosphère familiale concurrentielle alors que collaborer et s'accorder sur l'éducation des enfants favorisent une atmosphère familiale coopérative.

Exemple de l'influence de l'atmosphère familiale

Nous avons vu que bien souvent deux aînés du même sexe ont tendance à être très différents s'ils sont proches en âge.

L'expérience m'a démontré qu'il y avait des exceptions !

Ce fut le cas, en particulier, à l'occasion d'un entretien clinique avec une femme dont la sœur n'avait que 18 mois de plus qu'elle. Je supposais qu'étant donné ce faible écart, elles devaient s'être forgées des caractères très différents. Mais cet entretien mit à mal mon hypothèse : au contraire, ces deux sœurs se ressemblaient beaucoup.

Quand nous en sommes venues à parler de leurs parents, je lui ai demandé de me laisser essayer de deviner comment ils étaient. Compte tenu de ce qu'elle m'avait dit, j'ai pensé que leurs parents avaient dû être très aimants, habitués à coopérer beaucoup, être bien d'accord entre eux sur les principes d'éducation, et que les enfants avaient dû sentir qu'elles étaient traitées équitablement, et aussi aimées l'une que l'autre.

Après m'avoir entendue, ma patiente a demandé comment j'avais fait pour deviner tout cela.

Mon raisonnement s'appuyait sur ma connaissance des effets de l'atmosphère familiale sur l'évolution des membres de la fratrie. Quand deux sœurs nées à 18 mois d'intervalle présentent des traits de caractère proches au lieu d'être opposés, on peut supposer que les parents ont su créer une atmosphère de coopération, et non pas d'opposition, dans la fratrie.

À nous, parents, de créer avec nos enfants une atmosphère de coopération dans laquelle chacun puisse s'épanouir et développer ses capacités.

J'espère que cette présentation rapide des ordres de naissance permettra aux parents et aux enseignants de comprendre à quel point il est important d'être attentif à :

- ne pas surprotéger les enfants ;
- fournir aux aînés des opportunités de voir que l'on peut se sentir bien même si l'on a perdu et que l'on ne sort pas premier ;
- aider les cadets à se sentir moins à l'étroit ;
- et plus généralement entrer dans le monde de chaque enfant avec empathie et compassion.

Quels autres bénéfices retirer de cette analyse des rangs de naissance ?

▶ Pouvoir encourager

Une bonne compréhension de ces rangs de naissance et du positionnement parfois erroné que les enfants en font (dans leur désir d'appartenance et d'importance) permet à l'adulte d'être plus efficace dans l'aide qu'il décide ou non d'apporter.

Avoir conscience de l'importance de l'ordre de naissance permet aussi de mieux appréhender les ressources que l'enfant a développées selon sa position dans la fratrie.

L'impact du rang de naissance

Une étude américaine sur les ordres de naissance menée dans l'ensemble d'un district aux États-Unis a permis de se rendre compte que les classes avec un taux élevé de derniers-nés présentaient plus souvent des difficultés d'ordre académique et comportemental.

À l'époque, cela souleva une question pertinente sur les retards scolaires : étaient-ils liés à des difficultés d'origine physiologique ou comportementale ? Les benjamins étaient-ils plus lents à s'engager dans les apprentissages académiques dans l'espoir d'obtenir un traitement de faveur ?

Par ailleurs, lorsque les enfants rencontrent des difficultés liées à une insuffisance physiologique, ils ont tendance à mettre en place des stratégies pour compenser (parfois, ces stratégies vont prendre la forme de comportements inappropriés). Ces enfants reçoivent-ils toute l'aide dont ils ont besoin dans la mesure où ils font tant d'efforts pour cacher leurs difficultés (dont ils ne sont d'ailleurs pas toujours conscients) ? Qu'en est-il des aînés, qui compensent facilement dans le but d'être irréprochables ?

Mme M., maîtresse de CM2, a fait son mémoire de fin d'études sur la relation entre le rang d'un enfant dans sa fratrie et son apprentissage de la lecture.

Les résultats de son étude montrent que l'on trouve dans les groupes de très bons lecteurs, le plus fort pourcentage d'aînés ou d'enfants uniques. Alors que c'est dans le groupe des élèves les plus faibles que l'on trouve la plus grande proportion de derniers-nés.

Mme M. s'est penchée sur la dynamique observable, en faisant des enregistrements de ce qui se passait dans les différents groupes quand elle posait des questions.

Dans le groupe « de tête », les enfants levaient tout de suite le doigt, chacun essayant d'être interrogé le premier. Ceux du groupe intermédiaire étaient moins réactifs, moins compétitifs, même s'il y avait en général quelqu'un pour donner la bonne réponse. Dans le dernier groupe, il y avait une forte tendance à demander de l'aide pour surmonter une incompréhension.

Parmi les élèves de Mme M., l'un d'entre eux, que j'appellerai Jean, présentait les difficultés les plus sérieuses dans son apprentissage de la lecture. À tel point que Mme M. se demandait s'il ne souffrait pas de troubles cognitifs. Elle demanda une évaluation psychologique pour mieux l'aider, et eut ensuite un entretien individuel avec Jean. Celui-ci lui apprit qu'il était le dernier-né de sa famille, derrière trois grandes sœurs. Dans sa famille, tout le monde l'appelait « le roi Jean ».

Mme M., éclairée par cette conversation, supposa que Jean devait être très chouchouté, et s'interrogea sur l'image et la place que pouvait avoir un garçon dans sa famille. Pourquoi Jean se serait-il donné le moindre mal pour faire quelque chose de son propre chef, comme apprendre la lecture, alors qu'il avait si peu d'occasions d'assumer la moindre responsabilité ?

Le rapport de la psychologue confirma ses intuitions : Jean présentait une grande intelligence, mais il avait mis jusque-là toute son énergie au service de la manipulation des autres, au lieu de chercher à faire ce qu'on lui demandait. Mme M. présenta ses conclusions à Jean, avec bienveillance. Elle lui dit qu'elle pensait que c'était un petit garçon fort capable, et qu'il avait toute sa place dans le meilleur groupe. Elle le plaça donc dans le groupe des bons lecteurs, et Jean se montra tout à fait à la hauteur. Il avait compris qu'il ne pourrait plus la berner. Le plus difficile fut pour les grandes sœurs d'arriver à comprendre que la maîtresse n'était pas devenue folle en en demandant autant à leur petit frère.

Il faut souligner l'importance de l'attitude de Mme M. lorsqu'elle avait parlé à Jean. Pas question de lui faire la leçon en lui disant : *Tu pourrais mieux faire.* Elle lui dit tout simplement : *Jean, j'ai découvert à quel point tu es doué. Je vais te changer de groupe, et j'ai tout à fait confiance dans ta capacité à bien suivre.*

Combien, parmi nous, ont détesté subir des remarques de leurs parents comme : *Tu pourrais faire tellement mieux, si seulement tu voulais bien essayer !*

Derrière ces propos, il y a souvent de la déception, des reproches... C'est toujours une attitude décourageante pour les enfants :

- Les aînés se sentiront anéantis, parce que s'ils ne vont pas au bout de leur potentiel, c'est justement parce qu'ils ont cette obsession de la perfection, qu'ils sont trop tendus pour bien faire.
- Les cadets risquent d'être découragés par cette remarque, parce qu'ils croient déjà (à tort) qu'ils n'ont aucun espoir de réussir à faire aussi bien que leurs aînés.
- Les dernier-nés n'aimeront pas non plus s'entendre dire qu'ils pourraient mieux faire s'ils sont installés dans la conviction « erronée » que, pour qu'ils se sentent reconnus, il faut que les autres prennent soin d'eux.

Si l'approche de Mme M. a fonctionné avec Jean, c'est grâce à son attitude, parce qu'elle l'a encouragé, et qu'il n'y avait aucune déception dans ses propos.

Connaître l'influence du rang de naissance peut être précieux pour comprendre un enfant et rentrer dans son monde.

Le simple fait de montrer à quelqu'un que l'on comprend et respecte son point de vue est une des attitudes les plus encourageantes que l'on puisse avoir.

Réussir à dire : *Je comprends ce que tu peux ressentir* est tout à fait différent du jugement accusateur qui dirait : *Ça ne m'étonne pas que tu aies fait ça, puisque tu es l'aîné (ou le deuxième, le dernier-né).*

▶ Aider à choisir une stratégie adaptée au besoin de l'enfant : l'exemple de Marc

Marc, aîné de la fratrie, s'était enfermé dans son perfectionnisme. Âgé de 8 ans, il ne supportait pas de perdre. Son père contribuait à maintenir cette attitude en le laissant toujours gagner aux échecs parce qu'il n'aimait pas le contrarier ni le faire pleurer. En réfléchissant à l'influence de l'ordre de naissance, ce père réalisa qu'il était en fait nécessaire de permettre à Marc de faire l'expérience de la défaite et, dès lors, il décida de gagner au moins la moitié des parties.

Terriblement frustré au départ, Marc se mit assez vite à perdre ou gagner avec plus de grâce. Le père se rendit compte que Marc avait acquis de nouvelles compétences lorsqu'un jour, alors qu'ils jouaient au ballon, il lança une balle difficile que Marc ne parvint pas à attraper. Au lieu de se mettre en

colère, Marc commenta avec humour : *Bien envoyé par papa !*
Réception de Marc complètement nulle !

▶ Mieux comprendre la dynamique des familles recomposées

Le rang de naissance apporte également un éclairage utile pour bien comprendre la dynamique des familles recomposées.

Cela peut s'avérer très perturbant pour un aîné ou un dernier-né de « perdre sa place » quand d'autres enfants rejoignent la famille. Un aîné peut soudain devenir un cadet, ou un dernier-né perdre d'un coup sa place de chouchou. Ces enfants se sentiront mieux compris et auront donc un sentiment d'appartenance et d'importance plus solide s'ils sont impliqués, au cours de discussions familiales à la maison, dans les résolutions de problèmes.

Valoriser l'alchimie dans les couples

Appréhender les tenants et les aboutissants de l'ordre de naissance peut aussi aider les parents à mieux se comprendre et s'encourager mutuellement. Il est intéressant de remarquer que l'ordre de naissance a aussi des implications conjugales. Comme vous l'avez peut-être deviné, il n'est pas rare que les aînés et les derniers-nés s'attirent mutuellement. Les plus jeunes aiment que l'on s'occupe d'eux et les aînés sont souvent naturellement disposés à protéger les autres et les aider : l'équation semble parfaite. Mais comme disait Adler : « Dites-moi ce qui ne va pas avec votre conjoint et je vous dirai pourquoi vous l'avez épousé. »

Les caractéristiques qui attirent au début sont souvent les mêmes qui peuvent irriter par la suite. Prenons l'exemple de l'aîné qui, fatigué d'être toujours l'élément raisonnable du couple, commence à critiquer l'irresponsabilité de son conjoint, oubliant que c'était justement ce trait de caractère qui l'avait séduit dans les premiers temps.

À l'inverse, le conjoint (dernier-né de sa fratrie) peut finir par se lasser de s'entendre constamment dire ce qu'il doit faire et d'être pris en charge même lorsqu'il n'en fait pas la demande. La difficulté sera d'accorder les besoins de chacun qui, souvent, évoluent dans le temps.

Quand deux aînés s'unissent, c'est parfois parce qu'ils admirent chez l'autre les caractéristiques qu'ils respectent en eux-mêmes ; les problèmes commencent lorsque survient un désaccord sur la façon de procéder : qui va décider ? Qui est le plus à même de prendre en charge ?

Il est également possible que deux derniers-nés s'unissent parce qu'ils aiment profiter de la vie ensemble, mais ils seront peut-être rattrapés par leur besoin d'attention, accusant l'autre de ne pas leur en donner suffisamment.

Les enfants du milieu, quant à eux, auront peut-être plus ou moins de facilité à s'adapter dans leur couple en fonction de leur trajectoire « rebelle » ou « facile à vivre ».

S'appuyer sur la compréhension, le respect mutuel, la coopération ainsi qu'un solide sens de l'humour sont des cartes maîtresses dans le jeu de l'amour.

▶ Le rang de naissance
et les styles d'enseignement

L'influence de l'ordre de naissance se retrouve aussi dans le style d'enseignement.

Bien souvent, les enseignants aînés de leur fratrie aiment prendre les choses en main. Ils sont souvent prêts à organiser pour leurs élèves des projets aussi complexes que passionnants. Ils préfèrent les environnements structurés et ordonnés, et sont contents quand les enfants obéissent et font ce qu'on leur demande sans obligation de consensus. De nos jours, le rapport à l'autorité change, et ces enseignants peuvent être déroutés par la nécessité de rechercher l'implication et l'adhésion des enfants plutôt que leur obéissance aveugle. Mais bien vite, ils se rendent compte des avantages et de la portée de l'approche de la Discipline Positive tant pour les enfants que dans le plaisir qu'ils ont à enseigner.

Les cadets sont souvent des enseignants intéressés autant par le bien-être psychologique de leurs élèves que par leur performance académique. Ils s'identifient facilement aux étudiants rebelles et espèrent pouvoir les aider à choisir une voie constructive. En tant qu'enseignants, ils ont tendance à essayer d'obtenir l'ordre par le respect mutuel et la coopération.

Les derniers-nés sont généralement ceux qui enseignent de façon ludique et créative, et sont ceux qui s'adaptent le mieux aux environnements bruyants et désordonnés. Ces enseignants incitent les enfants à assumer de nombreuses responsabilités, ce qui leur permet, par ailleurs, de ne pas avoir besoin de tout faire par eux-mêmes.

« Boîte à outils »
Discipline Positive – chapitre 3

1. L'ordre de naissance au sein d'une famille a une influence sur le développement de la personnalité et constitue un moyen d'entrer dans l'univers de l'enfant afin de mieux cerner la réalité qui est la sienne.
2. Reconnaître l'importance du rang de naissance et les croyances mises en place par l'enfant rend plus tolérant et permet de trier ce qui est positif (vouloir retrouver sa place d'aîné par exemple, être de nouveau reconnu) de ce qui ne l'est pas (les comportements perturbants et inappropriés pour y arriver).
3. S'intéresser aux croyances qui se cachent derrière les comportements.
4. Développer une atmosphère familiale fondée sur la coopération plutôt que la compétition.
5. Faire « avec » et non faire « pour », afin de mettre l'enfant en capacité et de le responsabiliser progressivement. Particulièrement vrai dans le cas des derniers-nés, que le parent a tendance à surprotéger.
6. Encourager l'enfant à gagner en flexibilité dans les rôles qu'il se donne.
7. Être conscient des stéréotypes et des généralités afin que l'ordre de naissance apporte un éclairage utile.

4

Un nouveau regard sur les comportements inappropriés

L'une de mes scènes préférées dans le film *Kramer contre Kramer* est celle où l'on voit Billy hurlant à son père : *Je te déteste !* Alors son père le soulève, l'emporte dans sa chambre, le jette sur son lit et lui crie : *Moi aussi, je te déteste, petit con !*

D'où viennent ces mots si durs alors qu'existe une affection profonde entre le père et son fils ?

Le père de Billy, absorbé par son travail, a peu de temps à consacrer à son fils. Il est sous pression pour rendre un projet dans les temps, et lorsque, par inadvertance, Billy renverse son verre de lait sur un dossier urgent, il explose. Sous une pluie de reproches accusateurs, Billy se sent encore plus seul, presque encombrant.

Afin de décharger sa souffrance et pour soulager son sentiment d'injustice, Billy choisit de se venger avec ces mots qui blessent : *Je te déteste !* Le « cycle de la revanche » est enclenché, cycle dans lequel chacun a sa part de responsabilité dans l'escalade des comportements inappropriés. On qualifie ces comportements d'inappropriés parce qu'ils ne répondent pas aux règles de vie sociale.

À travers cette scène, on pressent qu'un comportement qui semble inapproprié est porteur en même temps de beaucoup de messages. Dans ce chapitre, nous verrons comment poser un regard neuf sur les comportements inappropriés en prenant conscience de notre part de responsabilité, en comprenant la nature et les mécanismes de ces comportements, en y voyant des opportunités d'apprentissage, et en sachant identifier les véritables besoins qu'ils sont destinés à combler.

Un nouveau regard sur les comportements inappropriés

▶ S'ouvrir à une responsabilité partagée sans culpabilité

Pour les adultes comme pour les enfants, il est encourageant de poser un regard nouveau sur les comportements inappropriés. La notion de responsabilité est libératrice parce qu'elle permet de devenir acteur du changement, à condition de ne pas mélanger responsabilité et culpabilité. Lorsque l'adulte prend conscience qu'il participe au comportement inapproprié, il peut alors aider l'enfant à changer sa conduite en modifiant lui-même ses propres réponses d'adulte. N'oublions pas qu'il faut être au moins deux pour entrer dans une lutte de pouvoir.

▶ Mieux comprendre la nature du comportement inapproprié

Plusieurs facteurs peuvent contribuer à déclencher un comportement inapproprié :
- un manque de connaissance ou de conscience de ce qui est attendu ;
- un manque de compétence dans la pratique ;

- un comportement qui, en fait, correspond au stade « normal » de développement de l'enfant ;
- un sentiment d'incapacité et de découragement ;
- un comportement commandé par notre cerveau reptilien (siège des émotions primaires).

Quand on est découragé, notre cerveau reptilien a tendance à reprendre le contrôle, ce qui nous réduit à entrer dans une lutte de pouvoir, se désengager ou communiquer de façon peu efficace. Les réponses du cerveau reptilien sont universelles et similaires quel que soit l'âge. Ainsi, à la suite d'un incident, les adultes peuvent réagir de façon instinctive tout comme le feraient les enfants. Ceci explique aussi pourquoi les luttes de pouvoir sont si fréquentes ! Comme le soulignait Dreikurs : « Un enfant qui se comporte de façon inappropriée est bien souvent un enfant découragé. Il en va de même pour les adultes. »

Ainsi, en prenant conscience de ce qui déclenche les comportements inappropriés, notre regard devient plus compréhensif, plus empathique.

Il convient de s'ajuster au stade de développement de l'enfant. La plupart du temps, les jeunes enfants se comportent en réalité de façon appropriée à leur âge. De nombreux parents et enseignants n'adaptent pas toujours leurs attentes au stade de développement de l'enfant. Punir, dans ces situations, n'a pas de sens.

Par exemple, les jeunes enfants à peine en âge de marcher ne sont pas toujours capables de bien comprendre ce qui est attendu d'eux. Leurs comportements sont régulièrement qualifiés de « bêtises » alors qu'en réalité, ils n'ont ni le langage, ni le raisonnement causal, ni souvent les compétences sociales pour obtenir ce qu'ils veulent autrement.

Il est aussi fréquent de voir des enfants (et des adultes) faire des écarts de conduite parce qu'ils sont fatigués ou tout simplement parce qu'ils ont faim. Bien souvent, il n'y a pas d'autre responsable de la situation. Il est donc préférable de faire preuve de compassion au lieu de sortir l'étiquette « bêtise ». Dans ces situations, impliquer les enfants de façon respectueuse dans la mise en place de routines, leur poser des questions de curiosité qui invitent à la coopération sont souvent beaucoup plus encourageants et efficaces que de formuler des exigences.

▶ **Regarder les comportements inappropriés comme des opportunités d'apprentissage**

C'est un défi éducatif passionnant que celui de regarder les comportements inappropriés comme autant d'opportunités d'apprentissage.

On pourrait croire que je recommande aux parents et aux enseignants de ne rien faire pour mettre fin à un comportement socialement inapproprié si celui-ci correspond au stade de développement de l'enfant. Ce n'est absolument pas le cas.

Si nous voulons que les enfants apprennent à maîtriser leur comportement, alors nous devons apprendre à maîtriser le nôtre. Nous sommes les adultes.

Nous pouvons, par exemple, choisir de prendre un temps de pause pour éviter une réponse instinctive et agir de façon plus réfléchie. Nous pouvons choisir de connecter avant d'enseigner, afin d'aider les enfants à satisfaire leur besoin d'appartenance et de les rassurer sur l'importance de leur contribution.

Plus notre compréhension du comportement (le nôtre et celui de l'enfant) est fine, plus nous sommes porteurs de repères éducatifs de qualité pour nos enfants et nos élèves.

Commencer par entrer dans l'univers de l'enfant, afin de mieux comprendre d'où vient le découragement qui le conduit à se comporter de façon inappropriée, est un excellent point de départ.

Les objectifs-mirages

▶ **Définition**

Dreikurs a ainsi identifié 4 « objectifs-mirages » vers lesquels tendent les enfants quand ils se sentent découragés. On les appelle ainsi parce qu'ils reposent sur des croyances « erronées » et ne permettent pas de satisfaire les besoins essentiels d'appartenance et d'importance. Tel le mirage de l'oasis et sa promesse illusoire d'étancher la soif.

Les enfants (ainsi que beaucoup d'adultes) poursuivent un ou plusieurs de ces 4 objectifs-mirages parce qu'ils sont persuadés que c'est le meilleur moyen de satisfaire leurs besoins essentiels d'appartenance et d'importance (c'est-à-dire savoir qu'ils peuvent apporter une contribution, être utiles, qu'ils comptent).

Les enfants ne sont, bien sûr, pas conscients de leurs croyances erronées. En toute honnêteté, la véritable raison de leur comportement leur échappe.

En se fondant sur leurs interprétations erronées, les enfants poursuivent donc un objectif-mirage au moyen de comportements inappropriés.

À propos des 4 objectifs-mirages, Dreikurs s'entendait souvent dire : *Comment osez-vous mettre les enfants dans des cases ?*

Ce à quoi il répondait : *Ce n'est pas moi qui m'obstine à les mettre dans des cases, je ne cesse de les y trouver.*

▶ **Identifier les croyances et les 4 objectifs-mirages qui sous-tendent les comportements inappropriés**

Objectifs-mirages	Croyances erronées
Accaparer l'attention	*Je compte seulement lorsque ton attention est centrée sur moi.*
Prendre le pouvoir	*Je n'ai de sentiment d'appartenance que lorsque je suis en position de force.*
Prendre une revanche	*Je n'ai pas de sentiment d'appartenance ; je souffre mais je peux au moins rendre la pareille en faisant souffrir l'autre.*
Confirmer sa croyance d'incapacité	*Je n'arrive pas à appartenir, ni à avoir de l'importance, ni à me sentir capable, c'est tout simplement impossible. Je me désengage.*

GRILLE D'IDENTIFICATION DES BESOINS CACHÉ

L'objectif-mirage de l'enfant est...	Quand le parent/ enseignant se sent...	Et qu'il tend à réagir ainsi :	La réponse en retour de l'enfant tend à être la suivante :	La croyance de l'enfant cachée derrière le comportement est probablement...
Accaparer l'**attention**	Ennuyé Agacé Irrité Inquiet Coupable	Essaye de persuader l'enfant de faire... Fait pour, à la place de l'enfant Répète les consignes	Arrête momentanément mais recommence plus tard Ne stoppe que lorsque l'attention est centrée sur lui	*Je compte seulement quand on me remarque ou que j'obtiens une attention spécifique Je ne suis important que si tu es centré sur moi/que tu ne t'occupes que de moi que je t'ai pour moi tout seul*
Prendre/avoir le **pouvoir** (être le chef, en situation de maîtrise)	En colère Défié Remis en cause dans son autorité Perdant	Va à l'affrontement Cède Pense : *Tu ne t'en tireras pas comme ça !* ou *Je vais te forcer* Veut avoir raison	Accentue son comportement Défie/provoque/ se soumet à contrecœur Sent qu'il a gagné quand l'adulte s'énerve Se met en opposition passive	*Je n'appartiens que lorsque c'est moi le chef ou que je contrôle, que je me sens en position de force ou en prouvant que personne ne peut me commander Vous ne pouvez pas me forcer*
Prendre une **revanche** (rendre les choses égales)	Blessé Touché Déçu Ayant perdu confiance Dégoûté	Riposte Se met à égalité Pense : *Comment peux-tu me faire une chose pareille ?* Prend les choses à titre personnel	Riposte/réplique Fait mal aux autres A un comportement destructeur Accentue son comportement, ou trouve un autre angle d'attaque	*Je n'ai pas de sentiment d'appartenance, je souffre donc je fais mal aux autres tout comme moi j'ai mal Je ne peux pas être aimé*
Renforcer sa « croyance » d'**incapacité** (baisser les bras, se sentir seul, abandonné)	Impuissant Démuni/ désarmé Sans espoir Incapable Inapte Inadéquat	Baisse les bras Fait à la place de l'enfant Surprotège Montre son manque de confiance	Accentue son retrait Reste passif Ne s'améliore pas/ ne progresse pas Ne réagit pas Évite d'essayer	*Je ne crois pas que je puisse appartenir, donc je vais prouver aux autres qu'il n'y a rien à espérer de moi (confirmation de la croyance) Je ne peux pas aider, contribuer et je suis nul : inutile d'essayer, je vais rater*

DERRIÈRE LES COMPORTEMENTS INAPPROPRIÉS

Message codé
(véritable besoin) Ce que le parent/enseignant peut faire pour encourager l'enfant
et lui apporter une réponse appropriée

Remarquez-moi – Impliquez-moi
Réorienter en impliquant l'enfant dans des tâches et responsabilités utiles
Dire les choses une seule fois et agir
Tu comptes pour moi et je passerai un moment avec toi plus tard
Éviter une attention trop exclusive dans ces moments-là
Planifier des moments d'attention non partagée
Mettre en place des routines
Instaurer des signaux, des codes de langage non verbal
Saisir les opportunités d'apprentissage
Faire une recherche de solutions familiales/en classe/à deux

Laissez-moi participer – Donnez-moi des choix
Temps de pause
Reconnaître que vous ne pouvez pas le forcer, mais lui demander de l'aide
Offrir des choix limités et appropriés
Se retirer du conflit et prendre de la distance
Être ferme et bienveillant
Décider de ce que vous allez faire
Agir
Laisser les routines faire autorité
Impliquer l'enfant pour établir ensemble des limites raisonnables et les mettre en pratique
Réorienter vers une maîtrise positive
Pratiquer les discussions familiales/de classe

Aidez-moi – Je souffre intérieurement
Prendre soin des sentiments de souffrance
Utiliser l'écoute active
Ne pas se sentir visé
Partager ses sentiments
Reconnaître sa responsabilité (réparation)
Éviter punition ou réplique
Montrer que l'on est concerné et faire confiance
Encourager les points forts
Pratiquer les discussions familiales/de classe

Ne me laissez pas tomber – Tendez-moi la main
Enseigner les compétences sans faire à la place de l'enfant
Fixer des étapes intermédiaires (progression étape par étape)
Mettre l'enfant en situation de réussite (célébrer les succès)
Montrer que vous avez confiance dans les capacités de l'enfant
Ne pas vous apitoyer
Encourager toute initiative positive, même minime
Ne pas baisser les bras
Partager du temps dédié avec l'enfant
Construire à partir de ses centres d'intérêt
Encourager, encourager, ENCOURAGER
Pratiquer les discussions familiales/de classe

La « Grille d'Identification des Besoins cachés derrière les comportements inappropriés[1] » est absolument fondamentale, parce qu'en permettant aux parents d'analyser leur propre ressenti, ils parviennent à décoder les attentes et besoins cachés de leurs enfants et à mieux les gérer.

Accaparer l'attention

Tout le monde a besoin d'attention. Mais un problème survient quand un enfant veut constamment accaparer l'attention de façon inappropriée. L'appartenance est alors recherchée par le biais de comportements qui s'appuient sur la croyance erronée dont l'enfant est habité : ***Je n'appartiens que si je suis au centre de l'attention.***

Cette croyance inconsciente engendre, par le comportement qu'elle génère, une demande d'attention immédiate et persistante qui finit par agacer l'entourage.

Il y a un double bénéfice à guider l'enfant dans sa rechercher d'attention de façon constructive et positive :
- Il apprend à utiliser des comportements appropriés pour atteindre son but.
- Il satisfait ses besoins essentiels d'appartenance et d'importance. Le comportement inapproprié devient alors inutile.

À l'école, si les élèves sont en constante demande d'attention, nous pouvons leur donner une responsabilité (ramasser

---

1. Elle se trouve dans la plupart des ouvrages consacrés à la Discipline Positive, ainsi que sur le site internet : www.disciplinepositive.com (pour la version française).

les devoirs, donner la parole aux élèves qui ont la main levée pour répondre, contrôler les tâches quotidiennes, etc.).

Autre exemple :

Une mère trouve un bon moyen de donner de l'attention de façon appropriée à sa fille de 4 ans qui l'ennuie sans arrêt dès qu'elle est au téléphone. Un jour, alors que sa fille tournait autour d'elle comme à son habitude, elle demande à son interlocuteur de patienter quelques instants et confie sa montre à l'enfant en lui disant : *Tu vois la grande aiguille qui tourne ? Surveille-la pendant qu'elle fait trois tours et j'aurai terminé ma conversation.*

La petite fille suit attentivement la trotteuse, jetant un coup d'œil à sa mère de temps en temps. La conversation téléphonique dure finalement moins de 3 minutes, ce qui amène même la petite fille à dire : *Mais, maman, tu avais encore du temps !*

Être en situation de maîtrise, prendre le pouvoir

Tout le monde a besoin d'une part de pouvoir, ce qui n'est pas une mauvaise chose en soi – tout dépend de la façon dont on l'utilise. Lorsque l'enfant pense à tort que, pour appartenir, il faut qu'il soit le chef, l'usage qu'il fait de son pouvoir ressemble fort à un comportement inapproprié.

Comment l'aider à canaliser cette énergie pour qu'il puisse l'investir de façon utile et efficace dans son contexte social ?

Quand un parent ou un enseignant se retrouve dans une lutte de pouvoir avec un enfant, la première chose à faire est de s'extraire de cette situation. Quelques outils à garder en mémoire pour gérer le conflit sans pour autant entrer en lutte de pouvoir :

- **Décrire la situation** : *On dirait qu'on se bat tous les deux pour le pouvoir* (pour avoir raison, pour décider, etc.).
- **Reconnaître sa responsabilité dans l'interaction** : *Je vois bien en quoi je contribue à ce problème.*
- **Valider les émotions de l'enfant** : *J'imagine que tu te sens en position d'infériorité, alors que ce n'est pas ce que je recherche.*
- **Demander de l'aide à l'enfant, l'impliquer dans les solutions** : *Je n'ai pas envie que l'on se retrouve à chaque fois dans cette situation, mais j'ai besoin de ton aide. Prenons d'abord un moment pour nous calmer* (temps de pause)*, et plus tard, nous verrons comment faire pour trouver une solution qui tient compte de tes besoins et des miens* (recherche de solutions).

On retrouve ici l'idée de connecter avant de corriger (au sens d'enseigner).

**Prendre une revanche,
vouloir rendre les choses égales**

Comme dans l'exemple tiré du film *Kramer contre Kramer*, contre-attaquer et se défendre lorsque nous sommes touchés est une réaction humaine instinctive. On constate, non sans une certaine ironie, que les adultes veulent que les enfants se contrôlent alors qu'eux-mêmes ont souvent du

Un nouveau regard sur les comportements inappropriés 121

mal à y parvenir. Briser le cycle de la revanche demande d'apprendre à contrôler ses réactions.

Quelques outils pour y parvenir :
- **Prendre conscience de ce qui nous touche personnellement** (analyser son « ressenti ») peut nous aider à éviter de contre-attaquer.
- **Valider les émotions de l'enfant** : *Tu dois te sentir vraiment mal. Je peux comprendre, tu sais. Je crois que je ressentirais la même chose si j'étais à ta place.*
- **Connecter avant de corriger** : cet outil fait partie des indispensables, quel que soit l'objectif-mirage auquel on tente de répondre.

En commençant par établir une connexion, on permet de court-circuiter le cycle de vengeance. Mais il demeure essentiel d'impliquer l'enfant dans une recherche de solutions, pour « corriger » la situation : *Quand on se sentira mieux, il faudra que nous en parlions ensemble.*

La souffrance portée par l'enfant n'est pas nécessairement en lien direct avec nous et a pu être causée par un tiers (comme un camarade, un grand frère, un professeur à l'école). L'enfant peut se sentir blessé même si nous avons cherché à l'aider sans intention de le peiner.

Prenons l'exemple de l'enfant que l'on pousse à l'excellence.

Un enfant peut aisément interpréter notre enthousiasme pour les bonnes notes comme une indication que ses notes sont ce qui comptent le plus pour nous. Blessé, il peut chercher à se venger, sans même être conscient de ce qui a induit son besoin de vengeance.

La punition, même si elle a des apparences de conséquence logique, ne fait que perpétuer le cycle de revanche.

Confirmer sa croyance d'incapacité

L'enfant qui se trouve en incapacité nous inquiète, jusqu'à venir parfois troubler notre sommeil parce qu'on s'aperçoit qu'il lâche prise et se désengage. Le stress de cet enfant devient communicatif, induisant aussi un sentiment d'incapacité chez ses parents et ses enseignants. À la différence d'un enfant qui dirait : *Je n'y arrive pas* dans le seul but d'attirer l'attention, l'enfant qui cherche à confirmer sa croyance d'incapacité est convaincu qu'il ne pourra vraiment pas y arriver. Il manque cruellement de confiance en lui.

Décoder le besoin caché derrière un comportement en identifiant la croyance erronée nous permettra d'adapter notre regard, notre approche et notre « discours », ce qui est essentiel pour parler à l'enfant. Les outils à utiliser pour un enfant convaincu de son incapacité doivent être différents de ceux qui « marcheraient » pour celui qui ne manque pas de confiance, mais demande de l'attention.

- **Procéder étape par étape** : chaque pas sera l'occasion de mesurer le chemin parcouru.
- **Prendre le temps** de lui montrer comment faire, sans faire pour lui. En effet, faire les choses à sa place pourrait le conforter dans sa conviction d'être incapable. Par exemple, nous pourrions lui dire : *Je vais dessiner une*

moitié du cercle, et tu pourras dessiner l'autre moitié,
ou bien : *Je vais faire les lacets d'une des deux chaus-*
sures, et tu pourras me montrer ce que tu as compris et
me dire si tu as besoin que je t'aide davantage.

L'importance de savoir identifier les objectifs-mirages

Pourquoi est-il si important d'identifier l'objectif-mirage et la croyance cachée qui l'accompagne ?

Simplement parce que cette information nous permettra de choisir l'action et l'outil les plus précis et efficaces pour établir une connexion et encourager l'enfant à satisfaire ses besoins essentiels.

▶ Un exercice qui demande attention et discernement

Ce processus d'identification des croyances et des besoins de l'enfant est délicat parce que les enfants peuvent utiliser un même comportement inapproprié alors qu'ils poursuivent des objectifs-mirages différents.

Par exemple, des enfants peuvent refuser de faire leurs devoirs pour plusieurs raisons :
- Obtenir de l'attention : *Regarde-moi, reste près de moi.*
- Montrer qu'ils ont le pouvoir : *Tu ne peux pas me forcer à…*
- Se venger : *Ça me fait de la peine que tu t'intéresses plus à mes notes qu'à moi, alors je vais aussi te faire de la peine en refusant de faire mes devoirs.*

- Exprimer le sentiment qu'ils sont incapables : *Je suis nul, je n'y arriverai jamais.*

On comprend alors plus aisément que les outils que l'adulte va choisir dépendent de l'objectif-mirage de l'enfant et seront, de ce fait, au plus près du besoin à satisfaire.

Un comportement inapproprié est avant tout le signe d'un enfant découragé. Ce découragement vient des croyances et de l'impression de ne pas appartenir, de ne pas avoir de place. Que ces impressions et ces croyances soient justifiées ou non n'a aucune importance.

Un comportement est fondé sur la perception que l'enfant a de la situation, et pas nécessairement sur la réalité.

▶ Des indices pour aider à identifier les croyances erronées et les objectifs-mirages

Les deux indices ci-dessous sont une aide précieuse pour décoder ce que les enfants expriment vraiment par leurs comportements. Quand nous sommes confrontés à un enfant qui se comporte de façon inappropriée, le premier réflexe est rarement de s'arrêter pour se demander : *Qu'essaye-t-il de me dire ?*

Premier indice :
Le ressenti de l'adulte face au comportement.

À première vue, partir du ressenti de l'adulte peut paraître étrange. *En quoi ce que je ressens pourrait-il m'éclairer sur les motifs qui animent mon enfant, mon élève ?* Le ressenti est une information essentielle dans le processus

Un nouveau regard sur les comportements inappropriés   125

de décodage qui est déroulé tout au long de ce chapitre.
Voyons concrètement comment.

Voyage pratique au cœur de la Grille d'Identification
des Besoins de l'enfant :

Les principales émotions ressenties par les adultes sont
décrites dans la deuxième colonne de la Grille d'Identification des Besoins derrière les comportements inappropriés
(pages 116-117).

Sentiment/émotion	But (probable) de l'enfant
Si vous ressentez des émotions telles que l'irritation, l'inquiétude, la culpabilité ou l'agacement	Accaparer l'attention
Si vous vous sentez menacé dans votre autorité (rapport de force entre l'adulte et l'enfant)	Prendre le pouvoir
Si vous vous sentez blessé, déçu, incrédule ou écœuré	Prendre une revanche
Si vous vous sentez impuissant, désespéré, démuni, désarmé, voire incapable avec l'envie d'abandonner	Conforter sa conviction qu'il est nul (confirmer sa croyance d'incapacité)

Face à un comportement inapproprié, les premiers mots
qui jaillissent de la bouche des adultes qui cherchent à
identifier leur ressenti sont souvent « colère » et « frustration ». Une évidence qui s'explique. Se sentir menacé ou
blessé nous laisse tellement impuissants que nous dissi-
mulons vite ces émotions plus intimes à l'ombre de notre
cerveau reptilien. La colère nous donne l'illusion d'être en

contrôle – on peut toujours agir, même si agir se résume à râler, tempêter et fustiger. La colère comme la frustration sont des émotions secondaires qui se posent en écran d'une autre émotion plus profonde.

La première question qui guide notre réflexion et peut nous éviter de tomber dans une lutte de pouvoir ou un cycle de revanche devient alors : *Qu'est-ce que je ressens ? Qu'est-ce qui se trouve juste derrière cette colère que je ressens ?*

Se reporter à la Grille d'Identification des Besoins derrière les comportements inappropriés peut être une aide précieuse dans cette phase d'identification du ressenti : *Quel groupement d'émotions se rapproche le plus de ce que je ressens ?*

Aux dires de nombreux parents et enseignants, ce tableau devient alors un outil fondamental, qu'il soit glissé dans la table de nuit ou dans un endroit facile d'accès.

S'y référer en période de crise ou à la suite d'un incident peut s'avérer très utile.

Second indice :
La réaction de l'enfant lorsque l'adulte réagit au comportement inapproprié et non pas à son besoin sous-jacent (quatrième colonne de la Grille d'Identification des Besoins derrière des comportements inappropriés).

Un nouveau regard sur les comportements inappropriés

L'adulte réagit à l'objectif-mirage...	Réaction de l'enfant
Accaparer l'attention	L'enfant cesse son agitation momentanément mais va recommencer assez vite, que ce soit par le biais du même comportement ou par un autre, toujours avec l'objectif d'attirer l'attention
Prendre le pouvoir	L'agressivité verbale ou la résistance passive se transforment rapidement en lutte de pouvoir dans laquelle adulte et enfant se trouvent engagés l'un contre l'autre
Prendre une revanche	L'enfant riposte par une action destructrice ou par des mots blessants. Souvent, cela se transforme en cycle de revanche entre l'adulte et l'enfant, chacun essayant de toucher l'autre
Renforcer sa croyance d'incapacité	L'enfant se montre généralement passif, dans l'espoir que vous abandonniez rapidement et le laissiez tranquille. Parfois, cet enfant peut choisir de faire diversion pour dissimuler son sentiment d'inadéquation (par exemple, en devenant le clown de service pour cacher ce qu'il perçoit comme une incapacité académique)

Je me permettrai en conclusion de ce point d'insister sur l'idée suivante : être sensible au véritable message de l'enfant (*j'ai envie d'appartenir*) plutôt que de réagir au comportement inapproprié n'est pas toujours chose facile, mais devient nécessaire lorsque celui-ci s'installe.

Les deux indices ci-dessus sont centrés sur l'importance de prendre le temps de se mettre à la place de l'enfant découragé, de comprendre les croyances et les objectifs-mirages qui l'animent afin d'ouvrir grand les portes de l'encouragement.

De nos jours, beaucoup de parents pensent qu'« encourager leurs enfants » est synonyme de satisfaire tous leurs désirs, de les sortir de tous leurs mauvais pas, de les surprotéger ou de s'enthousiasmer et récompenser des comportements qui sont en fait inappropriés.

Or ces méthodes ne correspondent pas à ce qui encourage réellement les enfants.

Les outils de l'encouragement au regard des objectifs-mirages

Il y a, bien sûr, de nombreuses façons de mettre fin à un comportement inapproprié, et l'on découvrira un outil complet et très pertinent dans les chapitres 8 et 9 : le Temps d'Échange en Famille et le Temps d'Échange en Classe.

Le résumé proposé ci-dessous présente de très nombreuses solutions en fonction du comportement et de chaque objectif-mirage.

Je me permets de souligner que toutes ces stratégies ne sont efficaces que si elles puisent leur élan dans la connexion et l'encouragement. Il s'agit d'un processus à installer dans la durée.

Nous avons choisi de présenter ces outils sous forme de « fiches » afin que le lecteur puisse s'y référer facilement. S'ils ont une utilité transversale, certains outils se retrouvent donc dans plusieurs catégories d'objectifs, comme c'est le cas du temps dédié ou de la recherche de solutions.

Outils de l'encouragement en réponse à l'objectif :
« ACCAPARER L'ATTENTION »

Petit rappel : chacun d'entre nous a besoin d'attention. C'est l'attention excessive qui n'est ni encourageante ni éducative pour les enfants. **L'encouragement contribue à satisfaire le besoin et rend ainsi inutile le comportement inapproprié.**

- Rediriger l'enfant afin de lui permettre de contribuer. Par exemple, en classe, lui donner une responsabilité qui lui permettra d'obtenir de l'attention de la part de ses camarades, ou qui sera utile à l'adulte ; à la maison, lui confier une montre pour chronométrer un temps accordé pour regarder la télévision.
- Faire quelque chose de surprenant (un bon câlin fonctionne souvent très bien).
- Établir un planning régulier de temps dédiés à l'enfant. C'est un temps d'attention non partagée (pas de téléphone, pas de frères et sœurs, pas d'interruption). À l'école, quelques minutes de temps en temps peuvent suffire.
- Sourire de façon entendue afin de montrer une complicité, mais que l'on ne va pas entrer dans le jeu de l'enfant. On peut ajouter, à titre d'exemple : *J'ai vraiment hâte qu'il soit 18 heures pour profiter de notre temps à deux.*
  C'est une façon de rediriger l'attention.

- Utiliser la communication non verbale préalablement établie ensemble : une main sur le cœur pour dire *je t'aime*, une main derrière l'oreille pour dire que vous êtes prêt à écouter quand les pleurnicheries auront cessé...
- Éviter les traitements de faveur.
- Rassurer et montrer sa confiance : *Je t'aime et je sais que tu peux faire ça tout seul.*
- Ignorer le comportement inadéquat de l'enfant tout en plaçant votre main sur son épaule de façon attentionnée. (Continuer ce que l'on était en train de faire, en ignorant le comportement, sans pour autant ignorer l'enfant.)
- En dehors des incidents, lorsque l'harmonie règne, chercher ensemble des façons appropriées d'attirer l'attention, comme celle d'utiliser les mots plutôt que les pleurs.
- Agir sans parler. Par exemple, arrêter de répéter : *Va te brosser les dents.* Il peut être plus efficace de se lever, de prendre l'enfant par la main et de l'emmener se brosser les dents. Une petite chatouille peut aussi aider à maintenir une ambiance ferme mais joyeuse.
- Exprimer par les mots l'amour et l'intérêt que l'on éprouve pour l'enfant.

Outils de l'encouragement en réponse à l'objectif :
« PRENDRE LE POUVOIR »

Petit rappel : la quête de pouvoir n'est bien sûr pas une mauvaise chose en soi, à condition d'être dirigée de façon constructive.

- Se retirer du conflit jusqu'à ce que le climat s'apaise, puis reconnaître qu'on ne peut pas le forcer à faire ce qu'il refuse de faire et demander son aide pour trouver une solution qui prendra en compte les besoins de chacun (remise en capacité).
- Utiliser les 4 Étapes pour Gagner la Coopération des Enfants (page 66).
- Rediriger l'enfant vers un usage constructif de son pouvoir.
- Impliquer l'enfant dans la recherche de solutions.
- Décider de ce que l'on va faire, et non pas de ce que l'on souhaite faire faire à l'enfant : *Je poursuivrai ce cours quand tout le monde sera prêt. Je laverai les vêtements qui sont dans le panier à linge (pas ceux qui sont par terre). Je vais me garer sur le bord de la route jusqu'à ce que vous arrêtiez de vous disputer.* Il est très important que l'adulte fasse ce qu'il a décidé sans basculer à nouveau dans la discussion, avec bienveillance et fermeté. En effet, on gagne généralement en efficacité lorsque les actions annoncées sont accomplies sans un mot de plus.

La discipline positive

- Établir un planning régulier de moments dédiés exclusifs avec l'enfant. À l'école, quelques minutes de temps en temps suffisent. La régularité et la prévisibilité du temps dédié revêtent un caractère particulièrement important lorsque l'enfant est en recherche de maîtrise. Lui laisser choisir l'activité à faire à deux augmente également le bénéfice de cet outil.
- Impliquer les enfants dans la création de routines et laisser la routine être le chef.
- Offrir des choix, mais des choix appropriés et fermés.
- Proposer à l'enfant d'inscrire le problème au programme du prochain Temps d'Échange en Famille ou en Classe.
- Exprimer verbalement l'amour et l'intérêt que l'adulte éprouve pour l'enfant.

Un nouveau regard sur les comportements inappropriés 133

Outils de l'encouragement en réponse à l'objectif : « PRENDRE UNE REVANCHE »

Petit rappel : lorsque l'enfant souffre de se sentir en situation d'infériorité, lorsqu'il ne se sent ni vu ni entendu, il arrive que pour lutter contre son sentiment d'impuissance et d'injustice, il choisisse de rendre les choses égales (objectif de revanche).

- Sortir du cycle de revanche en évitant de riposter.
- Rester bienveillant en attendant que la tension s'apaise.
- Essayer de deviner ce qui a blessé l'enfant et montrer de l'empathie. Faire savoir à l'enfant que l'on voit et respecte son affliction. *Je suis désolé de ne pas avoir vu que tu avais été blessé. Tu ne m'en veux pas trop ?* Ou encore : *Je suis désolé que la situation t'ait causé de la peine. J'aurais probablement ressenti la même chose si c'était à moi que c'était arrivé.*
- Partager ses émotions en vérité de façon explicite : *Je me sens (trahi) parce que (tu as menti), et j'aimerais (pouvoir te faire confiance).*
- Pratiquer l'écoute active. Entrer dans l'univers de l'enfant en verbalisant ce que l'on comprend, sans jugement ni intention de changer ses perceptions : *Tu as l'air vraiment blessé.* L'écoute active peut aussi consister à poser des questions de curiosité comme : *Peux-tu m'en dire plus ? Et après, que s'est-il passé ? Et à toi, ça t'a fait quoi ?*

La discipline positive

- Le but est de comprendre le point de vue de l'enfant sans tout de suite lui faire part du nôtre. Une fois que l'enfant se sent compris, il sera plus à même d'entendre notre point de vue et de rechercher des solutions.
- Utiliser les 3 « R » de la réparation si l'adulte est impliqué dans le problème rencontré (page 74).
- Utiliser les 4 Étapes pour Gagner la Coopération des Enfants.
- Après un temps de pause, procéder à une session de résolution de problèmes avec l'enfant.
- Montrer de l'intérêt et encourager.
- Dédier du temps à partager avec l'enfant. C'est un temps d'attention exclusif centré sur l'enfant (pas de téléphone, pas de frères et sœurs, pas d'interruption). À l'école, quelques minutes occasionnelles peuvent suffire.
- Exprimer verbalement l'amour et l'intérêt que l'adulte éprouve pour l'enfant.

Outils de l'encouragement en réponse à l'objectif :
« CONFIRMER SA CROYANCE D'INCAPACITÉ »

Petit rappel : l'enfant n'est pas inapte ou incapable, mais il continuera à se comporter comme tel tant que sa croyance erronée n'aura pas évolué.

- Rassurer l'enfant sur le fait que l'on comprend bien ce qu'il ressent, parce que nous-mêmes, nous nous sentons parfois découragés : « connexion ». Poursuivre en exprimant notre confiance en ses capacités.
- Prendre du temps pour renforcer les apprentissages ensemble. Procéder étape par étape afin que l'enfant se trouve en situation de réussite. Se fixer des objectifs intermédiaires, par paliers. C'est une expression que l'on utilise couramment avec les adolescents et les adultes.
- Être le modèle d'une des étapes que l'enfant pourra reproduire : *Je vais dessiner une moitié du cercle, et tu pourras dessiner l'autre moitié.* Faire avec l'enfant et non faire à sa place.
- Créer des opportunités qui permettent les petites réussites. Identifier les compétences (même les plus petites) et les points forts de l'enfant, et lui donner la possibilité de partager son expertise.
- Reconnaître toute tentative positive, quelle que soit son importance.
- Éliminer toute attente de perfection.
- Ne pas abandonner.

- Dédier du temps à partager avec l'enfant. C'est un temps de présence à l'autre exclusif (pas de téléphone, pas de frères et sœurs, pas d'interruption). À l'école, quelques minutes occasionnelles peuvent suffire.
- En classe, encourager l'enfant à choisir un camarade, un binôme qui puisse l'aider.
- Exprimer verbalement l'amour et l'intérêt que l'adulte éprouve pour l'enfant.

▶ **L'exemple des devoirs :**
4 objectifs-mirages, un comportement inapproprié, plusieurs pistes de solutions

À la lumière des outils de l'encouragement qui viennent d'être présentés, revenons à l'exemple de l'enfant qui refuse de faire ses devoirs pour le traiter maintenant de façon concrète :

1. Je refuse de faire mes devoirs tout seul ; car je veux que tu t'occupes de moi

Si l'objectif-mirage de l'enfant est d'accaparer l'attention, l'adulte peut ressentir de l'agacement. Quand on lui dit de faire ses devoirs, il va s'y mettre… momentanément.

Suggestions pratiques :
- Pour l'aider, l'adulte peut, par exemple, apprécier ce qui a été accompli en ignorant ce qui ne l'a pas été. L'enfant peut ainsi comprendre que ne pas faire son travail n'est pas un bon moyen de recevoir de l'attention.

Un nouveau regard sur les comportements inappropriés   137

- Rediriger son comportement en lui proposant une activité lui plaisant dès qu'il aura terminé ses devoirs afin de rediriger sa motivation.

- Convenir avec l'enfant d'un signal non verbal, comme un clin d'œil, que l'adulte utilisera en souriant quand il constatera que l'enfant n'est pas en train de travailler. Comme nous le verrons un peu plus tard, s'accorder sur le signal en ayant eu une discussion sur l'objectif-mirage poursuivi par l'enfant peut être particulièrement efficace. On pourrait croire qu'un clin d'œil ou un sourire vont renforcer la demande d'attention, alors qu'en réalité, ils contribuent à renforcer le sentiment d'appartenance de l'enfant de façon appropriée.

- Lui laisser faire l'expérience des conséquences de son choix de ne pas faire ses devoirs, et en discuter ensuite à l'aide de questions ouvertes : *Que s'est-il passé ? Que penses-tu de ce résultat ? Qu'est-ce que cela t'a enseigné ? Tu aurais aimé que ça se passe comment ? Que pourrais-tu faire pour obtenir le résultat que tu souhaites ?*

2. Je refuse de faire mes devoirs ; tu ne pourras pas m'obliger à les faire

Si l'objectif-mirage de l'enfant est de prendre le pouvoir pour être en situation de maîtrise, l'adulte peut se sentir menacé dans son autorité, avec l'envie de forcer l'enfant. La réponse de l'enfant peut être de s'opposer à l'adulte par un *non*, de lui résister passivement ou tout simplement de l'ignorer. Si l'adulte insiste pour reprendre le pouvoir, en utilisant une punition par exemple, l'enfant peut s'entêter dans

son refus afin de confirmer le : *Tu ne peux pas m'obliger à…*
Il peut aussi adopter un nouvel objectif-mirage comme celui de la revanche : *J'ai perdu et ça me fait souffrir.*

Suggestions pratiques :

- Se retirer de la lutte de pouvoir, créer une connexion et travailler ensemble à une solution.

  Les enfants qui recherchent le pouvoir suivent parfois le modèle d'un adulte. Ce dernier se trouve alors bien placé pour faciliter le changement.

- Choisir une dynamique centrée sur la coopération et le respect mutuel (compréhension des besoins de chacun, recherche de solutions ensemble). Lorsque les enfants comprennent que cette dynamique est non seulement réelle mais pérenne (ce qui peut prendre un certain temps), ils sont naturellement plus enclins à coopérer et à s'impliquer.

- L'adulte peut reconnaître sa part de responsabilité dans la lutte de pouvoir, ce qui permet parfois de rééquilibrer la dynamique.

- Demander à l'enfant de nous dire quand il a l'impression d'être dans une lutte de pouvoir ou soumis à un contrôle excessif.

- Demander de l'aide à l'enfant permet de rediriger son besoin de pouvoir (maîtrise) vers une approche davantage centrée sur la contribution.

- Partager notre volonté de travailler ensemble à des solutions qui soient satisfaisantes pour tous.

- Les Temps d'Échange en Famille (TEF) sont aussi une façon efficace de résoudre les problèmes.

Un nouveau regard sur les comportements inappropriés   139

- Les enfants qui recherchent le pouvoir ont souvent de bonnes qualités de leader. Valoriser ces qualités et offrir des opportunités aux enfants de les utiliser.

Un conseiller d'éducation avait ainsi formé des élèves « ressources » pour aider leurs pairs dans la résolution de conflits ou la gestion d'incidents.

Il est finalement assez simple pour un enseignant de choisir de mettre une mauvaise note à un devoir non terminé. Mais en choisissant d'avoir une attitude de bienveillance et de fermeté, non une attitude d'autorité descendante, on peut dénouer de manière éducative un certain nombre de situations comme celle-ci.

Aider l'élève à comprendre les raisons de son comportement, et lui rappeler que c'est lui qui a le pouvoir de contrôler ce qui lui arrive et de changer ce qui se passe, peuvent s'avérer être une façon de le remettre en situation de maîtrise.

3. Je refuse de faire mes devoirs ; car je sais que c'est ce qui est important pour toi

Si l'objectif-mirage de l'enfant est la revanche, l'adulte peut facilement se sentir blessé ou injustement attaqué, et prendre les choses à titre personnel. Il parvient d'autant moins à comprendre la situation qu'il pense avoir fait tout ce qui était en son pouvoir pour être un bon parent/enseignant. Quand on lui demande de se mettre à la tâche, l'enfant peut décocher quelque chose de blessant comme : *Je te déteste*. Il peut aussi agir de manière destructive, par exemple déchirer sa feuille de devoirs. En réalité, l'enfant souffre de ne pas se sentir important, et choisit, pour « rendre les choses égales », d'atteindre l'adulte sur un terrain qu'il sait être important pour lui.

Suggestions pratiques :

- Ne pas riposter.
- Valider les émotions : faire savoir à l'enfant que l'on remarque qu'il a été blessé. Se montrer bienveillant en disant : *Je vois bien que ça ne va pas, que tu es contrarié... On ne peut donc pas discuter maintenant, mais j'aimerais en parler plus tard avec toi.*
- Après un temps de pause, mettre en œuvre les 4 Étapes pour Gagner la Coopération des Enfants.
- Choisir d'ignorer le problème momentanément et partager ensemble quelque chose qui vous rapproche.
- Lorsque l'adulte juge que c'est approprié, explorer avec l'enfant son objectif-mirage en utilisant l'outil de révélation de l'objectif détaillé ci-dessous.

4. Je refuse de faire mes devoirs car je pense être incapable de les faire et que je n'y arriverai pas

Si l'objectif-mirage de l'enfant est de confirmer sa croyance d'incapacité, cela génère facilement un sentiment d'impuissance et d'incapacité chez l'adulte. Quand on lui demande de faire ses devoirs, il prend l'air déprimé et espère que vous le laisserez bientôt tranquille.

C'est là une différence majeure entre la croyance d'incapacité et la quête d'attention. L'enfant en quête d'attention se réjouit à l'idée d'avoir un adulte à ses côtés pour l'aider dans son travail. Au fond de lui, il sait qu'il peut y arriver seul, mais pense à tort qu'il n'a pas sa place si on ne s'occupe pas de lui.

Un enfant qui ne se sent pas capable pense sincèrement ne pas pouvoir y arriver, et il ne veut surtout pas de notre attention. Il est découragé et baisse les bras.

Si les comportements sont semblables, les besoins, eux, sont radicalement différents. La Discipline Positive propose toujours d'adapter les outils au plus près des besoins.

Suggestions pratiques :
- S'assurer que l'enfant sait comment faire le travail demandé.
- Donner du temps aux apprentissages : par exemple, lui réexpliquer (même si on pense qu'il devrait déjà savoir comment faire puisqu'on le lui a déjà expliqué plusieurs fois) de ne pas se décourager à son tour.
- Une autre option possible est de demander à l'enfant s'il a besoin de notre aide ou s'il veut choisir un de ses camarades ou quelqu'un d'autre pour l'aider.
- Partir du niveau où se trouve l'enfant avec l'objectif de le remettre en situation de réussite, même s'il est encore loin du niveau final attendu.
- Ne pas abandonner.
- Il est possible que l'enfant se mette à son travail dans l'unique espoir qu'on le laisse tranquille. Peu importe la motivation si elle lui permet de faire ne serait-ce qu'un pas vers une direction aidante et constructrice. Être en situation de réussite, même intermédiaire, encourage et remet progressivement l'enfant en capacité.
- Les temps dédiés restent un outil essentiel pour ces enfants-là.

Révéler les objectifs-mirages :
un outil de partage

La plupart du temps, les enfants ne sont pas conscients des objectifs qui motivent leurs comportements inappropriés. La révélation des objectifs-mirages peut être un moyen efficace de leur faire prendre conscience des croyances qui les limitent.

Cet outil est à placer entre les mains d'adultes avisés (de préférence un enseignant, un conseiller d'éducation, un formateur en Discipline Positive) parce que, pour être aidant, son utilisation demande certaines conditions, comme l'objectivité. Compte tenu des interférences affectives, on comprend que l'exercice soit plus difficile à mener à bien lorsqu'il s'agit de ses propres enfants.

À ceux qui se lancent dans cette approche, ma recommandation est de toujours utiliser cet outil en dehors du conflit, en privilégiant un moment calme, seul avec l'enfant, sans jamais se départir de sa bienveillance.

Adler et Dreikurs, eux, utilisaient cet outil régulièrement, que ce soit en privé ou devant un auditoire, avec la préoccupation que l'opportunité d'apprentissage soit riche pour tous, à commencer par l'enfant.

Exemple sur la façon de procéder :
- Demander d'abord à l'enfant s'il sait pourquoi il se comporte ainsi.
- Nommer ou décrire le comportement de manière spécifique. Par exemple : *Marie, est-ce que tu sais pourquoi tu te balades dans la classe alors que tu es censée rester assise ?*

Un nouveau regard sur les comportements inappropriés   143

— *Je ne sais pas*, répond-elle.

Les enfants répondent généralement avec honnêteté, sans pour autant que les raisons énoncées soient les bonnes.

On peut alors poursuivre
en introduisant l'outil :

• Exploration de l'objectif-mirage.

J'ai d'autres idées. Est-ce que tu veux bien que j'essaye de deviner ? Tu pourras me dire si je me trompe ou si tu penses que j'ai raison.

Si vous procédez de façon bienveillante et objective, l'enfant sera curieux d'écouter vos inférences.

On peut également utiliser les questions d'exploration :
• *Est-ce que cela pourrait être parce que...* Attendre que l'enfant réponde avant de passer à la question suivante.
• *Est-ce que c'est pour attirer mon attention que tu te balades dans la classe ?* (demande d'attention)
• *Est-ce que tu te balades dans la classe pour me montrer que tu peux agir comme tu le souhaites ?* (recherche de pouvoir)
• *Est-ce que c'est pour te venger de la peine que je t'ai causée (ou que quelqu'un d'autre t'a causée) que tu te balades dans la classe ?* (désir de revanche)
• *Est-ce que c'est parce que tu sens que tu ne vas pas y arriver et que ce n'est même pas la peine d'essayer que tu te balades ainsi dans la classe ?* (sentiment d'incapacité)

Il y a deux réponses de la part de l'enfant qui pourront nous indiquer si nous sommes sur la bonne voie et s'il a pris conscience de son objectif :

1. La première réponse
est un réflexe de reconnaissance

L'enfant a un sourire involontaire, même s'il répond *non* à la question.

- Si l'enfant dit *non* sans avoir ce réflexe non verbal, on peut passer à la question suivante.
- Si la réponse est *non* mais que son sourire involontaire nous indique le contraire, nous avons probablement deviné juste.

Il y a un entretien filmé dans lequel Dreikurs interroge un enfant, en ayant l'air persuadé que l'objectif de ce dernier est la recherche de pouvoir. Dans l'exploration de cet objectif, il tente d'obtenir un réflexe de reconnaissance de la part de l'enfant, en tournant ses questions dans tous les sens possibles. Peine perdue. On le voit alors changer de posture et reconnaître enfin les indices donnés par l'enfant (ici, absence de réflexe et réponses négatives) ; il passe à l'objectif-mirage suivant, celui de la revanche. L'enfant s'ouvre alors et lui explique combien il s'est senti blessé par ses parents.

2. La deuxième réponse est un simple *oui*

Dès que notre hypothèse est confirmée d'une façon ou d'une autre, il n'est plus nécessaire d'explorer les objectifs restants. Une discussion éclairée sur comment ressentir une appartenance et avoir de l'importance s'impose alors en toute logique.

Lorsque l'enfant prend conscience de son objectif-mirage et des stratégies qui sont les siennes pour parvenir à ses fins, le comportement inapproprié perd pour lui de son intérêt. C'est aussi un moyen de créer une connexion tournée vers le changement et fondée sur une meilleure compréhension mutuelle.

Influence du degré de découragement dans le choix des objectifs-mirages

Les enfants ne poursuivent pas forcément les objectifs dans l'ordre dans lequel je viens de les présenter, de la demande d'attention au sentiment d'incapacité. Chaque enfant navigue d'un objectif à l'autre avec ses propres besoins et son style de fonctionnement en bandoulière. Certains peuvent aussi avoir un objectif-mirage qu'ils utilisent avec plus de constance. Par exemple, certains pourront choisir de rechercher le pouvoir sans jamais se sentir en incapacité. D'autres en revanche basculeront autrement si l'adulte impose son pouvoir par la force.

Le témoignage qui suit illustre à quel point la compréhension des objectifs-mirages et des solutions adaptées peuvent être un véritable cadeau dans le fonctionnement d'une famille.

Voici comment le découragement a mené Vincent à l'objectif-mirage de revanche :

M. et Mme C. ont trois enfants : Vincent, Paul et Marie (2 ans). L'aîné est un enfant très difficile, qui devient aisément agressif ou destructeur. La scène se passe au moment où la famille C. a décidé de déménager et recherche une nouvelle maison. Ils passent ensemble une journée entière à visiter des maisons. Vincent et Paul ne cessent de se plaindre de la chaleur, s'ennuient et demandent sans arrêt à rentrer chez eux. La petite Marie, quant à elle, est ravie, s'endormant dans les bras de sa mère dès que l'envie s'en fait sentir. Le programme du lendemain étant identique à celui du jour, les parents décident d'épargner cette épreuve aux garçons en les confiant à des voisins. Ainsi, ils pourront aller jouer avec les copains du quartier.

Comme Marie n'a pas posé de problèmes et qu'elle est trop petite pour rester jouer seule, les parents décident de l'emmener avec eux.

Au moment où ils s'apprêtent à partir, Vincent déclare qu'il veut les accompagner. Mme C. lui rappelle que la veille, il a eu très chaud et qu'il s'est beaucoup ennuyé, puis elle tente de le convaincre qu'il sera bien mieux à la maison. Vincent insiste, il veut vraiment les accompagner. Mme C., s'en tenant à sa décision, donne même à ses fils un peu d'argent pour acheter des glaces (une façon d'acheter leur coopération). Vincent n'est toujours pas satisfait, mais ses parents partent quand même sans lui.

À leur retour, Mme C. découvre avec consternation que Vincent a lacéré d'un coup de couteau le revêtement en vinyle de la chaise haute de sa sœur. La première réaction de Mme C. est de se sentir blessée et de se demander : *Mais comment a-t-il pu faire une chose pareille ?* La colère prend vite le pas sur la déception : elle donne une claque à Vincent et l'envoie dans sa chambre.

Il se trouve qu'à cette période, Mme C. suit des ateliers de Discipline Positive pour parents, et elle a pris l'habitude de noter précieusement les incidents qui surviennent pour pouvoir les présenter au groupe et être aidée dans la recherche de solutions. Dans cette démarche de recherche de solutions, la situation est décrite de façon précise et objective, pour permettre ensuite au parent de se mettre à la place de l'enfant, de partager ce qu'il ressent et d'identifier son objectif-mirage ; en notant dans son carnet les événements tels qu'ils s'étaient déroulés, Mme C. comprend pourquoi Vincent est dans un objectif de revanche.

Elle choisit donc de mettre en pratique les 4 Étapes pour Gagner la Coopération des Enfants :

Elle va dans la chambre de Vincent et lui demande : *Est-ce que tu as cru que nous avons emmené Marie, et pas toi, parce qu'on l'aime plus que toi ?*

Vincent répond alors d'une voix tremblante : *Oui.*

Mme C. poursuit : *Je comprends que tu aies pu penser ça, et j'imagine que cela a dû te faire vraiment de la peine.*

Vincent se met à pleurer, sa mère le prend dans ses bras jusqu'à ce qu'il se calme.

Elle lui dit ensuite : *Je crois que je sais ce que tu as ressenti. Quand j'avais 13 ans, ma mère a emmené ma grande sœur, qui en avait 16, à New York. Je voulais y aller aussi, mais j'étais soi-disant trop jeune. Je n'étais pas du tout d'accord avec cet argument et je ne croyais pas que c'était la vraie raison. J'étais juste convaincue que ma mère aimait ma sœur plus que moi.*

Mme C., sentant que Vincent est plus attentif et compatissant, poursuit : *Est-ce que tu veux savoir pourquoi je t'ai laissé à la maison ?*

Vincent hoche la tête, sa maman continue : *Parce qu'hier, cela m'a attristée de voir que tu avais si chaud et que tu t'ennuyais tant ; et pour nous, ce n'était pas non plus agréable de visiter toutes ces maisons en te voyant si mal à l'aise. Je me suis dit que ça serait vraiment mieux pour tout le monde que tu restes à la maison et que tu t'amuses avec tes copains pendant ce temps-là. Est-ce que tu comprends maintenant qu'en fait, je voulais te faire plaisir ?*

— *Oui, peut-être.*

Mme C. ajoute : *Je crois comprendre pourquoi tu as cru qu'on aimait Marie plus que toi. C'est parce qu'on l'a emmenée, elle, en te laissant. Cela n'est pas vrai, bien sûr. Nous t'aimons profondément. Et d'ailleurs, j'aurais préféré pouvoir laisser aussi ta sœur si elle n'était pas trop petite pour aller jouer seule dehors comme tu es capable de le faire.*

Tout en gardant Vincent dans ses bras, elle lui demande : *Et pour la chaise haute, qu'est-ce que tu crois qu'on peut faire ?*

Vincent, plein d'entrain : *Je peux la réparer !*

— *Ça, j'en suis sûre !* conclut Mme C.

Pour la dernière étape, ils décidèrent ensemble d'aller acheter un morceau de vinyle avec une partie de l'argent de poche de Vincent, choisirent un motif, le découpèrent et le collèrent. La chaise de Marie fut encore mieux qu'avant – et que dire de la relation entre Vincent et sa mère !

Un nouveau regard sur les comportements inappropriés 149

Encore un exemple qui nous rappelle que les erreurs sont des opportunités d'apprentissage, et que les choses sont encore mieux après.

Si on déroule l'exemple :

Mme C. a compris que Vincent et elle s'étaient engagés dans un cycle de revanche. Vincent s'était installé dans la croyance erronée qu'il n'était pas aimé (il ne se sentait pas appartenir ni avoir d'importance). Cela le blessait, et l'incitait à poursuivre un objectif-mirage de revanche, un désir de faire mal. Vincent cherchait toujours quelque chose à faire de destructeur. En retour, Mme C. tendait à riposter, à surmonter sa douleur dans la colère, et à renforcer les punitions.

Mme C. prend conscience du fait que maintenant que la chaise est cassée, ce n'est pas la punition qui va la réparer. Elle sait également qu'elle ne peut pas laisser passer de tels comportements. Une punition permet de marquer le coup, mais ne permet pas de donner les résultats plus satisfaisants à long terme.

Dès lors qu'elle reconnaît l'objectif-mirage de revanche de Vincent, Mme C. devient capable de résoudre la situation de façon utile, avec des bénéfices à long terme. Si Vincent devient agressif ou destructeur, elle peut reconnaître qu'il a dû être blessé ou énervé, et proposer d'en parler plus tard. Après un temps de pause, ils peuvent à nouveau utiliser les 4 Étapes pour Gagner la Coopération, et aboutir à une solution qui les rapproche, au lieu de relancer le cycle de la revanche et de susciter une nouvelle occasion de comportement agressif.

Tout cela remonte à plusieurs années. Mme C. a depuis témoigné de l'excellente entente entre elle et son fils.

Vincent n'est plus ni agressif ni destructeur. Elle préfère ne pas imaginer quelle aurait été leur relation s'ils avaient persisté dans leur cycle de revanche.

Le cas particulier des adolescents à la lumière des objectifs-mirages

Repérer les 4 objectifs-mirages dans les comportements inappropriés est assez facile. Il est plus compliqué d'en faire autant chez des enfants de plus de 11 ou 12 ans, parce qu'à l'adolescence, de nombreux facteurs entrent en jeu.

Par exemple, la pression de leurs pairs fait loi chez les adolescents. Les enfants plus jeunes sont certes influencés par leurs camarades, mais vouloir plaire à l'adulte reste leur envie la plus forte.

Pour les adolescents, l'approbation des pairs devient ainsi un nouvel objectif-mirage.

Cette période du développement de l'enfant est marquée par un puissant processus d'individualisation et de recherche identitaire. Cela se traduit souvent par de la rébellion, lorsqu'ils testent et s'opposent aux valeurs parentales. Il est rare que cette opposition se poursuive après l'âge de 20 ans, sauf si les parents deviennent punitifs et trop autoritaires, dans l'espoir de rester aux commandes.

Un autre facteur à prendre en compte est souligné dans les études de David Walsh et Nat Bennett[1], qui montrent

---

1. Psychologues américains, David Walsh et Nat Bennett ont effectué plusieurs recherches sur le cerveau à l'adolescence. Ils ont écrit le livre *Why do they act that way?* (ndlt : « Pourquoi agissent-ils ainsi ? »).

de façon bien documentée que, pendant l'adolescence, le cortex préfrontal connaît une croissance très rapide, ce qui peut générer de la confusion chez ces jeunes. Par exemple, ils interprètent souvent mal le langage non verbal de leur entourage, le considérant facilement comme agressif alors qu'il ne l'est pas. Comme si cela ne suffisait pas, leur cerveau en développement entraîne des erreurs d'interprétations qui ne facilitent pas la communication.

Il est utile de rappeler aux parents que le cortex préfrontal de l'enfant n'arrive à maturité qu'aux alentours de 25 ans, d'où l'importance de communiquer avec clarté sans présumer de rien.

Être dans une dynamique de contrôle excessif peut s'avérer désastreux avec les adolescents qui n'ont aucune envie, peut-être encore moins que les autres, d'évoluer dans un modèle de soumission. Lorsque les adolescents évoluent dans un modèle autoritaire, ils se méfient du mot « coopération » et ont tendance à l'interpréter comme une injonction à se soumettre. Ils n'ont pas nécessairement tort, parce que c'est souvent ce que l'adulte entend par « coopération ».

À cet âge-là, l'encouragement est aussi une notion centrale.

Il semblerait que beaucoup d'adultes redoutent de perdre le contrôle et toute autorité s'ils font équipe avec les adolescents, s'ils les accompagnent dans leur prise d'autonomie en s'appuyant sur la coopération. Pourtant, chaque parent, chaque enseignant sait au fond de lui que d'essayer de contrôler les comportements des adolescents est une mission impossible. Heureusement, des approches comme la Discipline Positive montrent que l'on peut être porteur d'une autorité juste sans être dans le contrôle excessif.

Un outil pour renforcer la coopération

Les Temps d'Échange en Famille (TEF) et les réunions de classe permettent d'enseigner la responsabilité sociale et d'impliquer les adolescents dans le processus de prise de décisions. Cette approche n'est pertinente que si elle s'inscrit dans une « coopération », signe d'un véritable respect mutuel.

Si on les traite avec bienveillance et fermeté, dignité et respect, les adolescents reviennent généralement vers les valeurs familiales lorsqu'ils deviennent de jeunes adultes. Ils auront alors intégré les compétences de vie nécessaires pour continuer de s'épanouir dans une vie où ils devront faire preuve d'autodiscipline.

Résumé

Dreikurs a identifié 4 objectifs-mirages vers lesquels tendent les enfants quand ils se sentent découragés. On les appelle ainsi parce qu'ils reposent sur des croyances « erronées » et ne permettent pas de satisfaire les besoins essentiels d'appartenance et d'importance.

Difficile, en tant que parents et enseignants, de se souvenir que **le comportement inapproprié est un message codé lancé par un enfant qui est découragé** de ne pas réussir à appartenir. Surtout lorsque la conduite en question nous inspire davantage de frustration que d'amour et de compréhension.

Comment aider les enfants à mettre en œuvre des moyens appropriés pour obtenir ce qu'ils désirent?

Certains « experts » pensent encore que le comportement inapproprié risque de se trouver renforcé par une réponse positive et encourageante. Bien au contraire! La Discipline Positive aide à changer le regard posé sur le comportement inapproprié, à entendre le message d'un enfant découragé, et à donner les outils pour répondre à ses véritables besoins.

Accepter intellectuellement que l'encouragement ne favorise pas les comportements inappropriés et mettre cette évidence en pratique sont cependant deux choses très différentes, et ce, pour les raisons suivantes :

- La plupart des adultes n'ont pas envie d'être positifs quand un enfant se conduit mal.
- Beaucoup d'adultes ne sont pas toujours conscients du fait qu'ils participent d'une façon ou d'une autre à l'apparition des comportements inappropriés. Ils sont alors peu enclins à reconnaître leur part de responsabilité dans l'équation – en quoi leur propre conduite induit-elle celle de l'enfant? Cette prise de conscience sans jugement est une étape majeure de la résolution d'un conflit.
- Il y a des moments plus propices que d'autres pour l'encouragement. L'enfant le rejette souvent lorsqu'il est encore trop impliqué émotionnellement ou trop contrarié pour l'accepter. Étrangement, c'est souvent au moment où il en a le plus besoin que l'enfant est le moins

réceptif à l'encouragement. La sagesse voudrait que l'on respecte un temps de pause avant d'encourager.

- L'enfant qui a le plus besoin d'amour est souvent celui qui se montre le moins aimable.

Comprendre les 4 objectifs-mirages permet de décoder le message qui se cache derrière le comportement inapproprié : *Je veux seulement appartenir.*

Cette étape est cruciale pour faciliter la transmission des compétences de vie et ouvrir la porte au mieux-être et au changement.

« Boîte à outils »
Discipline Positive – chapitre 4

1. Accepter une part de responsabilité dans l'équation du comportement inapproprié (sans culpabilité inutile ni jugement).
2. Comprendre les 4 objectifs-mirages de l'enfant et y répondre par l'encouragement.
3. Pouvoir décoder et comprendre que l'enfant qui se comporte de façon inappropriée dit en réalité : *Je suis un enfant et je veux seulement appartenir (trouver ma place dans ma famille, dans ma classe, dans la société).*
4. Utiliser les indices pour identifier l'objectif-mirage. Que ressentez-vous ? Comment l'enfant répond-il à votre réaction ?
5. Revoir tous les outils attachés à l'objectif-mirage d'une recherche excessive d'attention.
6. Revoir tous les outils attachés à l'objectif-mirage de la quête de pouvoir.
7. Revoir tous les outils attachés à l'objectif-mirage de la revanche.
8. Revoir tous les outils attachés à l'objectif-mirage de confirmation du sentiment d'incapacité.
9. Procéder à la révélation des objectifs-mirages de façon bienveillante, pour que l'enfant prenne conscience de son fonctionnement et de ce qui est réellement important pour lui.
10. Les 4 Étapes pour Gagner la Coopération.

5

S'éloigner des conséquences logiques pour se concentrer sur les solutions de réparation

Ce chapitre ne peut pas être dissocié du suivant ; l'un comme l'autre exposent des outils alternatifs à la punition, mais se centrer sur les solutions est une démarche beaucoup moins contestable et ambiguë que de recourir aux conséquences logiques.

Dans les pages qui suivent, nous allons étudier deux nouveaux concepts : les « conséquences naturelles » et les « conséquences logiques ».

Nous analyserons également le mécanisme de la punition.

Notre objectif sera de bien comprendre le sens de ces notions et la multitude de nuances dans leur application afin de savoir les distinguer, en comprendre les conséquences dans l'apprentissage des enfants et être plus proches de ce que, en tant que parents ou enseignants, nous souhaitons leur transmettre.

Les conséquences logiques des erreurs des enfants ont fait partie de mes recommandations éducatives pendant des années. J'étais pourtant constamment frustrée, en entendant les parents et les enseignants m'exposer les conséquences qu'ils imposaient face aux actes ou comportements inappropriés des enfants, car elles ressemblaient vraiment à des punitions.

Je pensais bien être la première à avoir découvert ce phénomène, jusqu'à ce que je relise *Children: The Challenge* (ndlt : « Les Enfants : le défi ») de Rudolf Dreikurs. On y trouve la phrase suivante : « Quand nous utilisons le terme "conséquences logiques", les parents l'interprètent très fréquemment comme un nouveau moyen d'imposer leurs exigences aux enfants. Et ça, les enfants ne s'y trompent pas : ce qu'ils y voient sont des punitions déguisées. »

La plupart des parents et enseignants que je rencontre sont d'accord sur ce point, même si beaucoup continuent à recourir aux conséquences logiques punitives quand ils perdent patience, parce que c'est la seule option qui leur vient alors à l'esprit.

Le temps et la pratique sont nos meilleurs alliés pour changer les vieilles habitudes et nous défaire de l'idée fausse qu'un enfant sera motivé à faire mieux s'il se sent d'abord moins bien, c'est-à-dire s'il est puni. Pour cela, une des clés est de prendre conscience des implications à long terme des méthodes de discipline que l'on utilise.

La punition

Quelles sont les pensées qui traversent l'esprit des enfants quand on les punit, même si la punition prend des allures de conséquence logique ?

Plusieurs scénarios sont possibles :
• L'enfant décide qu'il ne vaut rien, voire qu'il est foncièrement mauvais.

- L'enfant choisit de ne pas recommencer, non pas parce qu'il a compris ce qui était socialement acceptable, mais par peur des représailles ou par soumission à l'adulte. À terme, cet enfant, devenu dépendant de l'approbation de l'adulte, risque de chercher par tous les moyens à prouver sa valeur car il aura développé la conviction de ne pas être à la hauteur.
- Certains enfants vont au contraire réfléchir aux moyens de s'imposer et aux stratégies qui leur permettront de ne pas se faire prendre dans le futur.
- Beaucoup pensent à se venger. Souvent, les enfants punis font souffrir à leur tour dans l'espoir de restaurer leur sentiment d'égalité.
- D'autres enfin ressentent une grande injustice et, au lieu de réfléchir à ce qu'ils ont fait, ils se laissent envahir par la colère qu'ils éprouvent à l'encontre de l'adulte.

Les adultes font parfois l'erreur de penser que si le comportement persiste, c'est que la punition n'a pas été assez sévère pour faire passer le message. Le réflexe est souvent de punir à nouveau, ce qui précipite l'enfant dans un cycle de revanche.

Parfois, ce n'est qu'à l'adolescence et lorsqu'ils se retrouvent face aux conduites à risque (rébellion totale, fugue, drogue, grossesse précoce ou tout passage à l'acte douloureux) que les parents et les enseignants prennent toute la mesure de l'engrenage de revanche qui s'est mis en place. La petite bataille gagnée à court terme masque la grande guerre perdue en termes de véritable éducation.

S'éloigner des conséquences logiques...

La triste ironie est qu'en prenant leur revanche, les enfants se font autant de mal qu'ils n'en causent à leurs parents et à leurs enseignants.

Soyons clairs, je ne dis pas que punir ne fonctionne pas. Quand on les punit, la plupart des enfants vont cesser leur comportement inapproprié, du moins pour quelque temps. Ceci peut nous conduire naturellement à penser que punir est efficace. Mais qu'en est-il des effets à long terme de la punition ?

Imposer nous place dans une relation d'autorité verticale, et **tant que les adultes auront à cœur de « gagner », ils feront de leurs enfants des perdants** mis en situation d'infériorité.

Lorsque les adultes prennent conscience des effets à long terme de la punition (les 4 « R » de la punition, page 32), ils en sont profondément contrariés. Le résultat qu'ils obtiennent est bien loin de leur intention initiale.

La Discipline Positive propose des alternatives à la punition, une approche nouvelle et des outils pour aider l'enfant à prendre conscience de toutes ses capacités et à apprendre des compétences utiles.

Parce que les **conséquences logiques** s'apparentent si souvent à des punitions déguisées, je recommande aujourd'hui de ne plus les utiliser, ou le plus rarement possible. De nombreuses familles et enseignants m'ont dit que l'ambiance de la maison ou de la classe avait radicalement changé le jour où ils avaient cessé de parler des conséquences pour s'intéresser aux solutions (voir chapitre 6).

Cependant, parce que les conséquences logiques sont appropriées dans certaines situations bien ciblées et qu'elles sont encore largement utilisées dans les écoles et les familles, il est indispensable de garder à l'esprit les conditions nécessaires pour qu'elles restent encourageantes.

Examinons donc maintenant ce que sont précisément les conséquences logiques et les conséquences naturelles, et en quoi elles se distinguent des punitions.

Les conséquences naturelles

▶ **Définition**

Une **conséquence naturelle** se produit sans aucune intervention de l'adulte et offre d'excellentes opportunités d'apprentissage à l'enfant.

Si on marche sous la pluie, on est mouillé ; si on ne mange pas, on a faim ; si on oublie son manteau en hiver, on a froid ; si on ne révise pas, on a une mauvaise note.

Cependant, on perd les bénéfices qu'offre la conséquence naturelle si on ne résiste pas à la tentation d'ajouter : *Tu vois, je t'avais prévenu.*

Cette petite touche culpabilisante a pour effet de détourner l'enfant de l'enseignement qu'il aurait pu lui-même tirer de la situation, et le pousse à se focaliser sur les stratégies qu'il mettra en place pour se défendre et ne plus se sentir dévalorisé.

▶ **La bienveillance, critère d'efficacité**

Avec pour objectif d'accompagner l'enfant, avec bienveillance, dans son expérience de la conséquence naturelle, l'adulte peut choisir de montrer son empathie et sa compréhension :

S'éloigner des conséquences logiques... 163

- *J'imagine que ça a dû être pénible d'avoir faim (d'être mouillé, d'avoir une mauvaise note, d'avoir perdu ton vélo, etc.).*

Lorsque cela est justifié, on peut aussi ajouter :

- *Je t'aime, et je sais que tu vas réussir à t'en sortir.*
- *Je suis sûre que tu vas tenir jusqu'au goûter.*

Se souvenir que c'est une façon efficace d'encourager l'enfant nous garde de toute intervention et tempère notre tendance à surprotéger. L'apprentissage de l'autonomie est alors possible.

Voici deux exemples de conséquences naturelles :

1. Les oublis de Tanguy

En quittant la maison le matin, Tanguy (élève de CP) partait tous les jours en oubliant d'emporter son goûter.

Sa mère, qui avait un programme très chargé, se démenait donc tous les jours pour réussir à le lui apporter à l'école en cours de journée.

Après avoir entendu parler des conséquences naturelles, elle décida que Tanguy était sans doute assez grand pour pouvoir tirer de bons enseignements des conséquences de ses actes : en expérimentant les conséquences naturelles de son oubli, sans doute aurait-il plus de chance de se rappeler d'emporter son goûter le matin. Tout d'abord, elle lui en parla et lui dit qu'elle savait que c'était maintenant un grand garçon, assez responsable pour penser à son goûter. Ensuite, elle lui fit part, avec bienveillance, de sa décision : en cas d'oubli, elle ne lui apporterait plus son goûter.

Annoncer à l'avance ce que l'on a décidé de mettre en place ou de modifier est une façon simple et efficace de respecter l'enfant et de lui donner l'occasion de bien comprendre les « règles du jeu ».

Dans un premier temps, la démarche de la mère fut sabotée par l'intervention de la maîtresse, qui crut bien faire en donnant quelque chose à manger à Tanguy pour pallier le goûter oublié. Ce n'est que lorsque la maîtresse et la mère se mirent d'accord que cela put fonctionner vraiment. À la première occasion, Tanguy vint mendier auprès de sa maîtresse, qui lui répondit : *Désolée, mon bonhomme, tu sais que toi, ta maman et moi, nous nous sommes mis d'accord pour que tu apprennes à t'occuper toi-même de ton goûter, car tu en es tout à fait capable.* Tanguy, très dépité, réussit à téléphoner à sa mère, et tenta de la convaincre de venir à son secours et de lui apporter quelque chose ; sa mère répondit avec bienveillance, mais fermement, en lui rappelant ce qui avait été convenu. Tanguy se mit à bouder, malgré le goûter qu'un de ses amis était prêt à partager avec lui. Mais après cette expérience, les oublis se firent très rares.

Quand il oubliait son goûter, il parvenait sans mal à trouver quelqu'un qui partageait avec lui. Et il prit bien vite l'habitude de préparer lui-même le matin ce qu'il devait emporter pour avoir un bon goûter.

Beaucoup d'adultes ne supportent pas longtemps de voir leurs enfants pleurnicher, bouder ou être en difficulté. Pour la mère de Tanguy, cela fut d'ailleurs difficile de ne pas céder aux demandes de son fils. Elle se sentait fort coupable de le laisser affamé, mais s'accrochait à sa décision, car elle savait que c'était seulement en restant ferme qu'elle permettrait à Tanguy d'apprendre de cette expérience. Tanguy, lui, gagna en autonomie et apprit à s'organiser le matin. Et quel bonheur pour lui de se sentir en capacité ! Grâce à la détermination de sa mère, il a compris que « geindre » ou compter sur les autres n'était pas la bonne façon de résoudre ses propres problèmes.

2. Comment aider Julie à devenir responsable de ses vêtements, ou comment utiliser l'outil « décider de ce que l'on va faire et non de ce que l'on va faire faire à l'enfant »

La mère de Julie, 11 ans, passait son temps à lui répéter qu'elle devait mettre ses vêtements sales dans le panier prévu à cet effet. Cette insistance était totalement sans effet, et Julie se plaignait régulièrement quand les vêtements qu'elle voulait porter n'avaient pas été lavés. Pour éviter à sa fille d'en souffrir, il n'était pas rare que la mère de Julie lance bien vite une nouvelle machine.

Quand elle comprit qu'en intervenant, elle faisait plus de mal que de bien à sa fille, elle changea de moyen d'action. Bien décidée à ne pas priver sa fille des apports bénéfiques des conséquences naturelles, elle décida de procéder ainsi : elle dit avec fermeté et bienveillance à Julie qu'elle avait entièrement confiance en sa capacité à prendre soin de ses vêtements. Elle lui expliqua que, désormais, elle ne laverait que ce qui se trouverait dans le panier à linge le jour de la lessive. Cette décision, laver uniquement le linge mis dans le panier (**décider de ce que l'on va faire**), contrastait avec ce qu'elle avait toujours fait, essayer d'obliger Julie à mettre son linge dans le panier (faire faire à l'enfant).

Julie fut très rapidement amenée à faire l'expérience de ses choix. Elle tenta d'abord de défier l'accord et d'en tester la solidité : voulant mettre un pantalon qui était resté roulé en boule très loin du panier à linge sale, elle alla se plaindre auprès de sa mère. Pleine d'empathie, sa mère lui répondit : *Tu dois être déçue qu'il ne soit pas propre.*

Quand Julie tenta d'implorer sa mère et de la convaincre de faire encore une machine juste pour elle, elle essuya un refus tranquille : *Je ne suis pas disposée à le faire, je suis sûre que tu sauras trouver une autre solution,* puis sa mère alla prendre une douche pour éviter toute discussion.

Julie fut très contrariée de devoir porter autre chose ce jour-là, mais elle n'oublia plus par la suite de mettre ses vêtements dans le panier à linge sale.

On pourrait être tenté de qualifier de conséquence logique ce qui est décrit dans l'exemple de Julie, puisqu'il y a une implication de la mère. En réalité, sa seule forme d'implication est de ne pas participer, sauf pour manifester sa compréhension et exprimer son encouragement, tout en permettant bien à sa fille de faire l'expérience des conséquences naturelles de ses choix.

Les trois cas dans lesquels les conséquences naturelles ne peuvent pas s'appliquer

1. Quand l'enfant est en danger

Les adultes ne peuvent pas laisser les enfants faire l'expérience des conséquences naturelles lorsqu'il y a un danger, comme par exemple de jouer au ballon sur la route.

Quand on aborde ce point, il y a souvent quelqu'un pour affirmer que c'est typiquement le genre de situation dans laquelle la punition s'impose : *Pour faire comprendre à mon enfant de 18 mois qu'il est interdit de courir sur la route, je lui donne une fessée quand il désobéit !*

Je demande alors à cette personne si, une fois la fessée donnée, elle laisserait son enfant jouer dans la rue sans surveillance. Bien sûr, la réponse est toujours négative !

Il est aussi tentant de lui demander le nombre de fessées qui, selon elle, serait nécessaire pour que l'enfant soit autorisé à jouer dans la rue sans surveillance. La plupart des parents s'accordent sur le fait que les enfants doivent être plus âgés pour jouer dans la rue sans supervision, et ce, peu importe le nombre de fessées reçues pour leur apprendre à ne pas transgresser l'interdit.

Voici quelques outils pour éduquer dans les situations où un danger potentiel empêche d'utiliser la conséquence naturelle.

Dans l'exemple présenté, on pourrait décider de ramener systématiquement (avec fermeté et bienveillance) le jeune enfant à la maison ou dans un lieu sécurisé, à chaque fois que la situation se produit.

La **supervision**, **faire diversion** et la **redirection** sont indéniablement 3 outils à retenir dans l'éducation des jeunes enfants, parce qu'ils participent à la mise en place de la pensée causale dans un cerveau en développement : à chaque fois que tu fais « x », il se passe « y ».

Consacrer du temps aux apprentissages et **décider de ce que l'on va faire** (une périphrase pour les conséquences logiques) font aussi partie des outils clés.

Une façon d'accompagner le développement de l'enfant en consacrant du temps aux apprentissages est de :

- Lui enseigner les dangers de la circulation à chaque fois que l'on traverse une rue ensemble.
- Lui apprendre à regarder à droite et à gauche pour voir si une voiture approche, lui poser des questions comme : *Que pourrait-il se passer si on essayait de traverser la route alors qu'une voiture approche ?*
- L'impliquer : *Peux-tu me dire quand on peut traverser la rue sans danger ?*

Ces façons de procéder lui enseigneront bien plus qu'une fessée, même si le facteur temps reste incompressible avant que le jeune enfant soit assez mûr pour être capable de jouer dans la rue sans supervision.

2. Quand les conséquences naturelles interfèrent avec le droit des autres

Impossible d'autoriser les enfants à faire l'expérience des conséquences naturelles du fait, par exemple, de jeter des cailloux sur quelqu'un d'autre.

Chez les moins de 4 ans, la supervision est incontournable. Le seul moyen d'éviter les situations potentiellement dangereuses est de les surveiller et de faire en sorte que leur liberté n'empiète pas sur celle des autres.

3. Quand le résultat du comportement inapproprié de l'enfant ne le touche pas, alors les conséquences naturelles ne sont pas efficaces

Quelques exemples parmi d'autres : ne pas se laver, ne pas se brosser les dents, ne pas faire ses devoirs, manger des tonnes de sucreries.

Les conséquences logiques

▶ **Définition**

Les **conséquences logiques**, contrairement aux conséquences naturelles, demandent l'intervention d'un adulte ou d'un autre enfant de la famille ou de la classe. Elles s'accompagnent toutefois de la même nécessité d'être énoncées à l'avance afin d'en faire des expériences utiles et d'encourager l'enfant à choisir de coopérer de façon raisonnable.

▶ **Quelques exemples pour illustrer le concept**

Céleste aime bien tapoter avec son crayon sur la table quand elle travaille ; cela dérange les autres élèves. La maîtresse lui donne le choix suivant : soit elle arrête de faire du bruit, soit elle remet son crayon à la maîtresse, et elle exécute son travail plus tard (d'une façon générale, c'est une bonne idée de proposer aux enfants de choisir entre changer de comportement ou expérimenter une conséquence logique). Bien sûr, il y a d'autres solutions possibles.

La maîtresse pourrait aussi :

- Demander avec fermeté et bienveillance à Céleste d'arrêter de faire du bruit (les enfants ne sont souvent pas conscients de gêner les autres).
- Réfléchir avec elle à une autre solution : *Qu'est-ce qui pourrait t'aider à faire ton travail sans pour autant faire du bruit avec ton crayon ?*
- Proposer à Céleste de demander l'aide de la classe lors d'une recherche de solutions élargie (Temps d'Échange en Classe).

Si une conséquence s'apparente de près ou de loin à une punition, on peut se référer à la boîte à outils en fin de chapitre pour choisir un outil plus aidant.

Antonin a apporté une petite voiture à l'école.

Le règlement de l'établissement est formel : il est interdit d'apporter des jouets à l'école. Il est précisé que si le règlement n'est pas respecté, le jouet sera confisqué puis rendu à l'élève à l'heure de la sortie.

Lorsque la maîtresse d'Antonin le voit avec sa petite voiture, elle le prend à part et lui demande : *Que choisis-tu : me confier ta petite voiture ou préfères-tu la confier au directeur jusqu'à la sortie de l'école ?* Antonin choisit la première option.

C'est important de noter que la maîtresse, pour parler à Antonin, a pris soin de le prendre à part, pour qu'il ne soit pas exposé au regard des autres enfants.

Offrir des choix et parler en tête à tête des conséquences ne sont pas les seuls principes à respecter pour faire un bon usage des conséquences logiques. Si cela suffisait, on pourrait tout aussi bien donner aux enfants le choix entre cesser leur comportement ou recevoir une fessée !

Les 4 « R » des conséquences logiques : les incontournables

La conséquence logique doit être :

Reliée	La conséquence est logiquement liée au comportement.
Respectueuse	La conséquence est mise en place avec fermeté et bienveillance. Elle ne doit pas impliquer de dévalorisation, de culpabilisation ou d'humiliation.
Raisonnable	La conséquence n'est pas démesurée et paraît juste à l'enfant comme à l'adulte.
Révélée à l'avance	L'enfant connaît les « règles du jeu » (ou sait ce que l'adulte va faire) s'il fait le choix d'un comportement inapproprié.

Si un des 4 « R » manque à l'appel, ce n'est plus une conséquence logique aidante et véritablement éducative.

▶ **Illustrations de l'importance des 4 « R »
de la conséquence logique**

Si un enfant écrit sur une table, il est logique de penser que la conséquence qui s'impose est de lui faire nettoyer cette table. Mais que se passera-t-il si l'un des 4 « R » n'est pas respecté ?

Si un enseignant par exemple n'est pas **respectueux** et humilie l'élève dans sa façon de lui demander de nettoyer la table, ce n'est plus une conséquence logique.

M. D. pensait utiliser une conséquence logique en disant à Maud devant toute sa classe : *Maud, je suis surpris que tu aies fait quelque chose d'aussi bête. Maintenant, soit tu nettoies ta table, soit je dirai à tes parents à quel point tu me déçois.*

De même, si l'enseignant ne se montre pas **raisonnable** et demande, par exemple, à l'élève de nettoyer toutes les tables de la classe pour s'assurer qu'il a compris la leçon, ce n'est plus une conséquence logique. La conséquence logique s'accompagne alors de la volonté de « faire payer », qui vient de l'idée fausse que cela motive ensuite à faire mieux.

Si la conséquence n'est pas **révélée** à l'avance, il est plus facile de l'interpréter comme une punition. En partager l'énoncé à l'avance, quand cela s'avère possible, ajoute une dimension respectueuse qui donne le choix de respecter les règles établies ou les accords trouvés.

Si un enfant renverse son verre de lait, la conséquence logique (**reliée**) est de lui faire nettoyer ce qu'il a sali.

Mais si on dit : *C'est la dernière fois que je te laisse te servir du lait tout seul*, on prive alors l'enfant de l'opportunité d'apprentissage.

C'est impressionnant de voir à quel point les enfants connaissent les solutions et sont prêts à les mettre en œuvre quand on le leur demande avec respect.

Pourquoi ne pas accompagner l'enfant dans son apprentissage en introduisant simplement la conséquence logique reliée : *Oups ! Qu'est-ce que tu dois faire maintenant ?*

Bien sûr, l'adulte doit s'assurer que son attente est raisonnable, que l'enfant sait ce qu'il est censé faire et comment il peut y parvenir. **Éduquer est un processus qui s'inscrit dans le temps** : prenons-nous toujours le temps des apprentissages ?

Si les adultes ne respectent pas **les 4 « R » des conséquences logiques**, le ressenti de l'enfant peut radicalement changer pour basculer sans crier gare dans les 4 « R » de la punition (rancœur, revanche, rébellion, retrait, page 32).

Les parents et les enseignants n'aiment pas admettre qu'une des raisons principales pour lesquelles ils punissent est la volonté d'imposer leur pouvoir sur l'enfant et de montrer qu'eux seuls peuvent soumettre l'enfant à leur autorité en lui donnant une « bonne » leçon.

L'adulte pense alors : *Je suis l'adulte et toi l'enfant. Tu ferais mieux de faire ce que je te demande ou sinon, tu en assumeras les conséquences.*

La souffrance n'est jamais une condition requise pour que les conséquences logiques soient efficaces. Par exemple, il est possible que cela ne coûte rien à un enfant de nettoyer sa table, il peut même y trouver un certain plaisir. L'objectif des conséquences logiques est de faire changer le comportement, de trouver une solution et non pas de se venger en infligeant une souffrance.

Grâce à la conséquence logique, on va voir comment le comportement peut être redirigé.

► Un exemple de l'usage de la conséquence logique pour réorienter positivement le comportement

Une conséquence logique est optimale lorsqu'elle permet de rediriger l'enfant vers un comportement utile.

Arthur se montrait insolent et perturbateur en classe, parlant sans cesse quand son maître, M. H., expliquait quelque chose. Comme punition, il eut à écrire trente fois : *Je me conduirai bien en classe et ne serai pas insolent.*

Inutile de préciser qu'il ne vint pas à l'esprit d'Arthur de conclure : *Cool, j'ai vraiment mérité ce qui m'arrive, et ça va m'apprendre à ne plus perturber la classe.*

Bien au contraire, il était plein de rancœur et, renforcé dans son esprit de rébellion, il décida de ne pas faire sa punition. À l'instar de beaucoup d'adultes dans ce type de situation, M. H. se dit que si la punition n'avait pas fonctionné, c'est qu'elle n'était pas assez sévère. Il doubla donc la peine, la portant à soixante lignes.

Arthur, dont la rancœur ne fit qu'augmenter, refusa à nouveau de se soumettre. Sa mère tenta de lui faire entendre raison : *Si tu ne fais pas cette punition, qu'elle soit justifiée ou non, M. H. va sans doute la doubler à nouveau, sans parler du risque d'exclusion temporaire de l'école !*

— *J'm'en moque, je l'ferai pas.*

La punition fut donc une nouvelle fois doublée, et la mère convoquée à l'école.

Beaucoup d'enseignants sont convaincus, par ailleurs, que si une punition ne fonctionne pas, c'est par manque de soutien de la part des parents. Dans ce cas, en effet, la mère d'Arthur ne croyait pas aux vertus des punitions.

Au cours de l'entretien à l'école, elle ne remit pas en cause le fait que son fils avait été irrespectueux et indiscipliné. Un changement d'attitude était indispensable. Mais elle pensait aussi qu'une conséquence logique serait plus efficace qu'une punition.

Elle suggéra donc la chose suivante : *Comme Arthur a rendu votre tâche plus difficile et sûrement moins agréable, pourquoi ne pas lui demander de faire quelque chose qui rendrait votre travail plus agréable, justement ?*

M. H. : *Et comme quoi, par exemple ?*

La mère d'Arthur suggéra – entre autres – de lui faire nettoyer le tableau, vider les corbeilles à papier, ou faire une partie du cours. Arthur se montra très intéressé par cette dernière suggestion et proposa spontanément : *Je pourrais leur expliquer la différence entre les verbes transitifs et intransitifs !*

M. H. lui dit : *C'est vrai que tu as bien compris ce cours, ce qui n'est pas encore le cas de tout le monde.*

Il se tourna ensuite vers la mère d'Arthur : *Oui, mais enfin, on ne va quand même pas chercher à lui faire plaisir ?*

M. H. était réticent à suivre la suggestion, parce qu'il craignait de récompenser ainsi le comportement inapproprié d'Arthur et de l'inciter à récidiver. À cause de cette réserve, il passa à côté de tout l'enthousiasme que manifestait Arthur à l'idée de contribuer de façon utile. Participer activement à la leçon de grammaire aurait certainement aidé le jeune garçon à ressentir de l'appartenance et de l'importance et aurait probablement contribué positivement au changement de son comportement.

La notion de devoir payer pour les comportements inappropriés reste très ancrée. Je ne me lasse pas de répéter cette vérité : les enfants s'améliorent quand ils se sentent encouragés.

▶ Quelques nuances en fonction des objectifs-mirages

La prise en compte des objectifs-mirages participe au bon usage des conséquences logiques. Ainsi, elles pourront être utilisées si l'objectif de l'enfant est d'accaparer l'attention. En revanche, face à un objectif de recherche de pouvoirs, elles ne pourront être une bonne réponse que s'il y a eu au préalable un temps de pause et de reconnexion.

Dreikurs fut le premier à introduire et populariser le concept de conséquences logiques comme moyen de favoriser l'amélioration des comportements. Il disait d'ailleurs à l'époque : « Dans le cas d'une lutte de pouvoir, les conséquences logiques ne peuvent être utilisées qu'avec une extrême précaution, parce qu'elles se transforment vite en représailles. Les conséquences naturelles sont toujours bénéfiques, alors qu'il arrive que les conséquences logiques se retournent contre leur utilisateur en produisant l'effet inverse de celui qui est recherché. »

Ceci mérite éclaircissement. Prenons l'exemple d'un enfant qui semble ne pas vouloir travailler en classe.

L'enseignant pourrait lui dire : *Il va falloir que tu choisisses entre terminer ton travail avant la récréation ou le terminer pendant la récréation.*

Recherche d'attention

Si l'objectif-mirage de l'enfant est d'accaparer l'attention, il est probable qu'il se mette au travail avec un sourire entendu.

Recherche de pouvoir

Si l'objectif-mirage est une recherche de pouvoir, il est plus probable que l'enfant refuse de travailler pour prouver à l'enseignant qu'il ne peut pas « l'obliger ». Dans ce cas, il serait plus efficace de sortir de la lutte de pouvoir avant de rechercher des solutions ensemble.

Recherche de revanche

Si l'objectif-mirage est la revanche, l'enfant ne se mettra au travail que lorsqu'il sentira que l'enseignant a vu et compris sa peine.

Recherche de confirmation d'une croyance d'incapacité

Lorsque l'objectif-mirage est de confirmer un sentiment d'incapacité, la conséquence logique n'apporte rien et ne remplacera jamais l'apprentissage étape par étape.

Enfin, il y a des cas où les conséquences logiques ne sont pas une bonne réponse, et ce, quel que soit l'objectif-mirage de l'enfant. Par exemple, lorsqu'une tâche demandée ne présente aucun intérêt immédiat pour l'élève, lorsqu'un exercice ne correspond pas au niveau académique de la classe.

L'enseignant peut alors choisir d'impliquer davantage ses élèves dans une discussion sur le sens du travail demandé. Faire participer les élèves à la résolution de problèmes développe leur sens de la coopération.

Nous avons constaté à travers les nombreux exemples de ce chapitre que la conséquence logique est souvent utilisée à tort, et reste un outil à manier avec énormément de précaution si l'on souhaite qu'il favorise les apprentissages. Elle demande de la réflexion, de la patience et de la maîtrise de soi. Il faut agir au lieu de réagir, et beaucoup d'adultes semblent penser qu'il est plus facile d'exiger des enfants qu'ils se contrôlent plutôt que de se contrôler eux-mêmes...

Naviguer des conséquences naturelles et logiques vers les solutions

Le quotidien nous offre en permanence des opportunités de vivre ces outils, de les tester, d'en mesurer les effets, de les affiner, de les revisiter ; en un mot : progresser. Dans les pages qui suivent, nous allons au gré des exemples avancer d'une expérience à l'autre, en glanant ici et là ce qui nous aidera à naviguer sur notre chemin.

Saisir au quotidien les opportunités d'apprentissage et se donner le temps d'apprendre.

La première fois que j'ai entendu parler de tous ces concepts, je prenais des cours de psychologie et j'étais déjà convaincue qu'il était indispensable d'être en toutes circonstances à l'écoute, honnête et spontané. Cela ne m'empêchait pas de perdre mon calme et de distribuer menaces, cris et remontrances. Je me montrais ferme, mais sans beaucoup de bienveillance. Comme je ne connaissais pas les 4 « R » des conséquences logiques, je prévenais mes enfants à l'avance que s'ils arrivaient en retard pour le dîner, ils le manqueraient et n'auraient plus qu'à se préparer leur repas eux-mêmes, avec, en prime, la sommation de débarrasser et faire leur vaisselle. Bien sûr, au moindre retard, je transformais ce qui aurait pu sembler être une simple conséquence logique en punition, sans oublier le fameux : *Je vous avais prévenus !*

Et je me demandais pourquoi cela ne fonctionnait pas...

Si à l'époque j'avais mieux compris le concept de fermeté et bienveillance, j'aurais sans doute su dire : *Je suis désolée que vous ayez manqué le dîner. Vous vous rappelez notre règle pour quand on prépare soi-même son repas ?* (Pour dire cela, il faut bien sûr qu'il y ait eu un accord préalable clair quant aux règles à suivre, comme de débarrasser, nettoyer la table et faire la vaisselle.)

Heureusement, j'ai pris conscience que, puisque j'attendais de mes enfants qu'ils se contrôlent, il fallait que je m'y applique moi-même. Il m'a fallu de l'entraînement et de la pratique, mais les résultats furent à la hauteur de mes efforts. J'ai fini par être plus efficace dans mon usage des conséquences logiques : j'en connaissais les principes et le mode d'emploi, y compris la façon d'impliquer mes enfants dès le départ.

Impliquer les enfants à l'avance et définir ensemble les règles de fonctionnement contribuent à l'utilisation efficace de la conséquence logique.

Pendant des années, j'ai dû harceler mes sept enfants pour qu'ils s'habillent le matin.

Un beau jour, nous avons eu une discussion et, tous ensemble, nous avons décidé que le petit déjeuner serait servi entre 8 heures et 8 h 30. Si quelqu'un ne s'habillait pas et ne se présentait pas à table à l'heure dite, il n'aurait plus qu'à attendre le déjeuner pour manger quelque chose.

Impliqués dans la décision, les enfants se montrèrent assez coopératifs les premières semaines.

Kenny, qui avait 7 ans à l'époque, avait même décidé de disposer ses vêtements au sol dès la veille au soir afin de gagner un peu de temps le matin. Je n'en étais pas informée et, un soir, j'ai ramassé ses affaires. Au petit matin, je l'ai entendu crier : *Qui a touché mes habits ? Je les avais préparés pour m'habiller plus vite !*

Je l'ai donc prié de m'excuser, en le félicitant de sa créativité pour mettre à bien notre plan de respecter les horaires matinaux.

Mais Kenny fut aussi le premier à vouloir éprouver ce plan. Un matin, il s'assit en pyjama dans le canapé, le regard rivé sur sa montre.

À 8 h 35, il alla dans la cuisine et demanda son petit déjeuner.

Kenny, lui dis-je, *je suis désolée, mais le petit déjeuner est terminé. Je suis sûre que tu tiendras jusqu'à midi.*

Kenny répondit qu'il n'attendrait pas jusque-là, et grimpa sur le bar pour attraper des céréales dans le placard.

Serrant les dents pour rester bienveillante, je le soulevai fermement et le reposai sur le sol. Il entra alors dans une formidable colère, qui dura 45 minutes, s'arrêtant de temps en temps pour repartir à l'assaut du placard. À chaque fois, je le redescendais, sans un mot, avec fermeté et bienveillance, en me conformant calmement à ce qui avait été décidé.

Il finit par sortir dans le jardin. Je n'étais pas certaine de l'efficacité de la méthode, et me disais qu'il aurait été bien plus facile de le punir au lieu d'avoir à supporter cette scène interminable. À ma grande surprise et pendant les deux semaines qui suivirent, tout le monde fut prêt et à l'heure pour le petit déjeuner ; puis Kenny décida de tester la règle une nouvelle fois.

Il arriva en pyjama à 8 h 35. Je répétai donc ce que j'avais dit la fois précédente, tout en pensant : *Oh non, je ne vais pas être capable de supporter sa crise pendant 45 minutes en restant ferme et bienveillante !* Heureusement, je n'eus qu'une seule fois à l'attraper pour le faire redescendre du bar avant de l'entendre marmonner : *De toute façon, j'en voulais même pas, de p'tit déj*, puis de le voir partir s'habiller et aller jouer.

Ce fut la dernière fois qu'un problème se posa dans notre routine du matin.

Pour nous, la méthode avait fonctionné !

Cet exemple est une illustration de deux autres concepts dont nous avons déjà parlé.

La situation se dégrade souvent avant de s'améliorer, puisque les enfants testent un jour ou l'autre le système mis en place. Il est difficile mais salutaire de rester ferme et bienveillant pendant cette période de test.

Punir permettra peut-être d'obtenir un résultat plus rapide, mais les conséquences logiques bien utilisées font partie des méthodes non punitives qui aident les enfants à développer autodiscipline et sens de la coopération. Nous verrons comment la recherche de solutions permet d'être encore plus efficace.

Avec le temps, il arrive que l'usure se fasse sentir et que le plan mis en place ne soit plus aussi efficace. On peut alors revisiter ensemble les solutions choisies dans un processus dynamique.

Autoriser simplement nos enfants à faire l'expérience des conséquences de leurs choix est un moyen d'enseigner de précieuses leçons de vie.

Voilà un exemple dans lequel une conséquence logique ou naturelle n'a pas été utilisée alors qu'elle aurait été efficace.

Thomas a perdu ses gants de gardien de foot. La conséquence naturelle serait, tout simplement, qu'il s'en passe. Mais sa mère, dans un souci de perfection, ne supporte pas de laisser son fils faire l'expérience des conséquences de ses choix.

Elle se lance donc dans une leçon de morale avant de voler au secours de son enfant. Thomas ne se laisse pas impressionner par les discours agacés qu'il connaît par cœur : l'importance de faire attention à ses affaires, son irresponsabilité, le risque qu'un jour sa mère ne lui achète pas une nouvelle paire de gants...

Enfin, sa mère excédée finit par l'emmener au magasin de sport pour acheter de nouveaux gants. Sur le chemin du retour, la mère de Thomas assure que c'est bien la dernière fois qu'elle vole à son secours. Ce scénario n'éduque pas à être responsable, mais incite à attendre de façon passive que les choses s'arrangent. C'est d'ailleurs ce que fit Thomas.

Ne pas laisser son fils faire l'expérience d'une conséquence naturelle n'aurait pas été bien grave si la mère de Thomas y avait substitué une conséquence logique, en demandant, par exemple, à Thomas de rembourser l'argent dépensé pour ses nouveaux gants.

Chercher des solutions ensemble peut s'avérer être un bon remède aux répétitions incessantes et inhérentes au « faire faire à l'enfant ». Décider de ce que

**l'on fera et s'y tenir permettent d'avancer de la consé-
quence logique vers la solution.**

Il arrive à beaucoup de parents et d'enseignants de répéter : *Je te l'ai déjà dit cent fois.* Ceci ne veut pas dire que les enfants sont obtus, mais au contraire qu'ils savent pertinemment ce qui leur convient. Si on donne aux enfants l'opportunité de devenir responsables en cherchant des solutions avec eux et non pour eux, il n'y a plus besoin de répéter encore et encore.

Mme S. passait son temps à demander à ses enfants de ranger leurs jouets.

Après avoir découvert la Discipline Positive, elle les informa que s'ils ne rangeaient pas leurs jouets, elle se chargerait de le faire (décider de ce que l'on va faire et non de ce que l'on va faire faire). Elle précisa cependant qu'elle rangerait les jouets, certes, mais dans un endroit auquel les enfants n'auraient pas accès, et ce, tant qu'ils n'auraient pas prouvé qu'ils pouvaient en prendre soin.

Gardons à l'esprit que, souvent, le problème du range-ment des jouets demeure leur encombrement. Si tel est le cas, les enfants se moquent bien que certains jouets dispa-raissent. Il sera sans doute plus efficace alors d'acheter moins de jouets plutôt que d'attendre la coopération des enfants.

À compter de ce jour, lorsque des jouets n'étaient pas rangés, Mme S. disait seulement : *Qui va les ramasser ? C'est toi, ou bien je le fais ?*

Les enfants, voyant sa détermination, se dépêchaient de ramasser les jouets auxquels ils tenaient.

Quand les enfants lui demandaient de leur rendre un jouet mis de côté, elle leur répondait qu'elle le ferait une fois qu'ils auraient rangé leurs autres jouets sans qu'elle ait besoin d'intervenir pendant toute une semaine.

Cette famille en profita aussi pour faire le tri parmi les jouets et ne garder que ceux qui étaient importants aux yeux des enfants.

Le principe fondateur des conséquences logiques est que les privilèges sont assortis de responsabilités. À l'adulte de laisser l'enfant faire l'expérience des conséquences de ses choix.

Cet exemple illustre bien un principe fondateur des conséquences logiques. Les privilèges sont assortis de responsabilités. La formule est assez simple et devrait être bien comprise par les enfants :

Privilège = Responsabilité

Absence de responsabilité = Retrait de privilège

Avoir des jouets est un privilège. La responsabilité qui va avec ce privilège est de prendre soin de ses jouets. La conséquence logique de ne pas accepter la responsabilité est la perte du privilège.

Le principe dans sa logique permet de saisir la différence entre imposer des conséquences à un enfant (il va payer pour ce qu'il a fait) et autoriser un enfant à faire l'expérience des conséquences de ses choix (il va apprendre par l'expérience). Cette différence est de taille.

Ainsi, dans le cas de Mme S., les seuls jouets qu'elle achète à présent sont ceux dont ses enfants ont suffisamment envie pour être prêts à en payer eux-mêmes la moitié (en économisant sur leur argent de poche). Dans cette famille, la gestion des jouets n'est plus un problème !

S'éloigner des conséquences logiques...

L'utilisation des conséquences logiques est pour beaucoup tellement réconfortante que le risque devient de chercher une conséquence pour chaque conduite inappropriée.

Une façon d'éviter ce piège est de se rappeler que si une conséquence évidente et logique ne nous vient pas immédiatement à l'esprit, alors c'est qu'il n'est probablement pas approprié d'en utiliser une.

Un des objectifs essentiels de la Discipline Positive est d'encourager les enfants à faire mieux ou différemment, ce qui nous conduit à une autre recommandation à laquelle j'ai déjà fait maintes fois allusion dans ce chapitre et dans ce livre : plus efficaces que les conséquences logiques, les solutions permettent de s'appuyer sur des outils pertinents. La recherche de solutions appelle la contribution de chacun de façon dynamique et constructive.

D'autres outils mériteront alors notre attention :
- avoir un Temps d'Échange en Famille (TEF) ;
- se centrer sur les solutions plutôt que sur les conséquences ;
- créer des routines ;
- offrir des choix limités ;
- demander de l'aide (à l'enfant) ;
- s'occuper de la croyance qui se dissimule derrière le comportement ;
- décider de ce que nous allons faire au lieu de décider de ce que nous allons faire faire à l'enfant ;
- accorder nos actes à nos paroles avec dignité et respect ;
- avoir un geste d'affection ;

- aider les enfants à explorer les conséquences de leurs choix au lieu de leur imposer des conséquences ;
- utiliser tous les autres concepts présentés dans ce livre.

« Boîte à outils »
Discipline Positive – chapitre 5

1. Se poser la question : *La conséquence logique que j'ai choisie n'est-elle pas une punition déguisée ?*
2. Méfions-nous de ce qui fonctionne. Prendre en compte les effets à long terme de nos méthodes de discipline.
3. Exprimer de l'empathie et de la compréhension pour ce que l'enfant est en train de vivre plutôt que céder à la tentation de le culpabiliser.
4. Ne pas imposer les conséquences, mais autoriser les enfants à faire l'expérience des conséquences naturelles de leurs choix, sans y ajouter de blâme et sans nous interposer.
5. Décider de ce que l'on va faire, au lieu de ce que nous allons faire faire à l'enfant.
6. Offrir des choix tant que c'est possible.
7. Les 4 « R » des conséquences logiques.
8. Les 4 « R » de la punition.
9. Lutter contre l'idée étrange que l'enfant a d'abord besoin de se sentir dévalorisé avant de s'améliorer.
10. Les enfants s'améliorent quand ils se sentent encouragés.
11. Rediriger les comportements inappropriés vers des comportements qui permettent de contribuer de façon constructive.
12. Si on souhaite que nos enfants se contrôlent, alors montrons-leur l'exemple.
13. Les conséquences logiques sont inappropriées pour la plupart des objectifs-mirages. Elles ne sont pas souvent le meilleur moyen de résoudre un problème. À chaque fois que c'est possible, se tourner vers les solutions.
14. Faire le suivi de nos décisions avec fermeté et bienveillance.
15. Les questions de curiosité.
16. Privilège = Responsabilité
    Absence de responsabilité = Retrait de privilège
17. Centrons-nous sur les solutions pour améliorer l'ambiance de la maison et de la classe.

6

Se centrer sur la recherche de solutions

Modifier notre approche éducative pour la centrer sur les solutions à apporter (à des conflits, des comportements inappropriés) exige évidemment d'ajuster notre regard, notre façon de faire et nos outils. Le résultat que l'on obtient alors justifie les efforts que demande tout changement, si petit soit-il.

L'ajustement une fois en place, il n'est pas rare que l'on se demande : *Pourquoi n'y ai-je pas pensé plus tôt ?*

La discipline traditionnelle enseigne aux enfants ce qu'ils ne doivent pas faire, ou ce qu'ils doivent faire pour se conformer à un modèle de soumission.

La Discipline Positive, quant à elle, se tourne résolument vers l'avenir et centre son enseignement sur ce que l'on peut changer pour améliorer l'existant. Le « comment faire » devient l'objet des recherches de solutions conduites dans le respect mutuel et la coopération. L'enfant devient acteur du changement. Il apprend l'autodiscipline, parce que faire des choix appropriés et respectueux participe à son « mieux-être » (même en dehors de la présence de l'adulte).

La recherche de solutions est un processus dynamique

Ici, pas de baguette magique, mais un véritable apprentissage en profondeur. Le processus devient plus important que le résultat final et les changements se mettent en place dans le temps. Accepter qu'une solution, une compétence, se construise par étapes va à l'encontre des habitudes d'une société orientée vers le résultat. Par ailleurs, la recherche de solutions nous oblige à abandonner l'idée que souffrir fait partie de l'apprentissage (se sentir dévalorisé ou « payer » pour ses erreurs avant de faire mieux).

En se centrant sur les solutions, on crée des familles et des classes différentes, dans lesquelles la coopération devient une valeur centrale. L'éducation est un chemin, un processus dynamique dans lequel chacun évolue. Les conflits ne sont plus aussi nombreux lorsque chacun participe à la mise en place de solutions. Nombre d'enseignants et de parents qui choisissent cette approche en témoignent.

▶ Comment se recentrer sur les solutions ?

Quel est le problème ? Quelle en est la solution ? Qu'est-ce qui va nous aider à… ? Ce sont ces questions qui nous habitent lorsque nous entrons dans la dynamique de recherche de solutions.

Les enfants sont incroyablement créatifs dans les recherches de solutions utiles, à condition, bien sûr, que l'adulte les implique et leur permette d'utiliser leurs compétences en termes de résolutions de problèmes.

▶ Les solutions comparées aux conséquences logiques

Elles ont des caractéristiques très comparables aux 4 « R » des conséquences logiques présentées dans le chapitre précédent, mais il y a une différence importante.

Quand on parle de solutions, l'accent est mis sur leur caractère aidant (l'objectif d'être utiles), on regarde dans quelle mesure elles permettent d'aider à faire différemment, et d'apprendre pour le futur. Nous sommes loin de la notion de « faire payer », typique de la punition, qui est tournée vers le passé. La conséquence logique peut très rapidement s'apparenter à une punition lorsqu'elle n'est pas utilisée à bon escient.

Une solution doit être :

1.	**Reliée** (logiquement liée à la problématique)
2.	**Respectueuse**
3.	**Raisonnable**
4.	**Aidante** (Nous qualifierons d'« aidante » une solution qui est utile et qui enseigne. C'est en cela qu'elle permet à l'incident de devenir une opportunité d'apprentissage.)

Voici un exemple[1] qui illustre ces concepts et permet de voir la différence entre deux séries de suggestions faites par un même groupe d'élèves : celles que le groupe fait quand

---

1. Cet exemple est issu du livre *Positive Discipline in the Classroom* de Jane Nelsen, Lynn Lott, et H. Stephen Glenn, *op. cit.*

il raisonne en termes de conséquences logiques, et celles que le groupe propose quand il réfléchit à des solutions. La situation que la classe de CM2 souhaite résoudre est la suivante : deux élèves arrivent régulièrement en retard après la récréation, parce qu'ils ne font pas attention à la sonnerie.

Voici leur liste de propositions **quand ils raisonnent en termes de conséquences logiques** :
- Retirer un point de bonne conduite aux élèves en retard.
- Leur faire écrire leur nom au tableau.
- Les faire rester en classe après la fin des cours, pour une durée égale à celle de leur retard.
- Leur enlever de la prochaine récréation une durée égale à celle de leur retard de la dernière récréation.
- Les priver de récréation le lendemain.
- Les réprimander.

Ensuite, on a demandé aux élèves de ne plus penser aux conséquences logiques, mais de réfléchir à des solutions. Voici leur liste de **solutions possibles** :
- Tout le monde pourrait crier en même temps : *Ça sonne !*
- Ces deux élèves pourraient jouer plus près de la sonnerie.
- Les deux élèves pourraient guetter quand le reste de la classe retourne en cours.
- On pourrait monter le volume de la sonnerie.
- Chacun des deux élèves pourrait se mettre en binôme avec un enfant qui les préviendrait quand la récréation est terminée.

- Quelqu'un pourrait juste aller leur taper sur l'épaule quand la récréation est terminée.

La différence entre ces deux listes est évidente. Lorsqu'on regarde la première liste proposée par ces élèves, on s'aperçoit que les conséquences proposées, bien que logiques, raisonnables et pouvant être appliquées avec respect, n'en sont pas moins tournées vers le passé et destinées à « faire payer » l'élève pour ses comportements. L'espoir est sans doute qu'en se sentant plus mal, l'élève sera motivé à faire mieux. La seconde liste, en revanche, présente des solutions qui s'attachent à aider les élèves à faire mieux dans l'avenir. Le problème rencontré peut vraiment devenir une opportunité d'apprentissage.

Autre exemple pour aider à différencier les solutions des conséquences logiques : Jody McVittie, membre certifiée de l'Association de Discipline Positive à Everett, dans l'État de Washington, raconte :

« J'ai participé en observatrice à une discussion de classe, je suis arrivée alors que la recherche de solutions venait de commencer.

Une élève prenait régulièrement les affaires des autres sans demander la permission. Cette fois-ci, elle s'était emparée du crayon d'Alex. L'ensemble de la classe en avait assez de cette situation récurrente et finalement très agaçante.

Les premières suggestions, conséquences qui ressemblaient fort à des punitions déguisées, furent de l'ordre de :
- *Elle devrait être privée de récréation.*
- *La maîtresse pourrait la changer de place.*

Se centrer sur la recherche de solutions

L'enfant en question se recroquevillait sur sa chaise au fur et à mesure que s'égrainaient les suggestions. Personne ne l'avait nommée, mais chacun savait pertinemment de qui il s'agissait. Je finis par dire à la classe : *Personne n'a utilisé son prénom, mais vous savez tous comme moi de qui nous parlons. À votre avis, Laura se sent-elle mieux ou moins bien après avoir entendu nos suggestions ?* Devant leur réponse unanime, je poursuivis : *Notre objectif étant de l'aider et de l'encourager à changer son comportement, seriez-vous prêts à ce que notre discussion ne soit pas blessante mais utile ? Et si on se concentrait sur les solutions ?*

La discussion était relancée, chacun ayant à cœur de trouver des idées qui permettraient à leur camarade de changer tout en se sentant acceptée :
- *Elle pourrait demander à emprunter le crayon.*
- *On pourrait faire une boîte de crayons à emprunter pour toute la classe.*
- *Elle pourrait donner quelque chose en caution pour le crayon, comme ça Alex n'aurait pas peur qu'elle ne le lui rende pas.*

La petite fille avait retrouvé le sourire, et l'élève qui dirigeait la discussion put lui demander, ainsi qu'à Alex, de se mettre d'accord sur la suggestion qu'ils souhaitaient essayer pendant la semaine.

En quittant la classe, je me suis demandé ce que ces élèves avaient appris de l'incident. »

Le sourire de notre « récidiviste » montrait clairement que, peut-être pour la première fois, elle se sentait partie intégrante de la classe, soutenue et capable de changer.

Aura-t-elle à nouveau la tentation d'emprunter sans autorisation ? Oui, probablement. Mais la différence réside dans ces outils qu'ils ont partagés en classe et qui disent à leur façon : *Tu es des nôtres, tu as ta place.*

À noter : lorsqu'une discussion dévie sur les conséquences logiques avec plus ou moins de respect, l'adulte peut l'interrompre pour la recentrer sur les solutions. Une autre façon de procéder peut consister à lister l'ensemble des suggestions, pour demander ensuite aux participants d'éliminer celles qui ne leur paraissent pas respectueuses et utiles. On est aussi souvent amenés à faire réfléchir les enfants pour qu'ils se demandent si leurs propositions sont vraiment réalisables.

Le choix de la solution appartient alors à l'enfant dont le comportement n'était pas approprié. Cette démarche permet vraiment de le responsabiliser et de le replacer en situation de capacité.

Avoir confiance en la capacité des enfants à résoudre eux-mêmes leurs problèmes, c'est aussi une dimension importante du processus d'apprentissage.

Le cas suivant en est un exemple typique.

Dans une école primaire américaine, les CP et les CE1 avaient du mal à partager l'espace de jeux. Tricherie et agressivité étaient monnaie courante quand les enfants jouaient au *tetherball*[1].

---

1. Le *tetherball* est un jeu qui se joue à deux. La balle est suspendue à un poteau à l'aide d'une corde. Chaque joueur tente d'enrouler la balle autour du poteau, le premier dans le sens des aiguilles d'une montre, le second dans le sens inverse. Le jeu se finit lorsqu'un des joueurs a réussi à complètement enrouler la balle autour du poteau de sorte qu'elle reste bloquée.

Se centrer sur la recherche de solutions

Les enseignants n'avaient pas trop d'idées sur les solutions à apporter au problème, et les surveillants, quant à eux, étaient de plus en plus frustrés, ne sachant plus comment responsabiliser les enfants et gérer les conflits.

Le problème fut abordé pendant un Temps d'Échange en Classe, et un groupe de CE1 permit de mieux comprendre la problématique. La nature du jeu voulait que seuls les gagnants puissent continuer à jouer. Gagner devenait ainsi le seul objectif, justifiant tous les écarts de conduite. Les perdants, exclus du jeu, attendaient désespérément leur tour.

Une petite fille proposa une excellente solution au problème : au lieu d'autoriser le gagnant à continuer, il suffisait de demander aux deux joueurs de retourner faire la queue après chaque partie. L'incitation à gagner (ou à tricher) serait ainsi moins forte, et un plus grand nombre d'enfants aurait l'opportunité de jouer pendant chaque récréation. Les enfants se mirent d'accord et proposèrent d'en faire une règle de jeu pour l'ensemble des élèves. Valorisés par le fait que la solution venait d'eux, les élèves surprirent leurs enseignants par leur capacité à respecter la nouvelle façon de jouer, et l'atmosphère de la récréation s'en trouva complètement transformée.

S'ensuivirent d'autres discussions de classe sur d'autres thèmes conflictuels comme, par exemple, la formation des équipes quand les élèves sont en nombre impair, les cercles exclusifs que l'on rencontre inévitablement dans les cours de récréation, etc. Que d'enseignements pour petits et grands !

Si elle est pertinente dans un contexte scolaire, **la recherche de solutions est aussi un outil très utile à la maison**. Prenons l'exemple de cette adolescente pour qui respecter les horaires de retour chez elle posait un véritable problème à ses parents.

Un soir où le « couvre-feu » avait encore été enfreint, les parents proposèrent, une fois le calme retrouvé, de réfléchir à ce qui pourrait aider leur fille à respecter son engagement.

Autre exemple : quand un enfant brise la vitre de la fenêtre du jardin avec son ballon et qu'il décide, avec ses parents, que la solution est de réparer la fenêtre (avec les matériaux achetés grâce à son argent de poche). La solution est bien reliée (logique), respectueuse, raisonnable et aidante.

La recherche de solutions est un outil qui permet non seulement à chacun de partager ce qui est important pour lui, mais il enseigne également le sens des responsabilités et la résolution de problème. C'est dans cette logique que l'erreur ou l'incident devient une véritable opportunité d'apprentissage.

Autres outils qui facilitent la recherche de solutions

▶ **Le temps de pause**

Inutile de vouloir chercher des solutions dans le feu du conflit. Lorsqu'on est énervés, en colère, nous sommes dans un espace réactionnel (cerveau reptilien) qui ne nous permet pas d'accéder aux capacités rationnelles du cortex préfrontal (gestion des émotions, résolution de problèmes, parmi bien d'autres fonctions). Voilà pourquoi il y a un moment propice à la recherche de solutions, et l'outil qui s'impose ici s'appelle **le temps de pause**, celui-là même qui nous ouvre les portes de l'espace relationnel.

Voyons concrètement comment utiliser cet outil à la fois simple et pourtant si souvent négligé.

Imaginons la situation suivante : votre conjoint ou votre collègue vous prend à part et vous dit : *Je n'ai pas aimé ce que tu as fait. Tu ferais bien d'aller y réfléchir un peu dans ton coin.*

Comment vous sentiriez-vous, que penseriez-vous, que feriez-vous ? Lui seriez-vous reconnaissant de son aide précieuse ou vous sentiriez-vous indigné ?

Penseriez-vous : *Génial, ça m'aide et m'encourage tellement !* Ou plutôt : *C'est humiliant, pour qui se prend-il ?*

Décideriez-vous alors de partager vos problèmes avec cette personne qui s'est montrée si serviable et aidante, ou décideriez-vous plutôt de garder vos sentiments pour vous, de vous détacher émotionnellement – ou même de changer de partenaire ?

Si ce type de comportement n'est ni respectueux ni efficace avec les adultes, pourquoi les adultes pensent-ils que cela peut fonctionner avec des enfants ? Les adultes font beaucoup de choses inefficaces pour la simple raison qu'ils n'ont pas pris le temps de vraiment y réfléchir. Ils ne pensent pas aux résultats à long terme. Ils ne réfléchissent pas à ce que l'enfant peut ressentir, à ce qu'il pense, à ce qu'il est en train de décider pour lui-même, dans ses actions futures, dans ses relations avec les autres. Ces adultes ne mesurent pas l'inconséquence de leurs propos, de leurs actes.

À quoi pensent les enfants à qui on assène, d'un ton qui n'admet aucune réplique : *Va donc réfléchir à ce que tu viens de faire !*

Il est très probable que les enfants que l'on isole d'une façon ou d'une autre (dans leur chambre, au coin, chez le directeur), en leur intimant de réfléchir, se mettent plutôt à ressasser à quel point ce qu'on leur inflige est injuste, désagréable, irrespectueux. Sous l'emprise de la colère, toute leur énergie est bien souvent tendue vers le ressentiment, la vengeance, sans parler de toutes ces stratégies pour éviter de se faire prendre la fois suivante. Il y a aussi ceux qui se disent qu'ils ont bien mérité ce qui leur arrive, qu'ils ne sont pas à la hauteur, qu'ils ne valent rien.

Le temps de pause utilisé de façon positive ne génère pas les mêmes ressentis chez l'enfant. En effet, **l'objectif est qu'ils se sentent mieux afin de pouvoir accéder à leur capacité de raisonnement**. Toujours cette idée forte qu'un enfant agit mieux lorsqu'il se sent mieux.

Construire ensemble un temps de pause.

Il va sans dire que la mise en place du temps de pause se fait idéalement en dehors du conflit, à un moment où chacun est prêt à s'impliquer dans la discussion.

Quatre conseils pour mettre en place des temps de pause utiles :

1. Expliquer à l'enfant l'utilisation du temps de pause

Le temps de pause n'est jamais une punition, mais un espace de reconnexion (cette transition entre l'espace réactionnel et l'espace relationnel). Pour que l'outil soit efficace, la première étape consiste à comprendre à quoi il sert. Une discussion ouverte sur la nécessité de retrouver son calme avant de résoudre un conflit, les bienfaits de « savoir se faire du bien » avant de « vouloir faire mieux » donnera envie aux enfants de jouer le jeu sans avoir peur que l'outil soit punitif.

À quoi pourrait ressembler votre temps de pause ? Que faites-vous pour vous sentir bien ? L'adulte guidera d'autant mieux l'enfant qu'il aura nourri la réflexion de sa propre expérience et mettra lui-même l'outil en pratique.

Les exemples ne manquent pas, commençons par le contexte familial : s'isoler dans une pièce de la maison pour lire quelques pages d'un livre, aller faire du sport, écouter de la musique, prendre une douche, etc. À chacun ses bonnes idées.

En milieu scolaire, je me souviens d'une classe qui avait installé un petit espace « temps de pause » baptisé « Hawaii ». Les enfants étaient libres d'aller dans ce décor tropical lorsqu'ils avaient besoin de retrouver leur calme. La maîtresse, elle, ne pouvait, bien sûr, pas aller s'asseoir sur les coussins de Hawaii, mais quand c'était nécessaire, elle sortait un petit palmier gonflable qu'elle posait sur son bureau. Les élèves comprenaient parfaitement que cela signifiait qu'elle avait besoin de ne pas être dérangée pendant quelques minutes.

2. Laisser les enfants créer leur propre espace « temps de pause » – avec pour unique consigne de s'y sentir bien (puisque l'objectif sera de l'utiliser pour se sentir mieux avant d'agir mieux)

Plus l'enfant sera impliqué dans les choix, plus il sera disposé à s'approprier cet espace : *À quoi ressemblera-t-il ? Que pourra-t-on y faire ?*

C'est en général là que surgit, chez bon nombre, la crainte de paraître permissif, de récompenser les comportements inappropriés, en autorisant l'enfant à se faire du bien pour se calmer (comme lire, jouer, se reposer ou écouter de la musique). Cela nous montre à quel point l'idée de « faire payer » reste tenace et nous éloigne de l'objectif poursuivi en Discipline Positive.

Une maîtresse de maternelle nous a raconté comment, avec ses élèves, elle avait créé dans la classe un endroit appelé « L'espace ». Décoré d'étoiles, de planètes suspendues au plafond, on pouvait y trouver des livres, des animaux en peluche, des écouteurs, ainsi que deux petites chaises pour y emmener un ami si cela aidait à retrouver son calme.

Proposer à l'enfant de rejoindre l'espace « temps de pause » peut se faire sous forme de choix, ce qui replace naturellement l'enfant en position de responsabilité :

• *Est-ce que ça t'aiderait d'aller dans l'espace « temps de pause » ?*
• *Qu'est-ce qui t'aiderait le plus : aller retrouver ton calme en « temps de pause », ou te sens-tu capable de changer d'attitude tout de suite ?*

Dans chacune de ces questions on retrouve la notion d'aide, cette aide ferme et bienveillante qui facilite le changement.

3. Établir à l'avance un plan avec les enfants (ou les élèves)

Si le recours à l'espace « temps de pause » est normalisé, l'enfant n'associe plus le fait d'être seul avec l'idée d'être puni. Nous avons tous besoin un jour ou l'autre de cet espace de reconnexion, enfants comme adultes. Les enfants ont besoin de l'entendre. Les parents et les enseignants reconnaissent souvent que ce sont eux qui ont le plus besoin d'un temps de pause, ne serait-ce que pour prendre une grande inspiration. Parler de façon ouverte de la manière dont les choses se dérouleront lors du prochain incident permet de poser un cadre et des limites à l'intérieur desquels les enfants peuvent apprendre.

Quand un enfant se comporte de façon inappropriée, la question qui vient à l'esprit de beaucoup de parents est : *Est-ce que cela t'aiderait d'aller dans ton « espace à toi » ?* (Libre à chacun de nommer cet espace comme il le souhaite.)

Si l'enfant est trop énervé et refuse, l'adulte peut alors demander : *Est-ce que tu veux que je vienne avec toi ?*

Et pourquoi pas ? Si l'enfant est dans cet état, vous avez probablement autant que lui besoin d'un temps de pause. Si l'enfant s'enferme dans son refus, l'adulte peut poursuivre, sur un ton bienveillant : *OK, moi, je vais y aller*, lui montrant ainsi par l'exemple l'intérêt de la démarche.

4. Enseignons aux enfants que, quand ils se sentiront mieux, ils pourront chercher une solution ou utiliser les 4 « R » de la réparation

Certaines écoles qui pratiquent la Discipline Positive ont instauré un « banc ressource » dans la cour de récréation. Les élèves sont autorisés à venir s'y asseoir quand ils ont besoin de se calmer, et ce, jusqu'à ce qu'ils soient prêts à respecter les règles en vigueur dans l'aire de jeux (respect des autres et respect du matériel). Les surveillants ont à cœur de proposer les choix suivants avec fermeté et bienveillance :

- *Est-ce que tu penses que ça t'aiderait de t'asseoir sur le banc jusqu'à ce que tu te sentes mieux ? Est-ce que ça serait mieux de réfléchir tout de suite à une solution ?*
- *Je m'aperçois que cela t'arrive régulièrement. Veux-tu chercher des solutions pendant le Temps d'Échange en Classe ?*
- *Es-tu prêt à changer d'attitude et à respecter les règles, ou préfères-tu prendre un temps de pause ?*

Certaines écoles accrochent une Roue des Choix (page 207) comme outil d'aide à la résolution de conflits.

Il arrive que le temps de pause offre l'espace nécessaire et suffisant pour apaiser les tensions et rediriger l'enfant vers une conduite socialement plus acceptable. Il arrive aussi qu'un suivi avec l'aide de questions de curiosité soit utile pour l'aider à explorer les conséquences de ses choix et pour le guider dans sa démarche de résolution.

Éviter de réagir à chaud n'est pas synonyme de ne rien faire. Il ne s'agit en aucun cas de laisser le champ libre à la permissivité, bien au contraire. Le temps de pause est une respiration nécessaire qui fait du bien avant de pouvoir apprendre de ce qui s'est passé.

Ainsi, le temps de pause n'est qu'une première étape qui doit être accompagnée (sauf dans le cas des incidents isolés qui sont réglés immédiatement) d'un autre outil. Il s'agit du « suivi », qui peut prendre plusieurs formes (réparation, recherche de solutions, etc.), comme par exemple celle des questions de curiosité[1].

▶ Les questions de curiosité

L'exercice consiste à aider l'enfant à explorer les conséquences de ses choix, ce qui est très différent du fait de leur imposer des conséquences. Plusieurs compétences sont à l'œuvre dans ce processus, telles que : apprendre à réfléchir et comprendre par soi-même, discerner et choisir, se fixer des objectifs, se montrer responsable, être fort de propositions. On comprend aisément l'intérêt éducatif que porte en elle la recherche de solutions comparée à ce que nous, adultes, nous aurions pu imposer en prenant les choses en main.

Le rôle de l'adulte passe alors du « dire » au « questionnement » au travers des questions de curiosité. Entendons par là des questions qui témoignent d'une réelle envie de comprendre et qui font avancer.

Nous pensons si souvent à la place de l'enfant : pourquoi et comment c'est arrivé, ce que l'enfant devrait ressentir, ce qu'il devrait tirer comme leçon de l'incident, ce qu'il va faire à l'avenir, etc.

L'adulte est facilement dans la verbalisation, le « dire » plutôt que dans le questionnement respectueux et encourageant.

L'étymologie du mot « éduquer » est le latin *ex-ducere*, qui signifie « conduire hors de ». Pourtant, l'adulte tente

---

1. Pour davantage d'informations sur la façon d'impliquer les enfants dans l'outil « temps de pause », on peut se référer au livre *Positive Time-Out and over 50 Ways to Avoid Power Struggles in the Home and the Classroom* (ndlt : « 50 Façons d'éviter les luttes de pouvoir à la maison et en classe ».

parfois de « faire rentrer » des compétences, des règles, dans la tête de l'enfant au lieu de l'aider à découvrir les ressources qui sont les siennes et ne demandent qu'à se développer. Pour Adler, le véritable apprentissage va de l'intérieur vers l'extérieur et non l'inverse.

Quelques exemples de questions de curiosité :
- *À ton avis, qu'est-ce qui a provoqué cette situation ?*
- *Qu'est-ce que tu essayais de faire ?*
- *Comment te sens-tu par rapport à ce qui s'est passé ?*
- *À ton avis, que s'est-il passé ?*
- *Qu'as-tu appris ?*
- *Comment feras-tu à l'avenir ?*
- *Comment penses-tu résoudre le problème ?*
- *Comment peux-tu utiliser ce que tu as appris à l'avenir ?*

Il s'agit simplement d'exemples, parce que chaque question devrait venir du cœur, d'une envie de comprendre et d'accéder au monde de l'enfant. Notons que le « pourquoi » n'est pas utilisé ; en effet, il place, le plus souvent, celui qui le reçoit dans un espace intrusif et culpabilisant, ce qui déclenche très vite la justification. Enfin, dernière remarque d'importance : le ton sur lequel la question est posée a une influence réelle sur la façon dont l'enfant la reçoit.

Quelques remarques à garder à l'esprit :
- **Ne pas avoir de plan.** La question de curiosité devrait être libre de toute attente personnelle, et l'adulte devrait être prêt à accueillir ce qui est dit. De même, il est sage de ne pas poser de questions auxquelles on a déjà la réponse.

Se centrer sur la recherche de solutions   205

- **Attendre** que tout le monde ait retrouvé son calme avant de se lancer dans l'exercice du questionnement.
- **L'empathie et l'intérêt** guident les pas de celui ou celle qui s'invitent dans le monde de l'enfant.

Un de mes exemples préférés est cette conversation avec ma fille, qui vient un jour me voir et m'annonce tranquillement qu'elle a l'intention de boire de l'alcool au point de s'enivrer au cours d'une fête.

Je respire profondément, et lui demande : *Dis-m'en un peu plus. Je voudrais comprendre. Pourquoi est-ce que tu veux boire ?*

Réponse de ma fille : *Il y en a plein qui le font, et ils ont l'air de bien s'amuser.*

Résistant à la tentation de lui faire la leçon sur les dangers et méfaits de l'alcool, je continue : *OK... et tes amis, qu'est-ce qu'ils pensent du fait que tu ne boives pas ?*

Ma fille réfléchit un moment et répond : *En fait, la plupart d'entre eux disent qu'ils m'admirent et qu'ils sont fiers de moi !*

J'enchaîne : *Et alors, qu'est-ce que tu crois qu'ils vont penser si tu te mets à boire ?*

Après réflexion, elle répond : *J'imagine qu'ils seront déçus ?*
— Et toi ? Tu penses que tu te sentiras comment ?

La question la fait réfléchir un peu plus. Elle marque une longue pause, avant de répondre : *Je pense que je vais me sentir complètement nulle... Finalement, je crois que je ne vais pas le faire.*

Si je n'avais pas eu connaissance des questions de curiosité et de l'aide que je pouvais apporter en lui permettant d'explorer les conséquences de ses choix, j'aurais été tentée d'imposer une conséquence punitive, comme lui interdire de sortir, par exemple.

Le plus probable est que, par la suite, elle aurait été incitée à faire les choses en secret au lieu de me faire confiance et de savoir qu'elle peut discuter de tout avec moi.

Mais le plus grand dommage, en réalité, aurait été de la priver de cette opportunité d'explorer par elle-même les conséquences de ses choix, et de réfléchir à la manière dont elle souhaite mener sa vie.

Nous avons une telle habitude d'être dans le « dire » plutôt que dans le questionnement qu'il m'arrive en atelier de demander aux participants de mettre 20 centimes dans un pot à chaque fois qu'ils disent à un enfant de faire quelque chose pendant deux semaines. Au bout de deux semaines, ils auraient probablement mis assez d'argent de côté pour s'offrir un beau cadeau. Certaines injonctions peuvent devenir très simples :

- *N'oublie pas ton manteau* devient : *On dirait qu'il fait froid, qu'est-ce que tu vas mettre pour avoir bien chaud ?*
- *Va te brosser les dents* devient : *Qu'est-ce que tu dois faire pour avoir les dents propres ? Qu'est-ce qu'il ne faut pas oublier pour ne pas avoir de caries ?*
- *Va te coucher* devient : *À quelle heure a-t-on décidé que tu allais te coucher ?*

Laquelle de ces questions invite la coopération, donne envie de s'investir ? Laquelle encourage la résolution de problème ?

▶ La Roue des Choix

Voici l'exemple d'une Roue des Choix utilisée dans une école primaire pour la résolution de conflits en cours de récréation.

Les stratégies proposées varient en fonction du contexte.

Il s'agit d'un support visuel présentant de façon ludique différentes solutions pour gérer un problème.

C'est un outil très pertinent, à condition, une fois de plus, que l'enfant soit impliqué dans son élaboration. Certains parents et enseignants choisissent de créer leur propre Roue des Choix avec leurs enfants et leurs élèves. Chaque enfant dispose de son propre outil et peut le personnaliser, en le décorant ou en le coloriant, par exemple.

Je me souviens d'un enseignant qui avait demandé à ses élèves de choisir leurs quatre solutions préférées, avant de les découper et de les placer en vue sur leur bureau ; une façon parmi d'autres de les garder à l'esprit.

Deux clins d'œil pour nous aider à trouver le courage d'être imparfait :
- Prendre une situation après l'autre en résistant à la tentation de tout résoudre.
- Au début, choisir un outil et le faire vivre. À en choisir trop, on risquerait de n'en choisir aucun.

La Roue des Choix est un outil particulièrement pertinent dans la résolution des conflits.

La paix dans le monde commence par la paix dans les foyers et dans les écoles. À nous d'encourager nos enfants pour qu'ils deviennent autonomes, responsables, connectés aux autres, prêts à s'impliquer, capables de trouver des solutions et de résoudre les conflits. Afin qu'ils soient porteurs de ce sentiment d'appartenance et d'importance qui invite à l'accomplissement : c'est le défi que relève la Discipline Positive.

« Boîte à outils »
Discipline Positive – chapitre 6

1. Accepter de changer le regard que l'on pose sur l'erreur, le conflit, l'incident, afin d'en faire des opportunités d'apprentissage.
2. Les 3 « R » et le « A » qui caractérisent une solution : reliée, raisonnable, respectueuse et aidante.
3. Identifier le problème et faire une recherche de solutions. L'exercice consiste à accueillir toutes les suggestions et demander à l'intéressé de choisir ce qui sera, pour lui, le plus aidant.
4. Éliminer les solutions irrespectueuses (et irréalistes) avant de demander à l'enfant de choisir la solution qui lui semble la plus épaulante.
5. Le temps de pause positif.
6. Demander à l'enfant ce qui pourrait l'aider en offrant, quand c'est possible, des alternatives.
7. Lorsque c'est possible, annoncer à l'avance ce qui va se passer.
8. Résoudre les problèmes au cours des Temps d'Échange en Famille ou en Classe.
9. Les questions de curiosité aident les enfants à explorer les conséquences de leurs choix.
10. La Roue des Choix.

7

Utiliser l'encouragement de façon efficace

Un enfant qui se comporte de façon inappropriée dit en réalité : *Je veux appartenir (au groupe, à ma famille, à ma classe, etc.), mais je ne sais pas comment m'y prendre.* Être dans l'encouragement, c'est s'accorder le temps d'identifier les besoins qui se cachent derrière ces comportements qui nous inquiètent, nous blessent, nous accablent ou nous mettent en colère.

Si l'enfant pouvait nous exprimer son besoin d'appartenance et son découragement de façon directe, il est évident que nous saurions y répondre. Par ses comportements inappropriés, l'enfant nous tend une main découragée que l'on peut saisir afin de le rediriger vers des comportements plus constructifs.

Dreikurs insistait sur la nécessité quotidienne de l'encouragement en disant : « L'encouragement est à l'enfant ce que l'eau est à la plante. Il ne peut survivre sans. » Accepter ce principe nous invite à réaliser que, par l'encouragement, on peut modifier les croyances erronées qui motivent le comportement inapproprié de l'enfant.

À quoi ressemble l'encouragement, et comment s'y prendre pour le transmettre à un enfant qui se comporte de façon inappropriée ? Dans ce chapitre, nous clarifierons le principe de l'encouragement à travers de nombreux exemples.

Que signifie « encourager » ?

L'encouragement est au cœur de ce livre. Chacune des méthodes, chacun des outils de la Discipline Positive est conçu pour aider les enfants et les adultes à se sentir encouragés.

Quand on ouvre le dictionnaire, on voit qu'« encourager » signifie « insuffler de la force, du courage ».

Un enfant encouragé est un enfant qui pense : *Je suis capable, je peux participer, je peux avoir de l'influence sur ce qui m'arrive et sur la manière de réagir à ce qui m'arrive.* L'encouragement enseigne aux enfants des compétences essentielles pour leur vie, et le sens de la responsabilité sociale dont ils ont besoin, et auront besoin à long terme, pour s'accomplir et s'épanouir pleinement.

Encourager peut être un geste aussi simple que prendre un enfant dans ses bras pour qu'il se sente réconforté et pour lui insuffler l'envie de faire mieux.

Cette théorie, je l'ai expérimentée voilà déjà bien longtemps : un de mes fils, qui avait alors 2 ans, n'arrêtait pas de pleurnicher. J'étais exaspérée et je sentais monter en moi l'envie de lui donner une belle fessée. C'est alors que je me suis souvenue de ce concept d'encouragement, je me suis mise à genoux, je l'ai serré dans mes bras et je lui ai dit combien je l'aimais. Il s'est arrêté tout net de pleurnicher et de râler ; quant à moi, mon agacement s'était envolé comme par magie, dès lors que je m'étais rappelé le message caché qu'il y avait derrière son comportement.

Apprendre à distinguer l'encouragement et le compliment

L'encouragement et le compliment produisent des effets très différents à long terme.

Pendant des années, on est parti du principe que complimenter les enfants les aidait à développer une bonne image d'eux-mêmes et permettait d'améliorer leurs comportements. En effet, le compliment peut être source de motivation pour certains, mais méfions-nous de ce qui fonctionne dans l'instant. À terme, les compliments risquent de rendre les enfants dépendants de l'approbation de l'adulte et du regard des autres (c'est ce que l'on appelle avoir un référentiel externe).

Par ailleurs, certains enfants n'apprécient pas les compliments ; cela peut être parce qu'ils n'ont pas envie de se soumettre aux attentes de l'adulte, ou bien parce qu'ils ne veulent pas risquer de recevoir moins de compliments que les autres.

En revanche, l'encouragement, lui, participe à long terme au développement de la confiance en soi (le référentiel devient interne).

Le tableau qui suit permet de clarifier les différences entre l'encouragement et le compliment :

DIFFÉRENCES ENTRE
COMPLIMENTER ET ENCOURAGER

	COMPLIMENT
Définition du dictionnaire	Exprimer un jugement favorable Glorifier en attribuant tout spécialement une notion de perfection Expression d'une approbation
Reconnaît	Celui qui fait : *Tu es un garçon intelligent !*
Comportement	Seulement un résultat complet et parfait : *Tu l'as bien réussi*
Opinion personnelle	Condescendant, manipulateur : *J'aime bien la façon dont Marie est assise*
Adressé à	Subjective : *J'aime la façon dont tu as fait ça !*
Le plus usité	Avec les enfants : *Tu es une petite fille vraiment gentille !*
Exemples	*Je suis fier que tu aies eu un 18 en maths* (cela retire à la personne concernée le sentiment d'accomplissement)
Suggère	Changer pour les autres
Périmètre de contrôle	Externe : *Qu'en pensez-vous ?* (dépendance à l'appréciation des autres)
Enseigne	Quoi penser
But	Être conforme : *Tu as réussi ? appris ?*
Résultats sur l'estime de soi	Se sentir valorisé seulement par l'approbation des autres
Résultats dans la durée	Dépendance aux autres

Utiliser l'encouragement de façon efficace

ENCOURAGEMENT
Insuffler du courage Aiguillonner, stimuler
Ce qu'il a fait : *Bon travail*
L'effort et les progrès : *Tu as fait des efforts qui portent leurs fruits !* *Que penses-tu de ce que tu as appris ?*
Respectueux, appréciateur : *Qui peut me montrer comment il faudrait s'asseoir ?*
Objective : *J'apprécie ta coopération !*
Avec les autres : *Merci pour ton aide !*
Ce 18 reflète tes efforts (reconnaît la responsabilité de celui qui a achevé sa tâche)
Changer pour soi-même
Interne : *Qu'est-ce que j'en pense ?* (autoévaluation)
Comment penser
Être à l'écoute : *Qu'est-ce que tu en penses ? ressens ?*
Confiance en soi, assurance
Se sentir valorisé sans nécessiter l'approbation des autres

Les recherches menées par le Dr Carol Dweck, de l'université de Columbia, ont montré qu'Alfred Adler enseignait déjà cette notion à l'époque : l'encouragement aide à développer un référentiel interne qui protège d'une trop forte dépendance à l'opinion des autres.

Le Dr Dweck a également prouvé que le compliment ne pousse pas à oser prendre des risques. Les enfants que l'on couvre de compliments ont tendance à choisir de n'accomplir que des tâches faciles. Ils ne veulent pas courir le risque de faire une erreur. À l'inverse, une étude[1] montre que les enfants qui sont encouragés pour leurs efforts choisissent, quand ils le peuvent, des tâches plus difficiles.

Nous sommes souvent touchés par le visage heureux d'un enfant qui reçoit un compliment, mais il faut garder en mémoire les effets à long terme des compliments. Se tourner vers l'encouragement peut s'apparenter pour certains à l'apprentissage d'une « deuxième langue », ce qui demande de la pratique ! S'opère alors une prise de conscience des mots et phrases que l'on adresse aux enfants.

Les questions suivantes peuvent nous aider à distinguer ce qui relève dans nos propos de l'encouragement de ce qui relève du compliment :

- *Est-ce que ce que je dis le pousse à s'autoévaluer, ou au contraire à être dépendant de l'évaluation d'autrui ?*
- *Suis-je respectueux, ou bien condescendant ?*

---

1. L'article dans son intégralité peut être lu à cette adresse : http://nymag.com/news/features/27840/

- *Est-ce que je me place du point de vue de l'enfant, ou seulement du mien ?*
- *Est-ce que je ferais ce commentaire à un ami ?*

Je trouve cette dernière question particulièrement utile. En effet, les commentaires que nous faisons à nos amis se conforment généralement assez bien aux critères de l'encouragement.

L'encouragement efficace au cœur de la relation

▶ Atteindre le cœur avant d'atteindre la tête

L'importance d'être « connecté » pour encourager efficacement

Être connecté ne veut pas dire intervenir constamment, céder aux demandes et ne pas se respecter en tant qu'adulte. Nous sommes connectés de façon encourageante lorsque nous sommes à l'écoute de l'enfant, que nous savons entrer dans son monde et le prendre au sérieux dans ses besoins, qui ne sont pas nécessairement les nôtres. À chaque fois que l'on implique un enfant dans une recherche de solutions, on le place en situation de partenariat et de maîtrise.

Conjuguer la fermeté et la bienveillance, c'est respecter en même temps le monde de l'adulte et celui de l'enfant (véritable respect mutuel) et c'est une condition essentielle de l'encouragement.

Un outil de connexion : le temps dédié

Le temps dédié est une bulle d'amour inconditionnel, d'attention exclusive, de présence à l'autre, un bonheur partagé.

On ne compte pas les nombreuses heures passées avec ses enfants, ses élèves, et pourtant, le temps que l'on passe ensemble sans l'avoir vraiment choisi, ou simplement parce qu'il s'inscrit dans l'organisation quotidienne, n'est en rien comparable au temps que l'on décide de passer ensemble de façon dédiée.

C'est l'une des choses les plus encourageantes que les parents puissent faire pour leurs enfants : passer un temps régulier, programmé, « juste pour l'enfant », comme un cadeau.

Pas un temps obligatoire, ni occasionnel, mais un vrai temps garanti et dédié.

Cet outil est à ajuster selon l'âge de l'enfant :

Avant l'âge de 2 ans, la notion de temps dédié est difficile à comprendre pour l'enfant. Le simple fait de ressentir le plaisir d'être ensemble est suffisant, sans qu'il y ait besoin de planifier quoi que ce soit.

Entre 2 et 6 ans, les enfants ont réellement besoin d'au moins 10 minutes par jour de temps dédié, d'attention non partagée. Le fait d'intégrer ces temps dans la routine permet à l'enfant de les prévoir, ce qui lui donne de la maîtrise en plus de l'attention.

Entre 6 et 12 ans, les parents seront les plus à même de savoir ce dont leur enfant a besoin. Le plus probable est que les temps dédiés, jusque-là quotidiens, s'espacent petit à petit pour avoir lieu une fois par semaine

(30 minutes). Pouvoir compter sur ce temps dédié, savoir quand ce moment aura lieu et être sûr qu'il lui sera exclusivement consacré sont vraiment sources d'encouragement pour l'enfant, et de plaisir partagé pour tous.

La durée et la nature des temps dédiés relèvent de la créativité et des envies de chaque famille. Les possibilités sont infinies. Cela peut aussi bien être de partager le goûter après l'école que de passer ensemble 30 minutes tous les samedis matins. Il est important, pour que l'outil puisse s'installer de façon pérenne, qu'il s'inscrive facilement dans l'organisation familiale et que les enfants sachent précisément quand ils peuvent compter sur notre présence dédiée et exclusive. Précisons que le temps dédié ne peut pas être supprimé à cause d'un comportement inapproprié : il n'est ni une récompense ni un privilège, juste un moment essentiel pour l'épanouissement de l'enfant.

À l'adolescence, il est possible que les envies ne soient plus les mêmes et que nos enfants recherchent résolument la compagnie de leurs pairs plutôt que la nôtre. Cette évolution est normale, attendue, et il est bon de se rappeler que c'est une phase parmi d'autres, qui laissera à nouveau la place plus tard à l'envie et au bonheur de passer du temps en famille.

En attendant, pourquoi ne pas proposer à nos adolescents un temps dédié de temps en temps (30 minutes par semaine, par exemple) en expliquant que c'est parce que nous, nous en avons besoin ?

Petit clin d'œil pratique : assurons-nous que le restaurant où nous lui avons proposé de déjeuner est suffisamment en dehors de son circuit habituel pour ne pas risquer de croiser un de ses amis ! Gardons notre sens de l'humour, et surtout, ne prenons rien personnellement !

Trois raisons qui font du temps dédié un outil de l'encouragement :

1. Savoir que l'on compte aux yeux de l'autre développe les sentiments d'appartenance et d'importance. L'enfant se sent connecté.

2. Le temps dédié nous ramène aux raisons pour lesquelles nous sommes parents : aimer nos enfants et se/nous faire plaisir. C'est un temps pour se rappeler qu'avoir des enfants, c'est avant tout un bonheur.

3. Lorsqu'un enfant est en demande d'attention, le temps dédié permet de reporter la satisfaction du besoin de façon respectueuse : *Je ne peux pas… tout de suite, mais c'est une excellente idée pour notre temps dédié de tout à l'heure. J'ai hâte !*

Faire du temps dédié un moment réussi :

- Planifier les temps dédiés avec l'enfant. Choisissez avec l'enfant le moment où il sera programmé.

- Discuter des choses que le parent et l'enfant ont envie de faire ensemble. Faites une liste ou un programme de tout ce que vous aimeriez faire ensemble à cette occasion.

- Commencer par n'éliminer aucune proposition de la liste établie ; ne pas réfléchir de façon pratique.

- Reprendre la liste avec l'enfant et classer les activités par catégories (les activités faciles à faire, celles qui sont plus coûteuses et demanderaient une occasion

Utiliser l'encouragement de façon efficace

spéciale, celles qui demanderaient plus de 30 minutes, celles qui pourraient se faire en famille ou en vacances, etc.).

- Éteindre son portable ou ne pas répondre au téléphone renforce pour l'enfant l'idée que ce temps est prioritaire à nos yeux.

  Je me souviens d'une mère qui gardait son téléphone allumé pendant le temps dédié qu'elle partageait avec sa fille de 3 ans. Ainsi, elle ne ratait pas une occasion de répondre en disant haut et fort : *Excusez-moi, mais je ne peux pas vous parler maintenant, car c'est mon petit moment avec Lucie.* La petite fille jubilait !

- Ne parlez pas des problèmes qui peuvent exister ; ce n'est pas un temps de recherche de solutions.

- Pour les enseignants : ayez une rencontre de ce type une fois avec chacun de vos élèves.

- Les parents peuvent appliquer le concept de temps dédié au rituel du coucher (mais ce rituel ne devrait pas remplacer le temps dédié durant la journée).

Chaque soir, en couchant ses enfants, Mme B. leur demandait de lui raconter deux choses : ce qui leur était arrivé de plus triste, et ce qui leur était arrivé de plus joyeux dans la journée. Puis, elle leur racontait à son tour ses moments du jour le plus triste et le plus joyeux. Au début, ses enfants, ravis de cette occasion de se plaindre, en rajoutaient sur les choses tristes de la journée ; il leur arrivait même de se mettre à pleurer. Elle attendait alors patiemment qu'ils se calment pour leur dire, à chacun : *Je suis contente que tu puisses partager avec moi ce que tu ressens. Demain, quand tu iras mieux, on en reparlera pour réfléchir à des solutions. Allez, maintenant, raconte-moi le meilleur moment.* Si l'enfant ne trouvait rien de joyeux à partager, elle racontait quand même son moment le plus joyeux à elle. Une fois cette routine installée, les événements tristes furent exposés bien plus brièvement, vite suivis par des idées de solution ou des pistes pour éviter les problèmes du même type. Et assez rapidement, ils en arrivèrent à prendre bien plus plaisir à partager leurs bons moments qu'à s'épancher sur les moments difficiles.

Le temps dédié en milieu scolaire

Passer deux ou trois minutes avec un élève après la classe sans pour autant parler des problèmes de cet enfant peut s'avérer très efficace. L'idée est de donner un sentiment d'importance à l'enfant en s'intéressant à lui, à « qui il est » : *Dis-moi ? Qu'est-ce que tu aimes faire pour t'amuser ?* (ou toute autre question personnelle) ; ensuite, l'enseignant partage avec l'enfant ce que lui-même, professeur, aime faire pour s'amuser. L'échange est souvent valorisant pour l'élève.

Bon nombre d'enseignants ont témoigné que le simple fait de prendre ce temps dédié avec un élève en difficulté avait eu une influence positive sur le comportement que l'élève avait en classe, alors même que les comportements inappropriés n'avaient pas du tout été évoqués pendant les quelques minutes passées ensemble.

Mme S. était préoccupée par les comportements d'une élève manifestement en recherche de pouvoir. Carole refusait souvent de faire son travail et se montrait agressive, boudeuse ou provocatrice. Un jour, Mme S. lui demanda de

Utiliser l'encouragement de façon efficace

venir la voir après les cours. Carole, complètement sur la défensive, fut très surprise lorsque Mme S., sans faire aucune allusion à ses comportements, lui demanda ce qu'elle avait préféré dans sa soirée de la veille. Carole choisit de ne pas répondre ; Mme S. pensa aussitôt : *Ça ne marche pas*, mais elle poursuivit quand même : *Je vois… mais j'aimerais te dire ce que moi, j'ai aimé dans ce que j'ai fait hier soir*. Et elle raconta rapidement une chose qu'elle avait appréciée dans sa soirée en famille de la veille. Carole resta murée dans son silence. Mme S. la laissa partir, tout en lui disant qu'elle serait toujours intéressée d'entendre ce que Carole aimait faire pour se distraire en dehors de l'école.

Inutile de dire combien Mme S. se sentit découragée, pensant que leur échange avait été totalement inutile ; pourtant, dès le lendemain, elle remarqua que Carole avait changé d'humeur. Et à la sortie, Carole vint la voir pour lui montrer un projet artistique : elle voulait partager ce que, au cours de sa soirée de la veille, elle avait aimé faire.

Dans un premier temps, il arrive que l'enfant se montre hostile face à la proposition d'un temps dédié. Sans doute a-t-il la crainte que cette attention spéciale se transforme en discours et en leçon de morale.

Par ailleurs, beaucoup d'enseignants ont peur de ne pas avoir le temps de mettre en œuvre cet outil. D'autres s'agacent à l'idée de devoir passer du temps pour l'apprentissage de compétences sociales ou pour le bien-être de l'élève, alors qu'ils ont déjà trop peu de temps pour se concentrer sur les compétences académiques qu'ils doivent transmettre.

Cependant, de plus en plus d'enseignants sont convaincus que l'encouragement est tout aussi important (si ce n'est plus) que la performance académique, et que quelques minutes de temps dédié peuvent encourager l'élève pour son parcours scolaire. Sans compter le temps gagné par la diminution, en fréquence et en intensité, des comportements inappropriés.

Un autre outil de connexion : le geste d'affection

Derrière tout comportement inapproprié se cache un sentiment de découragement ; s'y intéresser est souvent la clé pour dénouer certaines situations difficiles.

Un jeune père était frustré et préoccupé par les colères intenses et fréquentes de son fils de 4 ans. Le gronder, le punir ne faisaient qu'empirer les choses.

Au cours d'un atelier de Discipline Positive, il apprit qu'un enfant qui se comporte mal était un enfant qui avait besoin d'être encouragé. L'idée lui avait paru assez étrange, un peu comme celle de récompenser une bêtise, mais il décida qu'il n'avait rien à perdre à essayer.

À la colère suivante, il s'agenouilla donc à côté de son fils et lui dit : *J'ai besoin d'un câlin*. Son fils s'arrêta net de hurler et, dans un sanglot, lui demanda : *Quoi ?*

Le père répéta : *J'ai besoin d'un câlin*.

Là ? Maintenant ? s'étonna le bambin.

Oui, maintenant, répondit le père.

L'enfant finit par se prêter à l'exercice, d'abord à contre-cœur, puis vaincu par la tendresse.

Père et fils avaient besoin de cette connexion avant de pouvoir s'entendre.

Si l'enfant ne veut pas d'un tel geste sur le moment, on peut laisser une porte ouverte en disant : *Bon, eh bien moi, je voudrai toujours un câlin ou un baiser quand tu seras prêt.*

Certains s'interrogeront : *Et après le geste d'affection ? On fait quoi pour corriger le comportement inapproprié ?* En fait, les gestes d'affection rétablissent parfois un lien qui permet de « toucher le cœur avant de toucher la tête » : l'adulte peut alors choisir de ne rien faire d'autre et attendre de voir si le fait de se sentir encouragé suffit à enclencher le changement. Cela peut aussi être un bon moment pour chercher des solutions ensemble.

Si aucun des outils proposés n'est efficace, alors peut-être sommes-nous prisonniers d'un cycle de revanche ou d'une lutte de pouvoir qui intensifie le découragement. Dans ces deux cas, reconnaissons nos erreurs et demandons de l'aide à l'enfant pour repartir ensemble sur de bonnes bases. **Reconnaître ses erreurs est une des choses les plus encourageantes que l'adulte puisse faire.**

▶ **S'inscrire dans une relation de respect mutuel**

Créer un état d'esprit

Le terme de « respect mutuel » recouvre trois notions essentielles :
1. La confiance dans nos capacités et celles des autres.
2. Un véritable intérêt envers le point de vue des autres au même titre qu'envers le nôtre.

3. La volonté de reconnaître et assumer sa propre part de responsabilité dans le problème.

La meilleure façon d'enseigner cet état d'esprit aux enfants est de leur montrer l'exemple.

Savoir se mettre à la place de l'enfant

Pour comprendre ce que les enfants ressentent, comment ils voient les choses, il peut être utile de nous rappeler notre propre enfance.

Un petit exercice pour se mettre à la place de l'enfant :

Fermons les yeux et remontons à notre enfance pour y trouver un incident et une interaction avec un adulte (que ce soit à la maison ou à l'école) où nous nous sommes sentis découragés. Quel est le ressenti attaché à ces instants ? Que s'était-il passé ? Quelles sont les émotions que nous retrouvons ?

Maintenant, les yeux toujours fermés, rappelons-nous un autre incident avec un adulte, dans lequel nous nous sommes sentis encouragés. Rappelons tous les détails de ce souvenir à notre mémoire. Quel ressenti était alors le nôtre ?

Les ressentis dont les différentes personnes témoignent en évoquant un incident décourageant sont souvent de la même nature : incompréhension, humiliation, sentiment d'injustice, incompétence, impuissance, envie de rébellion ou de retrait. L'autre point commun des témoignages de personnes ayant fait cet exercice est qu'aucune d'entre elles ne s'était sentie motivée pour s'améliorer, alors même que c'était généralement l'objectif de leur parent ou de leur enseignant. Beaucoup ont raconté qu'elles ont cessé d'essayer de faire des progrès au piano, en lecture, en écriture, en sport, etc., à cause des critiques décourageantes de l'adulte.

Les ressentis attachés au deuxième incident (c'est-à-dire celui qui était traité de façon encourageante) sont aussi très similaires entre eux : les enfants qu'ils étaient à l'époque se sont sentis connectés, compris, appréciés et uniques ; ils ont senti qu'ils comptaient et eurent envie de faire de leur mieux. Il suffit parfois d'un mot, d'un geste pour insuffler du courage et la force d'aller de l'avant.

L'exemple de Basile

Regardons comment un instituteur a su instaurer un réel respect mutuel pour résoudre une situation difficile, en gardant bien à l'esprit l'importance de choisir le bon moment, et de gagner la coopération de son élève.

M. B., professeur en CM2, avait dans sa classe un élève, Basile, qui s'énervait très souvent en plein cours, au point de les insulter, lui et les élèves. M. B. avait d'abord essayé les punitions : qu'il soit envoyé dans le bureau du directeur, ou gardé en retenue pour écrire 500 lignes, cela ne faisait qu'aggraver le comportement de Basile. Il avait ensuite tenté de lui imposer des temps de pause, en lui demandant de sortir, en cas d'énervement, le temps de se calmer… Basile claquait alors la porte de la classe, faisait des grimaces à la fenêtre, et revenait toujours aussi agressif ; jusqu'à la colère suivante, qui ne tardait pas à surgir.

M. B. décida donc d'essayer l'encouragement. Il proposa un jour à Basile de rester après la classe, pour pouvoir parler tranquillement. Quand Basile arriva, il se trouva face à un instituteur bienveillant et détendu. M. B. le remercia d'avoir bien voulu consacrer du temps à cette rencontre, et lui expliqua qu'il aimerait vraiment trouver une solution grâce à laquelle ils se sentiraient bien l'un comme l'autre. Il reconnut que, de son côté, il avait une part de responsabilité, car, quel que soit le comportement de Basile, ce n'était ni efficace ni respectueux de lui infliger des punitions. Plus question, donc, de recourir aux punitions pour qu'il s'améliore… il avait besoin de l'aide de Basile. Est-ce que Basile serait d'accord pour réfléchir à la solution ?

Basile n'était pas encore très désireux de jouer le jeu et de coopérer. Il déclara qu'il n'y pouvait rien si les autres enfants lui tapaient sur les nerfs (n'oublions pas que les enfants peuvent avoir besoin de temps pour croire sans méfiance à une nouvelle attitude de la part des adultes). M. B. répondit qu'il comprenait ; que cela lui arrivait à lui aussi d'être hors de lui à cause du comportement des autres. Cela intéressa beaucoup Basile, la surprise et le soulagement se lisant dans son regard. M. B. poursuivit en expliquant que, quand il était en colère, il sentait dans son corps des signes, comme son estomac qui se nouait, ou encore ses épaules qui se raidissaient. Est-ce que lui aussi, Basile, avait repéré de tels signes quand la colère montait ? Basile n'avait aucune idée là-dessus. Peut-être alors serait-il d'accord pour essayer de repérer, lors d'une prochaine colère, ce qui se passe dans son corps, et revenir en discuter ensuite ?

Cinq jours passèrent avant que Basile n'explose à nouveau. Sans doute le seul fait d'avoir été écouté de façon bienveillante et respectueuse avait-il déjà permis à Basile de se sentir reconnu, capable d'appartenir et de contribuer autrement qu'en se tenant mal. Mais rien n'était gagné encore.

À la colère suivante, M. B. vint poser sa main sur l'épaule de Basile et lui demanda : *Est-ce que tu t'es rendu compte de ce qui vient de se passer dans ton corps, cette fois ?* Forcé de réfléchir, Basile oublia sa colère. Il lui semblait que M. B. était vraiment intéressé, puisqu'il lui rappela sa proposition : *Tu viendras me voir après la classe, et tu me raconteras.* Ainsi, Basile lui expliqua qu'il avait repéré qu'il commençait à grincer des dents et serrer les poings quand la colère montait. M. B. lui demanda s'il serait d'accord pour décider de lui-même de sortir se détendre la prochaine fois qu'il repérerait que l'énervement le gagnait ; il n'aurait pas besoin de demander la permission.

M. B. avait confiance en Basile pour « gérer » tout cela très bien. M. B. demanda à Basile ce que, selon lui, il pourrait faire pour se sentir mieux, quand il aurait à sortir. *Je ne sais pas,* répondit Basile.

— *Pourquoi ne pas compter jusqu'à dix, ou cent, ou juste regarder dehors et admirer la beauté du ciel...* Basile agréa.

Cinq ou six jours passèrent à nouveau avant la colère suivante. Là encore, le fait d'avoir pu discuter calmement l'avait manifestement encouragé et rasséréné. Mais là encore, ce ne fut pas définitif. La semaine suivante, Basile sortit trois fois de la classe, et cela lui prit entre trois à cinq minutes pour retrouver son calme. Chaque fois, M. B. lui exprimait par un geste (pouce levé) son approbation et sa satisfaction de le voir si responsable. Il ne savait pas trop ce qui se passait quand Basile sortait, mais il était déjà bien content de ne plus avoir à endurer ses grimaces et son agitation.

Trois semaines passèrent ainsi, ponctuées de sorties régulières, jusqu'au jour ou Basile explosa, hurlant contre un de ses camarades, sans avoir pensé à sortir à temps. M. B. profita du temps de cantine pour parler à nouveau avec Basile et le féliciter de tout le chemin parcouru. Il dit à Basile que c'était tout à fait normal de faire des erreurs quand on apprenait quelque chose de nouveau, et lui demanda s'il était d'accord pour continuer à essayer de s'améliorer. Basile acquiesça.

M. B. raconte que, par la suite, au long de l'année, les sorties de Basile devinrent très rares. Quand il devait aller se calmer un peu, il était toujours accueilli au retour par un sourire chaleureux de M. B. Basile ne devint pas un ange, mais il s'était vraiment beaucoup amélioré. Comme le raconta M. B. lors d'un conseil de professeurs : *Au début de l'année, Basile explosait plusieurs fois par jour ; on est passé à une fois ou deux par mois, cela me va.*

Un outil efficace d'encouragement : les questions de curiosité

Cet outil a été présenté dans le chapitre précédent. Il contribue à créer une ambiance encourageante qui valorise les initiatives et implique l'enfant de façon active (contrairement au « dire », qui implique de façon passive). Poser des questions pour confirmer que les enfants ont bien compris ce que l'on attend d'eux est une chose, poser des questions de curiosité incite en outre les enfants à réfléchir.

Par exemple, au lieu de dire à l'enfant de ranger la cuisine, on peut lui demander : *Est-ce que tu vois quelque chose d'autre à faire pour que la cuisine soit bien rangée ?*

En utilisant cette méthode, d'une part nous prenons le temps nécessaire pour transmettre une compétence et d'autre part nous impliquons les enfants de façon active dans la résolution des problèmes – autant d'actions qui sont véritablement encourageantes.

▶ Partir des forces et se centrer sur le processus d'amélioration

Construire à partir des forces

Les enfants ont peut-être 85 % de forces et 15 % de faiblesses. Et pourtant, sur quoi s'attarde-t-on le plus ?

Si on passe 85 % de son temps et de son énergie à se concentrer sur les 15 % qui ne vont pas, c'est la part négative qui devient peu à peu envahissante, et qui finit par occulter complètement la part positive, les ressources. Mais l'inverse se vérifie aussi.

Ce sur quoi on se concentre, c'est cela que l'on fait croître et que l'on récolte ! Se concentrer sur une ressource permet de la faire grandir. Encourager, c'est savoir se centrer sur les forces et les ressources de l'enfant afin que le versant positif transforme notre regard jusqu'à occuper tout l'espace.

Se centrer sur le processus d'amélioration

Envisager la réussite en déplaçant son centre de gravité pour le faire passer de la perfection à l'amélioration permet de laisser place à l'encouragement. La perfection est une attente qui pèse trop lourd sur les épaules de l'enfant qui s'élance sur le chemin des apprentissages. Le « jamais à la hauteur », la course du « toujours mieux » risquent d'éteindre la motivation de l'enfant, qui préfère alors se désengager en pensant : *À quoi bon essayer...*

Reconnaître les améliorations sans attendre la perfection est un formidable outil de l'encouragement qui pousse les enfants à poursuivre leurs efforts.

Mme B. se sentait très découragée face aux problèmes de comportement de son fils Aurélien à l'école. Chaque fois qu'il parlait trop ou perturbait la classe, son maître le punissait en lui donnant 50 lignes à copier. Aurélien avait envie de se rebeller face à cela, il refusait de faire ses punitions, et son maître doublait la peine. À la maison, sa mère, inquiète pour l'avenir de son fils, commença aussi à le sermonner. Aurélien se retrouvait donc puni à la fois à l'école et à la maison, et son envie de se rebeller s'en trouva renforcée. Il faisait la forte tête, prétendant que tout cela lui était égal et que de toute façon, il détestait l'école.

Mme B. finit par demander un rendez-vous avec le maître. Pendant l'entretien, elle demanda à l'enseignant quel pourcentage du comportement de son fils était inapproprié. Il répondit : *Environ 15 %*.

Mme B. fut effarée d'apprendre que son fils avait une réputation bien installée de perturbateur (à laquelle il se conformait) parce que l'on accordait plus d'importance et d'attention à la part des 15 % de son comportement déplacé qu'à la bien plus grande part – 85 % – de son comportement qui était satisfaisant. Mme B., qui participait à l'époque à des ateliers de parents, fit part à l'enseignant de certaines choses qu'elle y avait apprises. Celui-ci se montra très intéressé par ces méthodes non punitives ; ensemble, ils se mirent donc d'accord pour mettre en place une démarche positive pour faire avancer la situation.

Au cours d'un autre entretien auquel participait Aurélien, ils décidèrent conjointement qu'à chaque fois qu'Aurélien se montrerait perturbateur ou insolent, il devrait « réparer » *via* une action utile pour la classe : rendre de petits services, aider un autre élève à faire ses devoirs, exposer une partie d'un cours. Ainsi, les comportements inappropriés d'Aurélien pourraient être réorientés vers des comportements utiles. À partir de ce jour, les problèmes de comportement en classe d'Aurélien devinrent très rares. En outre, l'enseignant décida de mettre en place des Temps d'Échange en Classe (voir chapitre 9), ce qui permit à l'ensemble de la classe de chercher des solutions aux situations qui se présentaient et d'être ainsi force de propositions.

Cet exemple nous montre bien que les punitions déclenchent souvent la rébellion et sont très décourageantes, non seulement pour les enfants, mais également pour les parents et les enseignants. Nous allons à présent voir d'autres concepts positifs mis à l'œuvre dans l'exemple d'Aurélien.

Prendre le temps des apprentissages

Une évidence, et pourtant…

Les adultes attendent souvent des résultats immédiats alors que, bien souvent, le temps consacré aux apprentissages n'a pas été suffisant. H. Stephen Glenn[1] faisait souvent remarquer pendant ses conférences que les parents disent facilement aux enfants ce qu'ils attendent d'eux sans prendre la peine de leur expliquer de manière spécifique comment y parvenir.

C'est encore plus vrai à la maison qu'à l'école.

Certains parents aimeraient que leurs enfants rangent leur chambre, alors qu'ils ne leur ont jamais montré comment faire. Leur donner une ligne conductrice avec des étapes intermédiaires comme : *Range d'abord tes affaires propres dans ton placard, mets le linge sale dans le panier, et je te dirai après comment continuer*, les aiderait probablement à ne pas se sentir débordés.

Avec les plus jeunes, le rangement peut se faire de façon ludique : *Range d'abord tout ce qui a des roues.*

Il s'agit aussi souvent d'un manque de clarté dans la communication entre l'adulte et l'enfant. Quand un père demande à ses enfants de ranger le garage, il est fort possible que les attentes du père et des enfants soient assez différentes quant à la signification du mot « ranger ». D'où l'importance de préciser ce qui est attendu.

L'exemple suivant en est une bonne démonstration.

La mère : *Sonia, s'il te plaît, range ta chambre.*

Sonia : *Elle est déjà rangée.* (Traduction : le sol n'est pas intégralement recouvert de livres, vêtements et autres.)

---

1. Spécialiste sur la scène internationale dans le domaine de l'éducation et de la santé mentale, H. Stephen Glenn a écrit de nombreux ouvrages, dont un co-écrit avec Jane Nelsen.

La mère : *Non mais, je rêve ! Cette chambre n'est pas rangée du tout !* (Traduction : ranger veut dire que l'on pourrait même passer l'aspirateur.)

Prendre le temps pour les apprentissages signifie communiquer clairement ses attentes de parent ou d'enseignant, et expliciter les moyens et les étapes nécessaires pour y parvenir.

Ainsi, l'exemple d'une mère qui, pendant des années, prit le temps d'aider ses enfants pour qu'ils apprennent à faire leur lit. Elle leur donnait des indices comme : *Et qu'est-ce qui se passe si on tire là ?* (ça enlève un pli). Elle achetait même des draps avec des rayures pour qu'ils voient comment les bords doivent s'aligner ! À 6 ans, ils maîtrisaient probablement assez la tâche pour passer à l'inspection devant n'importe quelle armée.

Pour autant, ce n'est pas parce que nous laissons le temps aux apprentissages de s'installer que les enfants se conformeront nécessairement exactement à nos attentes. L'amélioration est un processus, un chemin.

Tous autant que nous sommes, nous réussissons mieux et sommes plus efficaces dans les domaines qui sont importants pour nous. Mais les priorités des adultes ne sont pas celles des enfants, et ne le seront probablement pas avant qu'ils aient eux-mêmes des enfants à éduquer.

Il existe néanmoins des notions incontournables dans l'éducation, comme la propreté et la politesse, même si ces valeurs ne font pas partie des priorités des enfants…

Exemple :

Lorsque l'apprentissage est jugé suffisant, on peut le vérifier simplement en demandant par exemple : *D'après toi, que faut-il faire pour que la cuisine soit rangée ?* Si la réponse est : *Il faut mettre la vaisselle dans le lave-vaisselle*, on demandera : *Et pour le sol et les plans de travail, il faut faire quoi ?* Il est probable que la réponse soit donnée sur un ton sarcastique et blasé, et accompagnée d'un haussement d'épaules, du type : *Il faut bien balayer le sol et bien essuyer le plan de travail*. Inutile de souligner ou de réagir, il suffit d'enregistrer que tout est bien compris : *Je suis content que nous soyons au diapason*.

Pourquoi ne pas faire un jeu de ces moments d'apprentissage ? Prenons l'exemple de la tenue à table ! On peut convenir d'un dîner « étiquette et bonnes manières ». Les mots « magiques » comme « s'il te plaît, merci » et les formules élégantes seraient valorisés, voire amplifiés : *S'il vous plaîîîîîîîîît, je vous serais très reconnaissant de bien vouloir me passer le sel, je vous remercie infiniment, mais je vous en prie*, etc. Un système de points signalant les coudes sur la table, une bouche pleine qui parle, une parole coupée, une jérémiade ou un bras qui trempe dans une assiette permettrait au gagnant de choisir l'activité qui suivrait le dîner.

Lorsque l'enfant a progressé dans ses apprentissages et que nous jugeons opportun de lui laisser davantage d'autonomie, il est important de l'en informer d'abord.

Ainsi, Mme V. avait entendu parler de l'importance de laisser les enfants s'habiller seuls.

Sa fille Sophie était en CE2. Elle s'habillait seule, mais sa mère lui préparait ses vêtements tous les soirs. Mme V. décida de changer cette habitude en faisant confiance à sa fille pour le faire toute seule. Mais elle omit de prévenir sa fille. Dès le lendemain matin, elle entendit Sophie, impatiente, lui crier : *Où sont mes vêtements ?* Mme V. répondit très respectueusement : *Ils sont dans ton placard, ma chérie. Je suis sûre que tu vas les trouver.*

Sophie, avec pertinence, ne fit qu'un commentaire : *Mais pourquoi ne m'as-tu pas prévenue ?* Annoncer les changements et les discuter avant de les mettre en place font partie des règles d'or de l'apprentissage.

▶ **Encourager en redirigeant les comportements inappropriés de l'enfant**

Dans chaque comportement inapproprié se cache une force. À nous de la découvrir pour en faire un atout du changement. Prenons par exemple le cas des enfants qui sont perturbateurs. Souvent, ils ont aussi des qualités de meneurs. Le remarquer permet de rediriger cette énergie de façon constructive.

À force de pratique, une maîtresse de maternelle devint experte dans l'art de rediriger les comportements inappropriés.

Gabrielle ne voulait jamais nettoyer ni ranger après les activités artistiques. La maîtresse la désigna alors « responsable du rangement » et lui enseigna comment encourager les autres élèves à ranger. David détruisait régulièrement les constructions en kapla de ses camarades, elle le nomma « chef de la patrouille des blocs ». Son travail consistait à montrer aux autres élèves comment coopérer pendant qu'ils jouaient avec les blocs, et à les aider quand il était temps de les ranger.

▶ Changer de regard sur l'erreur

Apprendre à l'enfant à regarder les erreurs comme des opportunités d'apprentissage

Ce thème est omniprésent en Discipline Positive. En effet, l'approche est « positive » dans le regard qu'elle incite à poser sur l'erreur. Le sens de l'autocritique nous est assez naturel, même lorsqu'on grandit dans l'encouragement. L'enfant peut décider par lui-même qu'il « devrait » être plus parfait. À nous de sans cesse lui rappeler que l'erreur est une des voies royales de l'apprentissage.

Permettre à l'enfant de réparer ses erreurs

Cette idée est proche de celle de rediriger les comportements inappropriés, mais elle permet d'impliquer davantage les enfants dans la résolution de problèmes. Quand les enfants font quelque chose d'irresponsable ou d'irrespectueux, donnons-leur l'opportunité de se rattraper en faisant quelque chose qui aidera la personne offensée à se sentir mieux. Quand Aurélien avait perturbé la classe, il avait rendu le travail de son maître plus difficile. Il a eu la possibilité de se rattraper en faisant quelque chose pour lui faciliter la tâche. Cette démarche est très encourageante, à condition de réfléchir avec l'enfant aux différentes façons de « faire réparation » : une fois la « connexion » établie, l'enfant est impliqué dans la « correction ».

Juliette et Charlotte avaient lancé des oranges sur la voiture d'un voisin. Leur mère, s'asseyant près d'elles, engage

Utiliser l'encouragement de façon efficace

avec elles une discussion bienveillante à base de questions ouvertes. Elle commence par reconnaître : *Ça doit vous paraître à la fois courageux et amusant d'oser lancer des oranges sur la voiture de M. S. mais... j'ai bien l'impression que vous n'avez pas du tout pensé à ce que lui allait ressentir en voyant sa voiture dans cet état.* Les deux petites ne se sentirent plus aussi fières.

La mère poursuit : *Vous pensez qu'il s'est senti comment ? Ça vous ferait quoi si quelqu'un faisait ça à votre voiture ?* Les filles durent admettre qu'elles n'aimeraient pas du tout que ça leur arrive. *Et qu'est-ce que vous pourriez faire pour vous faire pardonner ?* Les deux sœurs haussèrent les épaules sans trop répondre.

Leur mère comprit qu'elle n'avait pas encore réussi à établir une connexion avec ses enfants ; elle choisit donc de les rassurer : *Vous savez, les filles, je ne cherche pas à vous embêter, on fait tous des erreurs. Il s'agit seulement d'apprendre de nos erreurs et de faire ce qu'on peut pour en réparer les conséquences ; je sais que vous êtes douées pour résoudre les problèmes. Si vous aviez une voiture et que quelqu'un avait lancé des oranges dessus, qu'est-ce que vous aimeriez qu'on fasse pour vous ?*

La connexion sembla enfin établie ; Charlotte, visiblement soulagée, répondit : *Je crois que j'aimerais bien que les gens qui ont fait ça viennent s'excuser.* La mère demanda : *Une autre idée ?* Juliette : *Moi, je voudrais que ce soit eux qui lavent ma voiture.* La mère : *Ces idées me paraissent très bonnes, vous seriez prêtes à faire ça pour M. S. ?* Les deux filles n'en avaient pas très envie, mais furent d'accord pour reconnaître que c'était pourtant ce qu'il y avait de mieux à faire. Leur mère : *Je sais que ce n'est pas facile, mais je sais aussi qu'ensuite vous vous sentirez bien mieux de l'avoir fait. Vous voulez que je vienne avec vous, ou vous préférez y aller seules ?* Elles répondirent qu'elles préféraient aller parler toutes seules à M. S.

Dans cette histoire, Charlotte et Juliette eurent de la chance, M. S. se montra très compréhensif et il reconnut en plus leur courage d'avouer leur erreur et de chercher à y remédier. Même si l'on ne peut pas toujours tomber sur des gens aussi bien disposés quand on tente de réparer ses erreurs, il y a fort à parier que la leçon aura porté ses fruits, et qu'à l'avenir, les deux sœurs penseront davantage aux conséquences de leurs choix.

Cinq élèves d'une école primaire se sont fait prendre en train de taguer des portes de leurs salles de classe.

Le responsable de l'entretien de l'école leur demanda, en guise de réparation, de l'aider à repeindre les portes. Il fit sa requête avec tant de gentillesse et de respect que les garçons se sentirent encouragés, impliqués et fiers de leur travail, et ils s'attachèrent par la suite à convaincre les autres élèves de ne plus vandaliser les équipements de l'école.

Les outils de la Discipline Positive s'utilisent souvent de façon combinée. On voit, *via* ces quelques cas pratiques, que la connexion est importante pour que la correction après une erreur et la redirection du comportement soient efficaces. Pouvoir réparer intègre non seulement le fait que l'erreur fait partie du processus d'apprentissage, mais cela enseigne aussi à l'enfant le sens des responsabilités. Cela lui permet d'assumer les conséquences de ses comportements

Utiliser l'encouragement de façon efficace 243

sans peur d'être humilié et en se sentant encouragé à faire mieux. C'est ainsi un bel espace de déculpabilisation.

▶ Encourager l'autoévaluation et l'autonomie

L'autoévaluation

Claire, en classe de CE1, vient montrer sa ligne de « g » à sa maîtresse Mme T. qui lui demande aussitôt lequel des « g » est son préféré. Mme T. lui montre ensuite le « g » qu'elle-même préfère. Elle n'en trouve pas un, mais plusieurs, à la grande joie de Claire. Puis, elle lui désigne un « g » avec une double queue et demande à Claire ce qu'elle en pense. La petite fille, surprise de son étourderie, laisse échapper un : *Oh !* Mme T. demande alors à Claire si elle pense pouvoir le corriger toute seule, ou si elle a besoin d'aide.

On voit que Mme T. ne s'est pas contentée de signaler une erreur, elle est d'abord partie de ce qui était réussi, avant de demander à l'enfant d'évaluer son erreur. Cet exemple illustre le concept précédemment évoqué : **favoriser l'apprentissage demande de se centrer davantage sur les forces que sur les faiblesses des enfants**. Donner envie de continuer ce qui est bien et de progresser est une clé de l'encouragement.

Nous partageons, parents et enseignants, la responsabilité d'aider les enfants dans leurs apprentissages académiques et sociaux. Les motiver par l'encouragement revient à leur donner des ailes, les ailes des possibilités qui sont les leurs.

Un outil pour développer l'autonomie : les routines

Favoriser l'autonomie encourage et pousse l'enfant à se sentir capable. À titre d'exemple, un bon moyen d'éviter les traditionnelles crises du matin et du soir est d'impliquer les enfants dans la création des routines à suivre. C'est la routine qui « prend les commandes », et l'adulte se libère du « dire (demander) » et du « faire faire ».

Comment mettre en place des routines dans le quotidien :

- Établir ensemble une liste des choses à faire avant de se coucher. Par exemple : ramasser ses jouets, prendre son bain, se mettre en pyjama, boire un verre d'eau, se brosser les dents, choisir ses vêtements pour le lendemain, écouter une histoire, faire un bisou ou un câlin, etc.
- Faire un tableau ou une affiche avec ou sans images pour présenter la liste des tâches à accomplir. Plus l'enfant participe à l'élaboration du support, plus il se l'approprie. Par exemple, les enfants adorent qu'on les prenne en photo à chacune de ces étapes pour qu'ils puissent ensuite coller leur photo et illustrer chacun des points de la routine.
- Choisir un endroit qui assure la meilleure visibilité de la routine.

Il ne reste plus à l'adulte qu'à s'assurer du bon déroulement avec des questions comme : *Qu'est-ce qu'il y a ensuite sur le tableau ? Où en es-tu dans ta routine du soir ?*

Des outils aussi simples sont non seulement encourageants pour l'enfant, mais agréables et libératoires pour le parent ou l'enseignant.

Les obstacles à l'encouragement

▶ Les réactions instinctives

Le mode réactif face au comportement inapproprié est une réponse beaucoup plus instinctive et fréquente que celle qui consiste à se centrer sur le besoin qui se cache derrière le comportement. Les adultes ont du mal à se rappeler qu'un enfant qui se comporte de façon inappropriée est en train de « mettre en actes » son besoin d'appartenir.

▶ La punition

Dans le même esprit, la punition nous vient souvent plus naturellement que l'encouragement. Les enfants savent très bien nous pousser dans nos retranchements et déclencher notre colère. La punition surgit comme la réponse « automatique » en face d'un comportement inapproprié, sans que l'on prenne le temps de se rappeler suffisamment les effets à long terme et les impacts négatifs de la punition. Contrairement à certains animaux, nous n'allons pas jusqu'à dévorer nos petits lorsque notre cerveau reptilien prend les commandes, mais nous affectons sans toujours en être conscients leur sentiment d'appartenance et d'importance. C'est finalement un comportement assez

« naturel » même s'il n'est pas souhaitable, et il est contraire à l'encouragement. Être dans l'encouragement s'apprend et se cultive.

▶ L'importance de choisir le bon moment

Ne vous est-il jamais arrivé, au plus fort du découragement, de vous agacer contre celui ou celle qui tentait maladroitement de vous remonter le moral ? Les enfants n'échappent pas à la règle.

Le conflit nous précipite dans cet espace réactionnel où l'écoute n'existe pas, où l'émotion nous aveugle par son intensité, où la subjectivité fait loi. Si l'objectif-mirage poursuivi par l'enfant est la recherche de pouvoir ou la revanche, les émotions en présence ne permettent ni de recevoir ni de donner de l'encouragement.

Il est bien sûr illusoire de penser que c'est, pour l'adulte, le bon moment pour enseigner, donner des leçons et résoudre dans l'immédiateté. Si nous le faisons quand même, c'est bien souvent par peur de laisser l'enfant s'en tirer à bon compte. Difficile de connecter dans la tempête, et donc d'encourager. Le temps de pause permettra à chacun de regagner son calme et de s'ouvrir de nouveau à l'encouragement.

▶ La pression sociale

Le regard des autres, amis, voisins, parents ou collègues, peut influencer notre façon d'agir. La crainte d'être jugé, de ne pas être parfait induit inévitablement une certaine pression. Il peut être tentant de punir pour se sortir rapidement d'une situation embarrassante, pour prouver notre autorité ou se montrer à la hauteur. Il faut du courage pour garder l'esprit clair sous la pression sociale et faire ce qui nous semble le plus juste et le plus aidant (à défaut d'être efficace immédiatement).

Un été, nous étions partis en randonnée avec des amis. Notre fils Mark, alors âgé de 10 ans, s'était montré de bonne composition et avait porté seul son sac pendant les dix kilomètres menant au fond du canyon. Alors que nous nous préparions à la longue et dure marche de retour, Mark se mit à râler et se plaindre que son sac le gênait. Son père répondit en rigolant : *Mais tu vas y arriver, tu es fils de militaire, non ?* Mark avait trop mal pour trouver ça drôle, mais il se remit en route. Il n'était pas bien loin devant quand nous vîmes son sac débouler vers nous.

Je crus que Mark était tombé et, inquiète, je lui demandai ce qui était advenu.

Visiblement fâché, il me répondit en criant : *Rien, ça fait mal, c'est tout*, et il continua à grimper, sans reprendre son sac.

Les gens nous regardaient, manifestement intéressés par notre échange. Un des adultes proposa même de lui porter son sac. J'étais très gênée – dans mon cas, à la pression sociale habituelle s'ajoutait celle d'avoir écrit un livre sur la Discipline Positive ! Laissant mon ego de côté, je me souvins que le plus important était de résoudre le problème en aidant Mark à se sentir encouragé et responsable. Pour commencer, je priais donc le reste du groupe de passer devant, afin de nous permettre de régler la situation en privé. Ensuite, notre démarche fut celle des 4 Étapes pour Gagner la Coopération des Enfants, telles que décrites à la page 66.

Je dis à Mark : *Je parie que tu étais furieux que nous ne t'ayons pas pris au sérieux quand tu as essayé de nous alerter, en nous disant que ton sac te faisait vraiment mal.* Et Mark de rétorquer : *Ouais, et d'ailleurs, je ne compte pas le porter.* Je lui répondis que je ne le lui reprochais pas et que je me sentirais probablement exactement comme lui dans la même situation. Son père s'excusa et lui demanda de lui accorder une « deuxième chance » pour résoudre le problème. La colère de Mark disparut alors de façon évidente. Il était désormais prêt à coopérer. Son père et lui trouvèrent un moyen pour rembourrer son manteau et protéger ainsi les endroits où il avait mal. Du coup, Mark termina la randonnée en portant seul son sac, sans plus se plaindre, ou de façon très modérée.

Si vous sentez de la pression sociale, éloignez-vous de votre auditoire. Mettez-vous à l'écart ou demandez respectueusement aux autres de s'éloigner pour vous permettre de gérer le problème en privé.

▶ La critique

C'est une erreur de penser que le meilleur moyen d'aider les enfants à faire mieux est de critiquer ce qu'ils ne font pas bien. On entend souvent que la critique est utile lorsqu'elle est constructive.

La juxtaposition de ces deux termes n'a pas beaucoup de sens : « constructif » veut dire « qui permet de construire » alors que « critique » implique tout d'abord un regard désapprobateur qui a tendance à dévaloriser ce qui a été fait. La critique pointe vers la faiblesse et l'imperfection, alors que c'est sur les forces que l'on peut construire et améliorer.

Pouvoir identifier avec l'enfant les points d'amélioration possibles est essentiel. Comment le faire de façon respectueuse ?

On peut, par exemple, demander à l'enfant : *Quels sont les domaines que tu as l'impression de maîtriser ? Quels sont les domaines (les points, les parties) où tu penses avoir besoin de t'améliorer ?* Confier à l'enfant ce qu'il peut améliorer est non seulement un facteur qui l'implique, mais cela lui enseigne aussi l'autoévaluation. On peut ensuite discuter ensemble des moyens à mettre en œuvre pour améliorer l'existant. Cela le pousse à développer le sens des responsabilités : *De quoi as-tu besoin pour atteindre ton but ?*

« Boîte à outils »
Discipline Positive – chapitre 7

1. Connecter avant d'encourager.
2. Choisir un moment en dehors du conflit (peut-être après un temps de pause) où l'adulte sera prêt à donner un encouragement et l'enfant à le recevoir.
3. Utiliser le « je » en partageant ce que l'on ressent.
4. Inviter l'enfant à inscrire le problème à l'ordre du jour du prochain Temps d'Échange en Famille ou en Classe.
5. Écouter sans jugement, sans autre objectif que de comprendre. Les enfants pourront écouter après avoir été entendus.
6. Construire à partir des forces et se centrer sur le positif.
7. Pratiquer la résolution conjointe de problèmes pour trouver des solutions respectueuses dans les domaines qui nécessitent une amélioration.
8. Reconnaître les progrès, non pas la perfection. Se centrer sur les améliorations, et non le résultat.
9. Rediriger les comportements inappropriés. Identifier les qualités ou les compétences mises en œuvre dans le comportement, et amener l'enfant à s'en servir de façon utile et constructive.
10. Soutenir les enfants quand ils doivent réparer leurs erreurs. Poser des questions de curiosité pour les aider à trouver par eux-mêmes ce qu'ils doivent faire.
11. Éviter la pression sociale. Attendre d'être en privé pour inviter l'enfant à participer à une discussion sur les moyens de résoudre le problème. Se retirer du contexte social dans lequel on se trouve pour ne pas avoir à se soucier du jugement d'autrui. Choisir une approche juste et aidante est alors plus facile.
12. Programmer des temps dédiés, réguliers et prévus à l'avance avec chacun des enfants.
13. Au moment du coucher, leur permettre de partager les moments tristes et heureux de la journée, puis leur parler des nôtres.
14. Pratiquer les encouragements, non les compliments.

Utiliser l'encouragement de façon efficace

15. Éviter la critique. Demander à l'enfant : *Comment aimerais-tu t'améliorer ? De quoi as-tu besoin pour atteindre ton objectif ?*
16. Encourager l'autoévaluation.
17. Prendre le temps de transmettre les apprentissages pour que les attentes soient clairement établies.
18. Demander : *Comment as-tu compris ce que nous avons décidé ?* Prévenir les enfants de tout changement de méthode, de mode de fonctionnement.
19. Impliquer les enfants dans la création de tableaux de routines.
20. Enseigner que les erreurs sont de formidables opportunités d'apprentissage.

8

Les Temps d'Échange en Famille (TEF)

Quand ils se sont mariés, Elisabeth et Pierre avaient déjà trois enfants chacun. Leur nouvelle famille comptait donc six enfants, qui avaient alors tous entre 6 et 14 ans. Bien sûr, cela nécessiterait de nombreux ajustements.

Elisabeth travaillait à l'extérieur. Elle aimait profondément sa famille et avait vraiment hâte de les retrouver le soir, mais elle avait un problème. Quand elle rentrait, ce qui lui sautait aux yeux, c'était la pagaille qui régnait. La maison était jonchée de livres, pulls et chaussures que les enfants avaient semés en rentrant de l'école, sans parler des miettes du goûter, des verres sales et des jouets qui traînaient. Elisabeth se lançait à chaque fois dans une ritournelle sur le thème : *Je ne comprends vraiment pas pourquoi vous laissez tout traîner ! Moi qui vous aime tellement, cela me gâche tout mon plaisir de vous retrouver le soir.* Les enfants finissaient par ramasser leurs affaires, mais Elisabeth restait contrariée, pas plus satisfaite de son propre comportement que du leur. Elisabeth finit par inscrire ce problème à l'ordre du jour de leur temps d'échange hebdomadaire du lundi.

Elle reconnut d'emblée qu'il s'agissait de son problème à elle – les enfants n'étant manifestement pas du tout dérangés par l'état de la maison –, mais elle leur demanda s'ils voulaient bien l'aider quand même. De leur côté, les enfants furent sensibles au fait qu'il n'y avait aucune accusation, et proposèrent une idée ingénieuse : instaurer un système de **coffre à fouillis**. L'idée était d'installer un gros carton dans le garage. La règle étant que tout objet laissé dans les pièces communes (salon, salle à manger, cuisine) serait ramassé par la première personne qui le remarquerait et déposé dans le coffre. Le propriétaire devrait attendre une semaine avant d'avoir le droit d'en demander la restitution.

Le plan fonctionna à merveille. Le bazar diminua et le coffre ne désemplissait pas.

Quelques petits problèmes surgirent, qui donnèrent l'occasion de tester la validité de cette solution. Il faut remarquer que, sans un respect absolu des règles du jeu, ce judicieux système aurait été parfaitement inefficace.

Un exemple :

David, 12 ans, ayant perdu ses chaussures d'école, se mit à les chercher partout, jusqu'au moment où il se souvint du coffre à fouillis… et, bien entendu, les chaussures y trônaient ! Il mit donc ses vieilles baskets toutes sales pour aller au collège, et dès le lendemain, les baskets avaient elles aussi « disparu ». David n'avait plus de chaussures de rechange, mais tous les enfants étaient formels : il devait attendre une semaine avant de pouvoir récupérer ses chaussures.

David tenta donc de se tourner vers sa mère. *Je suis vraiment désolée*, répondit-elle avec sagesse. *Je ne sais pas comment toi, tu vas faire, mais moi, je dois aussi obéir aux règles.*

Les frères et sœurs de David, pleins de ressource, trouvèrent alors une solution : ses chaussons ! Faute de meilleure idée, David dut se résoudre à aller à l'école en chaussons. Après cette semaine-là, il ne laissa plus jamais traîner ses chaussures !

Ce fut ensuite au tour de Madeleine, sa petite sœur de 8 ans, de « perdre » son manteau.

Les parents eurent tout d'abord beaucoup de mal à ne pas intervenir dans ce type de situations. En effet, quel genre de parents étaient-ils pour laisser leurs enfants aller à l'école en chaussons ou sans manteau en plein hiver ? Mais ils décidèrent ensuite de ne pas faire attention à l'opinion des « gens » et de laisser Madeleine gérer seule son problème, à l'instar de son frère David. Madeleine alla donc toute la semaine à l'école en superposant des pulls !

Pierre lui-même « perdit » aussi quelques cravates, un blouson de sport et des magazines.

Bien des choses appartenant à Elisabeth séjournèrent également dans le coffre. Elle trouva cela très instructif, et se rendit compte qu'il était bien plus facile de voir le fouillis des autres que le sien.

Si ce plan a bien fonctionné, c'est grâce à plusieurs **facteurs clés** :

- C'est dans le cadre d'un Temps d'Échange en Famille que le problème a été présenté. Ce sont les enfants qui ont cherché et imaginé la solution.
- Les parents n'ont pas repris la main quand l'application des règles a suscité des difficultés.
- Les enfants ont appliqué la règle parce que les parents ne s'en sont pas mêlés.

- La règle s'est appliquée à tout le monde, y compris aux adultes.

Dans une autre famille, on trouve une variante de solution pour résoudre le problème.

Pendant un Temps d'Échange en Famille, les enfants se sont mis d'accord sur des règles différentes, pour ce qui chez eux allait s'appeler la **boîte à disparaître**. Quiconque « perdait » un objet pouvait le récupérer à tout instant, mais à condition de mettre une pièce de 10 centimes dans le pot commun. Une fois le pot rempli de pièces – ce qui arrivait souvent –, la somme recueillie servait à quelque chose de spécial pour l'ensemble de la famille, comme un après-midi glaces ou une soirée pizzas.

Dans une troisième famille, la boîte s'appelait le **trou noir**, et les membres de la famille étaient autorisés à récupérer leurs affaires une fois par semaine seulement, juste après le temps d'échange hebdomadaire.

La Discipline Positive puise ses racines et son efficacité dans un véritable respect mutuel que l'on trouve dans ces exemples comme tout au long des premiers chapitres de ce livre. La prise en compte des effets à long terme de nos choix éducatifs guide nos pas sur le chemin des apprentissages.

Grandir dans ce cadre permet de partir dans la vie avec des ressources telles que : l'autodiscipline, la coopération, la responsabilité, la résilience, l'ingéniosité, les compétences nécessaires à la résolution des conflits, etc. Autant de cadeaux pour s'accomplir aujourd'hui et demain.

Le Temps d'Échange en Famille (TEF) comme le Temps d'Échange en Classe (TEC) font partie de la boîte à outils de la Discipline Positive, mais y occupent une place à part. En effet, ils sont des vecteurs privilégiés de transmission de tous ces cadeaux dont on rêve pour nos enfants et nos élèves.

Qu'est-ce qu'un TEF et quels en sont les bénéfices ?

▶ Définition

Le Temps d'Échange en Famille est une opportunité régulière et planifiée d'environ 15 à 30 minutes par semaine pour apprendre à s'apprécier de façon positive, à se concentrer ensemble sur les solutions qui faciliteront le plaisir de vivre ensemble, et à développer les compétences sociales nécessaires au plein épanouissement de chacun.

Quatre objectifs essentiels structurent les TEF :

1. S'apprécier, se remercier et se faire des compliments.
2. S'aider les uns les autres.
3. Résoudre les problèmes et trouver des solutions.
4. Se faire plaisir ensemble et planifier des événements, activités et sorties en famille.

▶ Bénéfices

- Développer les sentiments d'appartenance et d'importance.
- Fournir un cadre privilégié pour développer ensemble les 7 Perceptions et Compétences Essentielles de la Discipline Positive.

Les Temps d'Échange en Famille (TEF)

- Favoriser une atmosphère familiale axée sur la coopération et non la compétition.
- Apprendre à exprimer sa gratitude : on peut alterner compliments et remerciements. La gratitude nous habite lorsque nous l'exprimons aux autres, et nous apprécions ainsi d'autant plus ce que nous prenons parfois pour acquis.
- Trouver ensemble des solutions aux problèmes récurrents du quotidien familial en laissant l'incroyable créativité des enfants enrichir la recherche.
- Transférer des compétences acquises : la plupart des familles s'aperçoivent que les enfants transfèrent naturellement dans leur quotidien les compétences exercées pendant les TEF.
- Renforcer les valeurs et traditions familiales en respectant le point de vue de chacun dans les discussions.
- Prendre le temps de ne pas gérer les problèmes dans le feu de l'action et utiliser le temps de pause en mettant les incidents à traiter à l'ordre du jour des TEF.
- Utiliser les erreurs comme des opportunités d'apprendre, de réparer et de faire mieux.
- Utiliser cet outil dans le respect mutuel ; personne ne prend le contrôle du TEF, ni les enfants ni les parents. Ainsi, ce n'est pas une instance pour faire passer des messages, mais un espace dans lequel les besoins de chacun sont respectés.
- Se faire plaisir en famille.
- Diminuer la fréquence des incidents tout en restant conscient que ce n'est pas l'objectif prioritaire des TEF, mais plutôt un bénéfice secondaire. Ce n'est pas étonnant de voir disparaître les problèmes de discipline

quand les enfants sont acteurs et force de propositions, impliqués et pris au sérieux, écoutés et valorisés.

Comment mettre en place un TEF ?

▶ Fixer la fréquence des rencontres

Les TEF ont lieu une fois par semaine de façon régulière, pour une durée de 15 à 30 minutes. Rien ne vient perturber le bon déroulement de ce temps familial, ni quelque chose de plus important à faire, ni la sonnerie du téléphone. Les enfants se rangeront derrière l'importance que les parents donneront au TEF. Une fois les habitudes installées, chacun pourra anticiper le plaisir de se retrouver pour cette occasion, et ce, jusqu'à l'adolescence, cas particulier dont nous parlerons un peu plus tard.

Un été, nous avons tous eu tant de choses à faire que nous n'avons pas suivi le conseil que je donne pourtant aux lecteurs, celui de veiller à la régularité des temps d'échange hebdomadaires.

Nous les avions complètement suspendus. Ce fut pour nous tous une vraie leçon parce que les chamailleries, les insultes et les incidents de discipline reprirent peu à peu leurs quartiers. J'ai fini par comprendre et par demander un TEF. Il fut décidé d'un commun accord de reprendre nos habitudes, et l'on retrouva ainsi le chemin de la coopération.

▶ Choisir un lieu propice

Être assis à table en dehors des repas peut être un moyen efficace de rester concentré sur la recherche de solutions.

Être installés en cercle dans le salon est une autre option possible, mais les distractions risquent d'y être à portée de main.

▶ Définir le processus de décision

Dans les TEF, les décisions sont le fruit d'un consensus. Parfois, plusieurs TEF seront nécessaires avant de trouver une solution qui respecte les besoins de tous les participants. Pouvoir reporter la problématique d'une fois sur l'autre présente un certain nombre d'avantages :

- Celui du temps de pause, qui permet au calme de revenir et à la recherche de solutions d'être plus rationnelle et plus riche.
- L'apprentissage, le fait d'être en recherche de solutions est plus important que la solution elle-même. L'enfant apprend à respecter ce processus.
- Le vote dans un contexte familial risquerait d'accentuer les désaccords. Il est remplacé par la confiance dans les capacités de la famille à trouver, en se donnant le temps, un accord bénéfique à tous.

▶ Accorder les agendas

Les TEF sont souvent une excellente occasion d'accorder les agendas de la semaine afin que les activités et obligations de chacun trouvent une place harmonieuse dans l'orchestration de la vie familiale. C'est aussi un bon moyen de s'assurer que contraintes et moments de plaisir sont pris en compte dans un véritable souci d'équilibre.

Déroulement d'un TEF

▶ Les rôles de chacun

Rôle du président (meneur, ou tout autre nom que l'on souhaite lui donner)

Dès l'âge de 4 ou 5 ans, les enfants adorent tenir ce rôle, qui leur permet de :

- Appeler les participants pour démarrer le TEF.
- Commencer les compliments, appréciations, remerciements.
- Présenter le problème à résoudre, s'il y en a un à l'agenda.
- Passer le bâton de parole si la famille a décidé d'en utiliser un pour faciliter la prise de parole.

Chaque membre de la famille est appelé à occuper cette fonction, afin que chacun puisse contribuer à tour de rôle.

Rôle du secrétaire

Ce rôle tourne également parmi les membres de la famille qui savent écrire.

Le secrétaire note les problèmes discutés et les décisions prises. On peut choisir de consigner les compte rendus dans un cahier familial, qui finira par ressembler à terme à un vieil album souvenir que l'on aura ensuite plaisir à feuilleter, comme un album photo.

▶ Tour de compliments :
quelques remarques à garder en mémoire

Le TEF commence par un tour de compliments/remerciements. Chaque participant adresse à chacun des autres membres de la famille un compliment ou un remerciement. Ce n'est pas toujours un exercice facile au début, surtout lorsqu'on est plutôt habitué à se titiller entre frère et sœur, ou même à se dévaloriser. Les parents peuvent avoir valeur d'exemple en démarrant le processus. S'ils ont peur d'être à court d'idées ou s'ils souhaitent aider un de leurs enfants qui ne trouve aucun compliment à faire, ils ont toujours la possibilité de jeter quelques idées sur un papier au fur et à mesure que la semaine se déroule et qu'ils observent des interactions ou des contributions positives entre les uns et les autres. Les enfants peuvent d'ailleurs en faire autant s'ils le souhaitent.

La famille de Mme S. voulait instaurer un tour de compliments au début de leur TEF. Lola, 6 ans, propose de parler la première. Les compliments pour chacun de ses parents lui viennent aisément ; mais arrivée à son frère Marc, 9 ans, elle cale et déclare : *C'est vraiment difficile.* Ses parents l'encouragent à dire quand même quelque chose. Elle finit par trouver un compliment à lui faire avant d'ajouter : *Mais il est aussi très méchant avec moi.* Les parents lui rappellent : *Pas de « mais » !*

Quand c'est au tour de Marc, il n'est guère plus enthousiaste, mais il finit aussi par y arriver. Ce que raconte Mme S., c'est qu'après cette première expérience bien laborieuse, ses enfants n'ont maintenant plus aucun mal à se dire des choses positives ou à se faire des compliments. C'est merveilleux d'entendre un frère et une sœur dire du bien l'un de l'autre.

▶ L'ordre du jour

L'ordre du jour offre l'avantage de conserver tous les points à aborder lors des TEF dans un ordre chronologique. Qu'il se présente sous la forme d'une feuille volante, d'une note sur le réfrigérateur ou d'un cahier auquel on peut se référer dans le temps n'a pas d'importance, à partir du moment où chaque famille trouve un fonctionnement qui lui convient.

▶ La recherche de solutions

La recherche de solutions du TEF fonctionne exactement comme celle des TEC (Temps d'Échange en Classe) mis à part l'importance de trouver un consensus familial. Suivre le fil rouge des 3 « R » et « A » (reliées, respectueuses, raisonnables, aidantes) des solutions invite à la coopération tout en diminuant les conflits.

▶ Planifier du temps ensemble

Les TEF ne devraient jamais se terminer sans avoir planifié un temps plaisir en famille pour la semaine à venir.

Bien souvent, le quotidien nous entraîne dans sa course folle, et même si l'envie est là, passer du temps de qualité ensemble et s'amuser ne font pas toujours partie du programme. Les TEF permettent de planifier ces moments-là et de les inscrire dans les priorités de la vie familiale.

Chez nous, par exemple, nous avions imaginé le concept des soirées à deux (le samedi soir, pendant un mois) : un soir, mon mari sortait avec notre fils et moi avec notre fille ; le samedi suivant, nous inversions. Il y avait aussi les soirées réservées à nous deux, parents, et enfin, la soirée familiale.

Pour certains, cette planification peut paraître un peu formelle, d'autres s'inquiéteront peut-être du manque de spontanéité qu'elle risque d'engendrer, mais la réalité est que, bien souvent, ces moments à part n'ont pas lieu s'ils ne sont pas anticipés et planifiés.

▶ Anticiper les difficultés possibles

Entendre et prendre en compte les envies de chacun lorsqu'on planifie une sortie, un week-end, des vacances ensemble est une des clés du plaisir en famille. Anticiper les difficultés possibles et imaginer les moyens de les éviter favorisent la coopération et les joies partagées.

L'exemple qui suit illustre très bien cela ; il a été rédigé par mon mari, Barry Nelsen.

« Et si on emmenait les enfants à Hawaii ? »

Ma femme : *Et si on en emmenait les enfants à Hawaii ?*

Moi : *Tu plaisantes, j'espère ? Ils vont nous pourrir la vie, c'est la garantie de vacances ratées pour tout le monde !*

J'étais alors loin de m'imaginer que, six semaines plus tard, je serais de retour d'un de mes meilleurs voyages en famille.

La clé du succès de ce voyage est claire : nous le devons aux TEF.

Chez nous, ils ont lieu tous les dimanches soir. Chacun des membres de la famille y est traité avec un égal respect, et l'opinion de chacun est écoutée et prise en compte dans la discussion.

Lors d'un TEF, quelques semaines avant notre départ, j'ai donc informé les enfants que leur mère et moi partirions bientôt à Hawaii et je leur ai demandé s'ils voulaient nous accompagner. Cela déclencha un incroyable tohu-bohu. Après avoir réussi à leur faire retrouver leur calme, ma femme déclara : *On ne peut vous emmener que si cela reste un voyage agréable pour nous... et si vous passez votre temps à vous chamailler ou à vous plaindre, ce ne sera sûrement pas le cas.*

Les enfants promirent aussitôt d'être de vrais anges. L'expérience m'avait largement enseigné que l'on ne peut pas s'en tenir à des promesses. Nous avons donc décidé de réfléchir ensemble pour faire la liste tout ce qui peut gâcher la vie de parents en vacances avec leurs enfants.

Mark répliqua : *Et les choses qui gâchent la vie des enfants, alors ?!*

Je réussis, de justesse, à me retenir de lui répondre de ne pas jouer au plus malin avec moi, et tout le monde reconnut que c'était une question fort légitime.

Ma femme fit deux colonnes sur une feuille : une pour ce qui peut gâcher les vacances des enfants, une pour ce qui peut gâcher celles des parents.

La liste des parents comportait :
- les enfants qui réclament sans arrêt de l'argent ;
- les enfants qui ne mangent que des cochonneries ;

- les enfants qui n'arrêtent pas de se disputer, que ce soit entre eux ou avec les parents ;
- les enfants qui laissent traîner leurs affaires ;
- les enfants qui ne veulent pas porter seuls leurs bagages ;
- les enfants qui disparaissent sans prévenir ;
- les enfants qui se couchent trop tard ;
- les enfants qui ne veulent pas aller là où les parents ont envie d'aller.

Dans **la liste des enfants** on trouvait :
- aller dîner dans des endroits huppés ;
- mettre des vêtements chics ;
- être obligé de dormir à deux dans un lit ;
- ne pas avoir assez d'argent ;
- qu'on leur dise ce qu'ils ont le droit ou pas d'acheter ;
- ne pas être assis côté hublot dans l'avion.

La liste des solutions acceptées par tous :

Pour l'argent : les enfants allaient faire un maximum d'économies jusqu'aux vacances, et nous, nous ajouterions un montant défini (et pas plus) aux sommes économisées. Ensuite, la somme totale serait répartie sur sept jours et, chaque jour, nous leur remettrions le montant correspondant. Nous ne leur donnerions pas de consignes sur la façon d'utiliser cet argent, et ne rajouterions rien si tout était dépensé.

Pour les bagages : chaque enfant acceptait d'être responsable de son propre bagage et de ne pas prendre plus que ce qu'il était prêt à porter lui-même.

Pour les lits partagés : Mark prendrait un sac de couchage et dormirait par terre si parfois la seule alternative était de partager un lit avec sa sœur Mary.

Pour les repas : si nous sortions dans un restaurant où ils pensaient qu'ils ne seraient pas à l'aise, ils pourraient aller au MacDo.

Pour les voyages en avion : ils s'assiéraient chacun leur tour à côté du hublot pendant le décollage et l'atterrissage.

Ils s'engageaient à ne pas se disputer et à toujours nous dire où ils iraient.

Moi : *Et si vous oubliez et que vous commencez à vous disputer ?*

Mark : *Vous pourriez nous faire un signe, comme un code secret, pour ça ?*

Ma femme : *Bonne idée ! Si on commence à vous entendre vous disputer, on se tire l'oreille ; vous saurez que c'est un rappel de ce à quoi vous vous étiez engagés : ne pas vous disputer.*

Mark, ravi : *Et ça marche pour toi aussi, papa.*

Moi, indigné : *Qu'est-ce que ça veut dire, ça ?*

Mark : *Quand tu commences à t'énerver contre moi ou Mary, est-ce que je peux me tirer l'oreille pour te le signaler ?*

Je pensais : *Quel petit insolent !* mais après réflexion, j'approuvai : *Bonne idée, mon fils !*

Une semaine avant le départ et trois TEF plus tard, notre liste s'était bien allongée.

Il y avait dans l'air beaucoup d'excitation, et aussi beaucoup de volonté de jouer le jeu et de coopérer.

Les enfants prenaient de l'avance sur leurs devoirs et économisaient consciencieusement.

Le premier conflit faillit survenir quand Mark voulut emporter son skate-board. Je lui expliquai la gêne que cela risquait d'être dans les rues encombrées de Waikiki, et l'encombrement quand il faudrait porter à la fois son skate-board et son sac pendant le voyage. Comme on était déjà dans un esprit de coopération bien établi, il comprit volontiers et n'eut pas besoin de discuter pour accepter de le laisser.

Le jour du départ, au lieu des deux heures de route prévues jusqu'à l'aéroport de San Francisco, le trajet dura trois heures. Nous étions en plein bouchon sur le pont quand Mary commença à pleurnicher qu'elle avait soif. Quand Mark lui rappela ce que l'on avait décidé pour ce genre de cas, elle se reprit bien vite et annonça qu'elle pourrait attendre jusqu'à l'aéroport. Une autre victoire des TEF !

Arrivés à l'hôtel à Honolulu, la chambre n'avait que deux lits doubles. Heureusement, avec le sac de couchage de Mark, on évita tout problème.

Grâce aux TEF, ces vacances furent extraordinaires !

Il y eut, forcément, quelques imprévus, mais il nous suffisait dans ces moments de rappeler ce que nous avions décidé.

Une fois, nous avons perdu les enfants ! Une discussion en famille nous permit de réfléchir aux moyens d'éviter que cela ne se reproduise. La décision fut, dans un tel cas, de retourner au dernier endroit où nous avions été ensemble et d'y attendre que les autres viennent nous y retrouver. Les enfants apprirent aussi par cœur l'adresse de l'hôtel pour pouvoir la donner à un policier s'ils se perdaient à nouveau.

De ces vacances, l'expérience la plus belle que nous ayons vécue fut la proximité et la complicité entre nous, bien plus encore que le voyage à Hawaii en lui-même.

Deux semaines après notre retour, notre fils aîné nous appela pour nous dire qu'il allait se marier deux mois plus tard... en Floride. *Super, on emmène les enfants!* lui ai-je répondu.

Discuter de la répartition des responsabilités ménagères

Partager les responsabilités ménagères est un excellent moyen de contribuer à la vie familiale, et donc de renforcer son sentiment d'appartenance. Cette coopération se mettra en place d'autant plus facilement que les enfants auront été impliqués dans la répartition des tâches.

Voici une façon de s'y prendre parmi beaucoup d'autres :

Lors d'un TEF, nous avons fait la liste de toutes les choses que mon mari et moi faisions pour contribuer au bon fonctionnement de la vie de famille, en incluant bien sûr le fait que chacun de nous travaillait à plein temps. De leur côté, les enfants listèrent toutes les responsabilités qui étaient ou pourraient être les leurs. Les listes, à la surprise de certains des enfants, étaient loin d'être égales. L'idée qui plut à tous fut d'écrire les tâches qu'ils avaient listées sur des petits papiers et de les mettre tous dans une boîte. Il fut convenu que chaque semaine, ils tireraient chacun, au hasard, quatre papiers de cette « boîte à responsabilités ». Cette formule avait l'avantage de faire tourner les responsabilités d'une personne à l'autre afin que chacun y trouve son compte. Ce n'est pas enthousiasmant d'être toujours celui ou celle qui vide la machine ou sort les poubelles !

Cette solution n'a rien de magique et n'échappe pas à l'usure du temps. Je crois que chaque mois, le sujet des responsabilités ménagères se retrouve, d'une façon ou d'une autre, à l'ordre du jour de notre Temps d'Échange en Famille. J'appelle cela le syndrome des trois semaines : la première semaine, chacun s'acquitte de sa tâche avec bonne humeur ; la deuxième semaine est moins enthousiaste ; quant à la troisième, chacun commence à traîner les pieds, et les plaintes ne sont pas rares. C'est généralement le signe que le temps est venu de revisiter les responsabilités à la lumière d'une recherche de solutions. Les enfants ont fait preuve d'un grand sens des responsabilités pendant une semaine puis, petit à petit, ils se sont moins impliqués.

Ce cycle est tout à fait normal et l'on peut se rappeler, pour s'encourager, que c'est toujours mieux que d'avoir à imposer, demander et répéter au quotidien. Les apprentissages se solidifient avec le temps. Petit à petit, les enfants proposent des solutions qui fonctionnent de plus en plus longtemps.

D'autres idées proposées par mes enfants au cours du temps :

- La roue des responsabilités, dessinée sur une assiette en carton avec une flèche qui peut tourner d'une tâche à l'autre. La flèche, dans sa ronde, indique à chacun sa ou ses tâches de la semaine.
- Un tableau sur lequel on trouve : deux colonnes « à faire » et « fait », la liste des responsabilités (petits cartons fixés dans la colonne « à faire »), les prénoms de chacun. Une

fois la tâche terminée, l'enfant a la satisfaction du travail accompli et peut déplacer le petit carton d'une colonne à l'autre.

- Un tableau des responsabilités tout simple avec les prénoms et les tâches. (J'étais en charge de faire tourner les tâches.)

Lorsque nous avons utilisé ce système (deux tâches à accomplir par enfant), j'avais demandé qu'il soit assorti de la règle suivante : je souhaitais que les tâches soient faites le soir après l'école ; mais les enfants voulaient choisir leur moment. Il fut donc convenu que les tâches seraient accomplies entre le retour de l'école et le moment du coucher. À la question : *Que se passera-t-il si la tâche n'est pas faite au moment d'aller se coucher ?* Les enfants trouvèrent raisonnable que la conséquence soit d'entourer leur prénom au tableau et de faire les quatre tâches (les deux tâches de la veille et celles du jour) le lendemain dès le retour de l'école. Il m'arriva, mais assez rarement, d'entourer un prénom. Au bout de six mois, les enfants commencèrent à se plaindre, c'était selon eux toujours les mêmes qui faisaient les tâches les moins agréables. Sans tenter de défendre le système que j'avais pourtant cru rendre très équitable, je mis le sujet à l'ordre du jour lors du TEF suivant.

Cette fois-ci, l'idée que les enfants proposèrent fut simple et très efficace : l'ensemble des responsabilités seraient écrites au tableau, et le premier arrivé serait le premier servi. Inutile de décrire la course du lendemain matin jusqu'au tableau afin de choisir les tâches qui à leurs yeux étaient les plus faciles ! Au bout d'une semaine, ils semblèrent décider que le sommeil était plus important que la nature de la tâche, et celui ou celle qui arrivait en dernier au tableau acceptait ses responsabilités avec grâce.

Quelques cas particuliers

▶ Les jeunes enfants

La recherche de solutions et les discussions demandent une attention difficile à soutenir de façon continue pour les enfants de moins de 4 ans.

Dans ma famille, nous avions pris le parti d'attendre que les plus jeunes soient couchés pour faire nos TEF.

Dès qu'ils sont plus âgés, les enfants peuvent participer à une partie ou à l'intégralité du TEF comme un jeu, partager un compliment et en recevoir. Dès 4 ans, l'enfant peut tout à fait mettre sa créativité au service des recherches de solutions, des planifications de moments familiaux, etc.

▶ Les adolescents

Lorsque vient le temps de l'adolescence, il arrive que les luttes de pouvoir et les cycles de revanche aient déjà pignon sur rue dans le bastion familial. On comprend alors pourquoi un travail préliminaire à la mise en place des TEF sera nécessaire.

Quelques conditions à respecter :
• Avoir l'humilité de reconnaître que les approches utilisées jusque-là (trop de contrôle ou trop de permissivité) ont des limites et ne fonctionnent plus aussi bien.

- En faire part à ses adolescents.
- Partager l'envie de faire différemment et mettre les TEF en place.

Voici comment M. L. est parvenu à convaincre ses enfants :

Je crois que je ne m'y suis vraiment pas bien pris avec vous ! Je n'ai pas arrêté de crier pour vous demander de coopérer alors que, ce que j'avais vraiment en tête c'était : « Je veux que vous fassiez comme j'ai décidé. » Ça ne risquait pas de vous donner envie ! Et d'ailleurs, chapeau, vous ne vous y êtes pas trompés. Ce que j'aimerais vraiment, c'est repartir sur de bonnes bases, et pour ça, j'ai besoin de votre aide. J'ai entendu dire qu'il y a une méthode qui marche bien, c'est d'avoir un vrai Temps d'Échange en Famille. On s'assied tous ensemble, et, en famille, on cherche comment résoudre les problèmes ; ça se fait dans le respect des opinions de chacun. Mais je compte sur vous pour me rappeler à l'ordre si je retombe dans mes vieux réflexes de tout vouloir contrôler.

Les ados restèrent bouche bée face à un tel changement. Conscient de cela, M. L. ajouta :

Je sais que tout ça peut sembler complètement inattendu. Peut-être qu'il faudrait que vous y réfléchissiez ce soir et qu'on en reparle demain. Vous me direz si vous êtes d'accord pour qu'on essaye.

M. L. se régalait en narrant cette scène au cours de l'atelier de Discipline Positive auquel il participait. Comment les ados auraient-ils pu résister à une telle proposition de prise d'autonomie, de participation et de coopération ? Et de fait, ils n'ont pas résisté. La suite, racontée par M. L., c'est le bonheur de chaque instant qu'il éprouve encore avec ses grands enfants – tracas compris.

Mes enfants eurent, quant à eux, le mouvement inverse de celui des adolescents de M. L. qui s'étaient lancés avec beaucoup de curiosité et d'enthousiasme dans cette approche nouvelle.

En effet, lorsque l'adolescence fit son entrée sous notre toit, mes enfants virent leur enthousiasme pour les TEF perdre de son élan. Leurs récriminations, comme : *Ça dure trop longtemps*, furent mises à l'ordre du jour. Ainsi il fut décidé, par exemple, que les échanges ne dureraient pas plus de 15 minutes. Ce fut l'opportunité de réinventer ensemble nos TEF et de leur donner un second souffle.

Un jour, Mary, qui avait facilement tendance à se plaindre, revint d'une nuit passée chez une amie en déclarant : *Les choses sont sacrément compliquées dans leur famille... Ils devraient vraiment avoir des TEF !* Quand elle partit à l'université, elle instaura cet outil avec ses colocataires !

Même si j'ai donné des cours pendant plus de dix ans à l'université sur le développement de l'enfant, j'ai été la première à oublier combien le processus d'individualisation et les sautes d'humeur qui l'accompagnent sont sains et normaux à l'adolescence.

Comment peuvent-ils découvrir qui ils sont et la personne qu'ils vont devenir sans remettre en question les valeurs parentales ? Une des raisons qui m'a presque fait oublier cette phase de confrontation est que mes deux derniers ont grandi avec la Discipline Positive. Leur enfance fut plus facile, et ils ont développé le sens des responsabilités, l'autodiscipline, la capacité à résoudre des problèmes. Ils n'étaient pas parfaits, et moi non plus d'ailleurs, mais ils étaient complètement engagés dans la coopération, toujours prêts à faire de l'erreur une opportunité d'apprentissage. Alors, quand le vent de l'adolescence s'est mis à souffler sur cette enfance sans histoires, j'ai paniqué ! Je devrais ajouter que lorsque des enfants ont grandi dans le respect mutuel et la confiance, ils n'hésitent pas à se rebeller ouvertement plutôt que dans la dissimulation. Je redevins soucieuse du regard des autres, et j'étais prête à laisser de côté tous mes principes, si bien ancrés jusque-là dans la Discipline Positive. Je replongeai d'ailleurs pour un temps dans le contrôle et le retrait de privilèges, semant sur mon passage luttes de pouvoir et blessures inutiles. Dans un sursaut salvateur, je décidai de ne pas céder aux impulsions de mon ego et fis équipe avec Lynn Lott pour écrire le livre *Positive Discipline for Teenagers* (ndlt : « Discipline Positive pour les adolescents »). Cette initiative me permit de retrouver mes esprits et construire de façon respectueuse, ferme et bienveillante, une relation de confiance avec mes adolescents. Nous étions à nouveau sur ce chemin de l'encouragement qui ouvre toutes les possibilités.

▶ **Les parents célibataires**

C'est une idée fausse de croire que les enfants sont lésés lorsqu'ils sont élevés par un seul de leurs parents, et beaucoup de gens formidables sont issus de familles monoparentales. Les opportunités d'apprentissage y sont simplement différentes.

Dans mon livre *Positive Discipline for Single Parents* (ndlt : « La Discipline Positive pour les familles monoparentales »), nous partons du principe que s'éloigner des normes n'est ni un bien ni un mal, mais juste un contexte différent qui offre une autre façon de grandir à l'enfant.

L'attitude du parent est primordiale puisqu'elle influence les perceptions de l'enfant. Si le parent n'assume pas pleinement la situation qu'il vit, qu'il est dans la culpabilité de ne pas offrir un noyau familial classique, alors les comportements de l'enfant risquent d'être le reflet de ce qui est vécu comme une tragédie. Au contraire, si le parent a la conviction de faire de son mieux compte tenu des circonstances, avec l'envie de réussir cette aventure, alors l'enfant le sent et se construit dans le même sens.

Le TEF est efficace quelle que soit la structure familiale, qu'il y ait un ou plusieurs enfants. La coopération, la recherche de solutions, tout comme l'expression de la gratitude et le partage des ressentis positifs, sont des constantes qui ne sont pas conditionnées par ce genre de critères.

Mme D. et Mme L. sont mères célibataires, chacune avec un enfant. Elles vivent sous le même toit et reconnaissent très spontanément que le TEF leur permet d'aborder toutes sortes de problèmes, qu'ils soient liés à la cohabitation, à l'entente entre enfants, à leurs attentes pas toujours au diapason, et de trouver des solutions qui fonctionnent pour tous.

Quels que soient les situations familiales et l'âge des enfants, le TEF est porteur de joie, il conduit la plume d'une histoire écrite à plusieurs mains tout en constituant un outil très complet qui développe chez l'enfant un sentiment de bien-être, de confiance en soi, d'importance et d'appartenance.

Quelques activités pour pimenter les TEF

À chaque famille de trouver ce qui fait des TEF des moments de joie familiale.

Voici quelques idées pour ouvrir les portes de la créativité :

▶ Trouver une devise familiale que l'on surnommera « motto »

Avoir une discussion familiale sur le « motto » du mois peut être une façon de tracer un chemin à parcourir ensemble.

En voici quelques exemples :
- Exemples de devises (motto) :
  - Un pour tous et tous pour un !
  - L'entraide est notre mot d'ordre
  - Se faire plaisir ensemble
  - Si l'un d'entre nous se sent aidé, alors nous sommes tous gagnants
  - Les erreurs sont de merveilleuses opportunités d'apprentissage
  - Résoudre les problèmes n'a pas de secret pour nous
  - Trouver des solutions est notre force
  - La gratitude nous donne des ailes
  - Nous sommes conscients de la chance qui est la nôtre

Les Temps d'Échange en Famille (TEF)

- Chaque mois un membre différent de la famille choisit le motto.
- La première semaine, chacun peut écrire sur une feuille ce que le motto veut dire pour eux (les plus âgés peuvent aider les plus jeunes à écrire ce qu'ils pensent).
- Les réflexions de chacun sont partagées durant le TEF suivant.
- Réfléchir ensemble à la façon de décliner le motto en actions pendant la semaine.
- Cet exercice peut aussi se faire à l'aide de dessins.

▶ Créer des pages de mercis

L'expression de la gratitude s'apprend au même titre que les autres compétences sociales, et cet apprentissage est un cadeau. Il peut prendre la forme d'une feuille qui circule entre deux TEF, ou que l'on place dans un endroit en vue (le réfrigérateur, le pêle-mêle familial, etc.). Chacun y écrit au quotidien les mercis qui lui viennent à l'esprit, avant de les partager à haute voix lors du temps d'échange suivant. Le simple fait de passer devant cette feuille et d'y lire quelques lignes, ou de s'y arrêter pour inscrire quelque chose qui nous a fait du bien, sont autant d'occasions de se laisser gagner par ce délicieux et joyeux sentiment qu'est la gratitude.

▶ Faire des feuilles de compliments

Apprendre à voir chez l'autre ce qui est positif et lui en faire part est un art qui donne à lui seul un petit air de fête à l'ambiance familiale. Avant de maîtriser cette compétence, rien n'est plus normal que de rencontrer sur le chemin les disputes entre frères et sœurs, la tension du quotidien et les vieilles habitudes. Mais quel délice de surprendre au détour d'un couloir deux enfants qui se complimentent en dehors du regard de l'adulte. On comprend alors l'importance de ces Temps d'Échange en Famille et ce qu'ils nous permettent d'accomplir.

En dehors des TEF, on peut décider de procéder exactement comme on vient de le décrire pour la page des mercis.

▶ **S'amuser**

Ce point a été abordé dans les pages précédentes, en voilà une application pratique à titre d'exemple.

Activité : s'amuser en famille

La première étape consiste à donner à chaque membre de la famille une «feuille des activités amusantes» avec les colonnes suivantes à remplir :

Feuille des Activités Amusantes

	Tous ensemble	À deux	Seul
Activité sans budget			

Activité avec budget			

À chacun de remplir sa liste et de la partager avec le reste de la famille lors d'un TEF. Une façon pratique et amusante de constituer une « boîte d'amusements », dans laquelle on peut piocher l'activité à planifier.

▶ **Partager nos erreurs
et ce qu'elles nous enseignent**

Voici une façon pratique d'enseigner aux enfants que les erreurs sont de merveilleuses opportunités d'apprentissage.

De temps en temps, on peut décider de donner à chacun une feuille : **Mes erreurs et ce qu'elles m'ont appris,** et demander à tous d'y réfléchir en choisissant une erreur à partager au TEF suivant.

Cette activité s'adresse aux enfants (et aux adultes, d'ailleurs !) de plus de 4 ans (que l'on aidera à rédiger au besoin).

Mes Erreurs et ce qu'elles m'ont appris

Erreurs	Ce qu'elles m'ont enseigné	Ce que je ferai à l'avenir

Assurez-vous de conserver ces feuilles dans votre **Album des Temps d'Échange en Famille**, vos enfants trouveront probablement ça très drôle de les relire quand ils seront adultes.

▶ La planification des repas en famille

Encourager toute la famille à participer à l'élaboration des repas à tour de rôle est une opportunité facile et amusante de développer la coopération familiale.

- choisir des recettes ensemble ;
- faire des équipes de « chefs » ;
- choisir un thème ou une couleur pour le repas à préparer ;
- faire un repas où chacun est responsable d'un plat ;
- partager les tâches inhérentes à la préparation d'un repas spécial (mettre la table et s'occuper de la décoration, lister les ingrédients nécessaires et faire les courses, inventer ou suivre des recettes, confectionner les plats, etc.) ;

- utiliser éventuellement un tableau pour préciser qui fait quoi et quel jour.

Les possibilités sont sans limites et laissées à la créativité de chaque famille.

Résumé des compétences sociales enseignées au travers des TEF

- L'écoute ;
- le partage d'idées ;
- la résolution de problèmes ;
- le respect mutuel ;
- l'importance du temps de pause avant la résolution de problèmes ;
- l'intérêt pour l'autre et la capacité à se mettre à sa place,
- la coopération ;
- la responsabilité sociale ;
- assumer ses responsabilités dans un environnement bienveillant ;
- choisir des solutions respectueuses des besoins de chacun ;
- développer un sentiment d'appartenance et d'importance ;
- utiliser les erreurs comme des opportunités d'apprentissage.

Les TEF offrent la possibilité aux parents de :
- éviter les luttes de pouvoir en partageant le contrôle de façon respectueuse (coopération) ;
- favoriser l'autodiscipline sans avoir à gérer des incidents récurrents ;
- écouter d'une façon qui invite les enfants à écouter aussi ;
- partager respectueusement les responsabilités ;

- créer de bons souvenirs en établissant des traditions familiales ;
- être exemple des compétences qu'ils auront envie de transmettre à leurs enfants.

« Boîte à outils »
Discipline Positive – chapitre 8

1. Les Temps d'Échange en Famille (TEF).
2. Se centrer sur les solutions.
3. Le coffre à fouillis.
4. Impliquer les enfants dans la mise en place des règles et la recherche de solutions.
5. Éviter de voler au secours et se tenir aux règles mises en place.
6. Faire confiance aux enfants pour gérer leurs problèmes.
7. Trouver un consensus dans le choix des solutions.
8. Planifier des activités familiales.
9. Anticiper les difficultés en cherchant à l'avance des solutions avec les enfants.
10. Remettre le problème à l'ordre du jour lorsque la solution ne fonctionne pas.
11. Être créatif dans la façon d'impliquer les enfants dans les responsabilités ménagères. Les solliciter pour entretenir la motivation.
12. Garder confiance en les adolescents qui sont en plein processus d'individuation.
13. Utiliser les outils pour pimenter les TEF.
14. Partager régulièrement sur « Mes erreurs et ce que j'ai appris ».
15. Utiliser les repas pour développer contribution et coopération.

9

Les Temps d'Échange en Classe (TEC)

Finir les programmes académiques est une préoccupation largement partagée dans le corps enseignant et ce avec raison. Ne pas utiliser tout le temps dont on dispose pour enseigner la matière dont on est responsable peut paraître insensé sur le chemin de l'efficacité et du résultat. Et pourtant, chaque enseignant sait aussi combien une ambiance de classe positive, et axée sur la coopération ainsi que sur les compétences sociales, sont des éléments clés dans le développement de l'enfant et son engagement dans les apprentissages.

Le Temps d'Échange en Classe (TEC) est un des outils de la Discipline Positive, qui, en lien avec les priorités académiques, offre à l'élève et aux enseignants l'opportunité d'apprendre et de réussir ensemble.

Dans ce chapitre de présentation du TEC, le lecteur reconnaîtra un certain nombre de similitudes avec les TEF, ce qui vient souligner la cohérence de la démarche. Il y trouvera également toutes les spécificités qui font de la classe un univers à part entière.

Définition, objectifs et bénéfices du TEC

▶ Définition

Le Temps d'Échange en Classe, rencontre régulière et planifiée, constitue le cadre idéal pour développer et mettre en pratique les compétences sociales essentielles qui sont nécessaires à la pleine réalisation de l'enfant. C'est l'opportunité rêvée pour se centrer ensemble sur les solutions d'une façon coopérative et véritablement démocratique.

Rappelons les objectifs de ces temps d'échange qui sont semblables à ceux observés dans les TEF :
- s'apprécier, se remercier et se faire des compliments ;
- s'aider les uns les autres ;
- résoudre les problèmes et trouver des solutions ;
- se faire plaisir ensemble et planifier des événements, activités et sorties de classe.

Cet outil peut aussi bien prendre le nom de : « réunion de classe », « cercle », « conseil », « discussion de classe », « regroupement », « heure de vie de classe », etc. À chaque classe, chaque établissement de se l'approprier à condition d'y retrouver les qualités qui rendent cet outil si complet.

▶ Raison d'être du TEC : un temps spécifique de classe dédié à l'apprentissage de compétences sociales essentielles au développement de l'enfant

Comme le disait un enseignant : *Je n'ai pas choisi l'enseignement pour faire de la discipline, encore moins pour imposer des sanctions ! Maintenant, depuis que nous organisons des TEC, l'ambiance est devenue plus respectueuse, avec une vraie coopération entre les élèves. Ils apprennent à résoudre leurs problèmes entre eux, et moi, j'ai le temps d'enseigner !*

Apprendre à regarder et valoriser ce qui est positif, savoir apprécier la contribution des autres, trouver des solutions qui soient respectueuses des besoins de chacun : ces compétences sont aussi importantes que les connaissances académiques et prennent toute leur place dans le quotidien.

Tous les enseignants trouvent normal que l'apprentissage des notions académiques, que ce soit les mathématiques, la lecture ou autre, se fasse quotidiennement pour permettre l'acquisition et l'approfondissement des compétences. Il ne viendrait à l'idée de personne de ne réserver qu'une heure par semaine pour remplacer un travail qui a besoin de s'inscrire dans la durée et la régularité : les compétences sociales étant essentielles, on ne peut les enseigner que de temps à autre.

▶ Objectifs et bénéfices des TEC

Enseigner le respect mutuel

Un des moyens de faire comprendre cette notion essentielle aux élèves est d'en faire un sujet de discussion :

- *Pourquoi est-ce irrespectueux lorsque plusieurs personnes parlent en même temps ?* (On ne peut pas profiter de la contribution de chacun, la personne qui est censée avoir la parole a l'impression que ce qu'elle tente de dire n'intéresse personne, etc.)

- *En quoi est-ce irrespectueux de déranger les autres ?* (Se concentrer et apprendre devient plus difficile, etc.)
- *Pourquoi est-ce important d'écouter lorsque l'autre est en train de parler ?* (Parce qu'ainsi on peut apprendre les uns des autres, on se témoigne du respect, parce que l'on aime aussi être écouté, etc.)

Apprécier, remercier l'autre pour sa contribution, complimenter

Dans le secondaire, les élèves préfèrent généralement parler de remerciement et d'appréciation plutôt que de compliment. C'est l'inverse à l'école primaire, mais cela n'a pas beaucoup d'importance, la notion est identique. Là encore, prendre le temps d'explorer avec les enfants ce que veulent dire ces notions au quotidien lors d'une discussion informelle leur donne des clés pour la suite sur le «comment faire».

Notre rôle en tant qu'enseignant sera de les guider dans leur compréhension de ce qui est attendu. Les compliments, les remerciements et les expressions d'appréciation s'appliquent à ce que l'autre fait dans les domaines suivants :
- Réalisations, accomplissements
- Contributions
- Aide apportée aux autres, à la classe
- Tout ce qui pourra contribuer au bien-être de la personne

Apprendre à ne pas gérer
les problèmes à chaud

Le TEC est un terrain d'entraînement enrichi de tous les outils de Discipline Positive qui y sont naturellement intégrés. Ainsi, par exemple, l'utilisation de l'ordre du jour du TEC permet de ne pas gérer les problèmes à chaud. Le temps de pause est ainsi automatiquement intégré, et les élèves peuvent aborder les recherches de solutions de façon plus rationnelle.

Une éducatrice spécialisée me fit remarquer que cet outil ne semblait pas approprié au profil des élèves de sa classe, qui le plus souvent demandaient une attention immédiate dans la gestion de leur frustration. Je lui suggérai d'essayer quand même l'outil pour voir ce qui se passerait. Elle nous fit part du résultat : les enfants manifestement énervés étaient allés chercher le cahier prévu pour noter l'ordre du jour des TEC, y avaient inscrit leur problème puis avaient regagné leur place dans le calme. Le fait de savoir que le problème serait abordé dans un futur proche semblait avoir suffi à calmer les esprits.

Se centrer sur les solutions

Pour aider les enfants à se centrer sur les solutions, les notions développées dans les chapitres 5 et 6 nous seront très utiles. La recherche de solutions est ce qui fait de la Discipline Positive une approche si dynamique. À la lumière des solutions, chaque erreur devient une opportunité d'apprentissage. Nous verrons plus loin comment amener l'élève à maîtriser cet outil qui l'accompagnera toute sa vie.

Une contribution qui implique l'élève

Lorsqu'on encourage les élèves à penser « en dehors de la boîte », ils laissent libre cours à leur créativité et ont un talent incroyable pour trouver des solutions.

Il n'est pas étonnant de voir disparaître les problèmes de discipline quand les élèves font des propositions et se sont approprié les stratégies à mettre en place. Ils sont d'autant plus enclins à respecter un cadre qu'ils ont contribué à créer.

Les enseignants remarquent parfois avec amusement ou surprise que les enfants impliqués dans les décisions peuvent proposer justement une solution maintes fois suggérée par l'adulte, mais qui était restée, jusque-là, lettre morte.

Ainsi, lors d'un TEC, la tricherie était inscrite à l'ordre du jour. Les enfants réfléchirent ensemble et firent le tour de toutes les raisons pour lesquelles ils ne devraient pas tricher (y compris parce que tricher n'apprend rien). La discussion fut riche d'enseignements et de prises de conscience, alors que jusque-là, ces mêmes raisons déjà évoquées par l'enseignant n'avaient trouvé aucun écho chez les élèves.

Impliquer les élèves a bien sûr beaucoup d'autres avantages. Les enseignants sont souvent agréablement surpris par les connaissances académiques et les compétences sociales que les enfants apprennent au cours des TEC. En étant impliqués pleinement dans la résolution de problèmes qui les concernent, les élèves apprennent aussi à s'écouter, à trouver le mot juste, à réfléchir de façon logique, à faire preuve de discernement.

Aller au-delà des conséquences logiques

Beaucoup de choses ont été dites sur cette notion, et je n'y reviendrai que pour préciser deux points :

1. Les élèves se rendent très bien compte lorsque les enseignants restent dans le punitif alors que ces derniers pensent utiliser des conséquences logiques. À nous de veiller à ne pas transformer le Temps d'Échange en Classe en tribunal.
2. L'élève doit apprendre que la conséquence logique est tournée vers le passé, au lieu d'investir l'avenir comme le fait la solution. Apprendre des erreurs passées est plein de sagesse, mais faire payer pour ce qui s'est passé est contre-productif. Ce critère passé/futur est aussi un bon moyen de faire la distinction entre les deux notions.

Réduire les enjeux de discipline

Comme nous l'avons mentionné pour les TEF, l'objectif des TEC n'est pas de diminuer ni de faire disparaître les problèmes de discipline qui pavent inévitablement le chemin qui mène l'enfant à l'âge adulte. Mais c'est un bénéfice secondaire indéniable, bien sûr très apprécié des enseignants.

Comment réussir un TEC

Trois recommandations pour éviter les écueils avant d'exposer les grandes lignes de ce qui fait d'un TEC un outil aidant :

1. Un TEC ne doit jamais être utilisé comme une tribune pour faire passer des messages. Les enseignants se doivent

Les Temps d'Échange en Classe (TEC)

d'être à la fois impliqués et d'une neutralité bienveillante. Ils ont, comme chacun des participants, la possibilité d'inscrire un sujet à aborder ou un problème à l'ordre du jour.

2. L'enseignant doit veiller à ne pas se placer dans la position d'exercer un contrôle, quel qu'il soit, sur les élèves, afin de véritablement amener les enfants dans la coopération.

3. Ne pas se décourager et garder en tête que la mise en place du TEC est un processus.

La mise en place des TEC n'échappe pas à la règle des apprentissages qui veut que les améliorations s'inscrivent dans le temps. L'intégration des compétences sociales nécessaires au bon déroulement du TEC prend du temps. Le TEC nous offre l'occasion de mettre cette règle en pratique et de progresser pas à pas, un TEC après l'autre, pour « apprendre à vivre ensemble ».

▶ Les 8 Compétences Essentielles pour un TEC efficace

1.	Former un cercle
2.	S'entraîner aux compliments, remerciements et appréciations
3.	Respecter les différences
4.	Développer des compétences de communication
5.	Se centrer sur les solutions (éviter les conséquences logiques)
6.	S'entraîner aux jeux de rôle et à la réflexion collective

7.	Créer un agenda et le format des discussions de classe (établir un ordre du jour et choisir ensemble un format pour les TEC)
8.	Savoir identifier les raisons pour lesquelles les gens agissent : les 4 objectifs-mirages

Il existe un guide pour les enseignants « Discipline Positive dans la Classe », qui propose des activités à faire avec les élèves pour faciliter l'apprentissage des 8 Compétences Essentielles.

▶ Guide pratique

Choisir la fréquence

Dans le primaire, l'idéal serait d'avoir des TEC tous les jours (ou au moins trois fois par semaine). Attendre entre un et trois jours avant de gérer un problème permet, une fois le moment venu, de se centrer sur les solutions avec davantage d'efficacité. Au-delà de quatre jours, le délai peut être décourageant pour l'élève qui attend une solution. C'est une des raisons pour lesquelles une fréquence hebdomadaire, surtout pour les élèves les plus jeunes, n'est pas idéale.

C'est aussi un âge où la répétition fait partie des modes d'apprentissage.

Dans le secondaire, les élèves maîtrisent plus vite les techniques de recherche de solutions, ils retiennent l'information et les compétences enseignées d'une fois sur l'autre, ce qui permet d'espacer les TEC pour n'en conserver qu'un par semaine.

Bien souvent, ce sont les professeurs principaux qui sont chargés d'organiser ces temps d'échange pour la classe dont ils sont responsables. Il est cependant fréquent que d'autres enseignants choisissent de consacrer quelques minutes de leur cours de la semaine pour faire un TEC rapide.

Déterminer ensemble l'ordre du jour

Proposer aux élèves de leur apprendre à résoudre leurs problèmes plutôt que de les résoudre à leur place remporte généralement un vif succès. Au lieu d'aller voir l'enseignant pour exposer son problème, l'élève l'inscrit à l'ordre du jour du prochain Temps d'Échange en Classe.

L'ordre du jour peut prendre la forme d'une liste au tableau ou être consigné dans un cahier mis à la disposition de tous. L'avantage du cahier est qu'il permet de garder une trace des problèmes rencontrés au cours de l'année et des solutions trouvées.

Lorsqu'ils décrivent brièvement leur problème dans le cahier, on demande aux élèves de ne pas citer les noms des personnes concernées. Par la suite, ils pourront le faire dès qu'ils auront appris à s'entraider et à chercher des solutions ensemble de façon respectueuse. On s'aperçoit, au cours du temps, que les élèves voient d'un œil positif le fait que leur nom soit inscrit à l'ordre du jour s'ils se débattent avec une situation dont ils n'arrivent pas à se sortir. Ils savent qu'ils pourront compter sur l'aide de leurs camarades de classe pour les aider à avancer.

Enfin, il est souvent nécessaire de rappeler aux élèves qu'au départ, il peut arriver que, par réflexe, ils viennent encore chercher des solutions auprès de l'enseignant ; il leur sera alors demandé d'utiliser l'ordre du jour. Ainsi, ils auront l'assurance que leur problème soit pris en compte.

Lorsque que j'étais psychologue scolaire en école primaire et que les enseignants venaient me parler d'une situation difficile dans leur classe, je leur conseillais systématiquement d'en faire une opportunité d'apprentissage lors du prochain Temps d'Échange en Classe.

Former un cercle

Le cercle est symbole d'appartenance. Pouvoir s'asseoir en cercle lors des TEC facilite les échanges. Il n'y a pas de bureau (pouvant agir comme une barrière physique) ni d'autres distractions. Tout le monde est assis à la même hauteur (tous sur le sol, tous sur des chaises), et l'enseignant fait partie du cercle au même titre que les élèves.

Apprendre aux élèves à former un cercle rapidement, sans bruit et sans trop de confusion, est une recherche de solutions en soi qui peut prendre un peu de temps et demander de l'entraînement. Les arrangements trouvés sont multiples. J'ai vu des classes bien entraînées former un cercle en moins d'une minute.

Les étapes pour y parvenir :
- Demander aux élèves comment ils peuvent s'y prendre pour former un cercle avec le moins de bruit et de désordre possible.
- Demander aux élèves leur avis sur le nombre d'entraînements qu'ils jugent nécessaire pour mettre leurs idées à exécution de façon fluide.
- S'entraîner par étapes : par équipe, par rangée, un par un, toutes les options sont possibles. Ce qui est important est

Les Temps d'Échange en Classe (TEC)   297

de progresser vers un résultat satisfaisant, ce qui implique que chacun aura à apprendre ce qu'il devra faire.

Suivre un format défini

Format de base des TEC

- Compliments et appréciations
- Suivi des solutions/stratégies précédemment mises en place
- Traitement des sujets mis à l'ordre du jour
- Planification des activités du groupe de classe

Par le passé, j'ai animé des TEC sans suivre un format particulier. Régulièrement, le temps d'échange tournait au chahut et n'avait plus aucun intérêt, ni pour les élèves ni pour moi. Généralement, je finissais par baisser les bras en leur disant : *Visiblement, vous n'avez pas vraiment envie de faire ce TEC, nous reprendrons plus tard, lorsque vous serez prêts.*

Non seulement je ne reconnaissais pas mon manque de préparation et de structure, mais je cédais à l'anarchie.

Il m'est apparu vraiment nécessaire d'établir un format, j'ai donc adopté celui-ci :

1. Le TEC commence toujours par un tour de compliments, remerciements, appréciations. Le bâton de parole (objet symbolisant le tour de parole) passe de main en main afin que chacun ait l'opportunité de prendre la parole une fois ou de passer son tour. Le fait de limiter à un seul tour permet d'éviter les sentiments d'injustice créés lorsqu'on passe la parole au hasard des mains levées.

L'élève sait qu'il fait partie du groupe et que sa contribution s'ajoute à celle des autres.

2. Lire à haute voix le premier sujet à l'ordre du jour. Il arrive régulièrement que, lorsqu'un problème arrive en première position à l'ordre du jour, il ait déjà été résolu. On passe alors au problème suivant. L'enseignant peut aussi choisir de demander à l'élève de partager avec la classe la solution qu'il a trouvée à son problème. Lorsqu'un élève met un item à l'ordre du jour du TEC, il a le choix suivant : partager pendant que les autres écoutent, discuter sans résoudre, demander de l'aide au groupe classe pour résoudre un problème.

3. Pour la recherche de solutions, on utilise à nouveau le bâton de parole, mais cette fois-ci, on peut le faire circuler une deuxième fois afin de donner le temps à toutes les idées et aux commentaires de remonter. Le deuxième tour est souvent beaucoup plus rapide que le premier. On commence généralement le tour par l'élève qui a inscrit le problème à l'ordre du jour.

4. Lister toutes les suggestions exactement comme elles sont énoncées par l'élève. Cette tâche peut être la responsabilité d'un élève et faire partie des « métiers » liés au cercle. Nous verrons à la fin de ce chapitre ce que l'enseignant(e) peut faire lorsque les suggestions sont blessantes plutôt qu'aidantes.

5. Lire à haute voix (ou proposer à un élève de le faire) toutes les suggestions rassemblées avant de demander à l'élève en question de choisir celle qui, selon lui, l'aidera le plus. Lorsque plus de deux élèves sont impliqués, inviter chacun à choisir une solution. Leur choix ne sera

pas forcément identique, mais cela n'a pas d'importance du moment que les solutions retenues sont aidantes. Lorsque deux solutions semblent s'opposer, on peut demander aux deux élèves de discuter entre eux de ce qui fonctionnera le mieux pour tout le monde, sans créer de nouveau conflit.

6. Terminer en demandant à l'élève quand il compte mettre en œuvre sa solution. Cette question peut aussi se limiter à un choix : aujourd'hui ou demain ? pendant la récréation ou après l'école ? Psychologiquement, avoir le choix du moment engage l'élève et fait appel à sa responsabilité.

Le format proposé est un fil rouge que l'on peut facilement suivre pour mener à bien ces Temps d'Échange en Classe mais il ne limite en rien la créativité des enseignants et le style personnel qu'il/elle apporte à ces temps de partage et d'apprentissage. Aujourd'hui, les enseignants formés à la Discipline Positive de part le monde ont tous enrichi cet outil de leur touche personnelle, d'idées constructives que je découvre avec joie quand je leur rends visite.

Un jour, je me souviens avoir invité un groupe de personnes à venir observer un TEC dans lequel l'élève avait choisi comme solution de s'excuser devant toute la classe pour son comportement inapproprié. Une des observatrices désapprouva ce choix parce qu'elle le trouvait humiliant. Je lui suggérai alors de poser la question à l'intéressé, puis à toute la classe, afin de connaître leur ressenti.

La réponse fut unanime : ça ne leur posait aucun problème. À partir du moment où toutes les solutions listées sont aidantes, que le choix appartient à l'élève et que la solution est mise en œuvre avec respect, les conditions sont réunies pour que l'objectif soit atteint.

Cet exemple rappelle aussi combien il est primordial de ne pas se laisser guider par ses propres projections lorsque l'on souhaite entrer dans le monde de l'enfant.

Prendre le temps d'apprendre l'art du compliment : un facteur essentiel de réussite

Expliquer le concept

Voici un exercice à faire avec les élèves pour mettre le concept des compliments à leur portée. Pour aider les élèves à ne pas rester prisonnier du concept et à le rendre concret, on peut réfléchir avec eux aux exemples qui leur viennent à l'esprit pour chacune des catégories et en faire une liste.

Faciliter la formulation

On peut leur demander d'utiliser une phrase comme guide. *J'aimerais complimenter ou remercier* (nom de la personne) *pour* (action spécifique de la personne précédemment nommée).

Au-delà de cette tournure de phrase un peu formelle, on s'est aperçu que cela aidait les enfants à rester centrés sur la contribution de l'autre plutôt que sur son allure vestimentaire ou sa coupe de cheveux. Pour avoir assisté à de très nombreux TEC, je me suis rendu compte que, lorsque cette recommandation n'était pas suivie, les compliments et les remerciements avaient tendance à être moins spécifiques et plus superficiels, sans compter les digressions fréquentes.

Les Temps d'Échange en Classe (TEC)

Au début, beaucoup d'enfants diront probablement : *Je voudrais remercier Julie d'être mon amie*, ou se feront des compliments sur leur façon de s'habiller.

Faisons confiance au processus et laissons les enfants agir pendant quelques sessions, puisqu'ils sont en phase d'apprentissage. En revanche, si l'habitude s'installe et qu'il n'y a pas d'évolution dans la direction souhaitée, il sera alors temps de revisiter le sujet lors d'une discussion de classe afin de s'assurer que chacun a bien compris les consignes à respecter.

Lors des premières réunions, l'enseignant pourra commencer en faisant quelques remerciements à partir de notes jetées ici et là pendant la journée ou la semaine. En montrant l'exemple aussi bien pendant les TEC que le reste du temps, l'enseignant permet qu'aucun n'élève ne soit oublié dans cette ronde de remerciements qui fait du bien et qui apprend aux élèves à se centrer sur le positif.

L'idéal serait que lors du premier TEC, chacun puisse être complimenté pour une action : avoir joué avec un camarade pendant la récréation, l'avoir aidé avec les devoirs de maths, lui avoir prêté un crayon, l'avoir écouté parler d'un problème, etc. Au début, il n'est pas rare que plusieurs TEC soient entièrement consacrés à apprendre à recevoir et à donner des remerciements/appréciations/compliments. L'élève apprend à recevoir le compliment par un simple merci. Leur rappeler de bien se regarder pendant cet échange vient compléter l'apprentissage. Une fois la compétence intégrée, les élèves y prennent de plus en plus de plaisir, et les enseignants remarquent souvent que cette simple étape du TEC a déjà une influence positive sur l'ambiance de la classe.

Certains enseignants trouvent qu'utiliser un bâton de parole aide non seulement les élèves à respecter le temps de parole de chacun, mais leur donne de surcroît un sentiment d'appartenance et la certitude que leur contribution est entendue. Lorsque l'élève est en possession du bâton de parole, il peut choisir de partager son appréciation avec le groupe ou de passer son tour.

Utiliser le temps de pause

Il est essentiel d'expliquer aux élèves pourquoi il est impossible de résoudre des problèmes quand on est énervé. Les élèves adorent entendre l'analogie avec le cerveau reptilien que l'on a présentée dans le chapitre 7 : lorsqu'on est hors de soi, il est difficile d'écouter le point de vue des autres.

Avec les élèves plus âgés, le thème peut être abordé sous forme de discussion : *En quoi est-ce difficile de résoudre des problèmes lorsqu'on est énervé ?*

Pour les plus jeunes, il suffit de leur expliquer avec des mots simples que l'on a tous besoin d'un peu de temps pour retrouver son calme avant de chercher des idées pour résoudre un conflit.

Quelques conseils pratiques
pour la recherche de solutions

Prendre le temps de poser les essentiels
de la recherche de solutions

Procédons étape par étape, une notion après l'autre. Ainsi, nous pourrons commencer par les familiariser avec le concept de conséquences naturelles en leur posant quelques questions.

Si personne n'intervient, que se passe-t-il dans les cas suivants :

- Si on sort sous la pluie sans parapluie ? (On est mouillé.)
- Si on joue sur le bord de l'autoroute ? (On peut se faire écraser par une voiture.)
- Si on ne dort pas ? (On est fatigué.)
- Si on ne mange pas ? (On a faim.)

Le simple fait de faire l'expérience d'une conséquence naturelle rend inutile la recherche de solutions. Elles s'imposent d'elles-mêmes. La seule intervention de l'adulte devrait être l'empathie ou l'utilisation de questions de curiosité. Rien de plus n'est nécessaire.

Quant aux conséquences logiques, elles provoquent chez les enfants la même confusion initiale que celle que l'on rencontre chez les adultes. Les notions s'éclaircissent lorsque la distinction s'affine entre punition et véritables conséquences logiques. Ils peuvent alors se centrer sur le choix d'une solution (reliée, respectueuse, raisonnable et aidante) qu'il peut être astucieux de présenter sous forme de tableau, afin de créer un ancrage visuel pour les réunions de classe à venir.

Voici une question qui les aide à se centrer sur les solutions :

Pourriez-vous faire des suggestions qui aideront « x » à assumer ses responsabilités et apprendre de ses erreurs ?

Quelles sont les idées qui pourraient aider « x » à changer son comportement ? à obtenir ce qu'il veut de façon appropriée ?

Encore une fois, démarrer sur des cas fictifs sera bénéfique aux apprentissages. Voici quelques scénarios pour s'entraîner :
- quelqu'un qui fait des graffitis sur sa table ;
- quelqu'un qui grimpe sur les filets des buts du terrain de foot ;
- quelqu'un qui ne travaille pas en classe ;
- quelqu'un qui arrive en retard.

L'exercice consiste alors à lister le plus grand nombre de suggestions possibles, sans en écarter aucune. Dans un deuxième temps, on demandera aux élèves si, à la lecture de la liste, les solutions présentent bien les qualités requises (3 « R » et 1 « A ») afin de pouvoir, éventuellement, les laisser écarter celles qui ne seraient pas conformes.

Les premières fois, on peut même encourager les élèves à dire en quoi telle suggestion est conforme ou pas aux qualités requises, blessante ou aidante, réaliste ou difficile à mettre en place dans le quotidien. C'est un excellent exercice.

Il est recommandé de choisir quelques situations fictives pour les premières recherches de solutions, ce qui permet aux élèves d'explorer et de s'approprier progressivement les notions cruciales des 8 Compétences Essentielles sans être trop impliqués sur le plan émotionnel.

- La recherche de solutions est un processus dynamique. Lorsqu'une solution ne semble pas fonctionner, il suffit de remettre le problème à l'ordre du jour et de poursuivre ainsi la recherche de solutions.
- Lorsque l'enseignant inscrit un problème à l'ordre du jour, il est essentiel que le problème soit bien le sien et présenté comme tel : *J'ai un problème et j'aimerais vous demander votre aide pour le résoudre.* Les enfants se sentent valorisés d'apporter de l'aide et des solutions à l'adulte.
- Les problèmes inscrits à l'ordre du jour sont traités par ordre chronologique, dans le temps imparti à la recherche de solutions.
- Si la solution n'a pas été trouvée pendant le temps alloué au TEC, on poursuivra la recherche lors de la prochaine réunion. La résolution immédiate n'est pas un but en soi. Le processus de recherche de solutions constitue le véritable apprentissage.
- Lorsque les élèves sont familiarisés avec l'exercice, l'enseignant qui le souhaite, même s'il ne fait pas partie des matières principales, peut utiliser l'outil du TEC pour discuter d'un sujet important ou faire une recherche de solutions avec les élèves. L'enseignant de musique (cela pourrait aussi bien être une autre matière, un surveillant, un responsable de niveau, etc.) pourrait rencontrer un problème récurrent avec son

groupe d'élèves et souhaiter résoudre le problème de façon coopérative.

• Choisir une solution, plusieurs cas de figure :

Cas d'un problème de groupe

Le vote est souvent utilisé lorsque le sujet concerne l'ensemble du groupe classe. Le vote majoritaire ne générera pas forcément de sentiment de division dans la classe puisque la recherche a été commune et toutes les suggestions entendues. C'est aussi une excellente opportunité de démontrer comment chacun peut s'enrichir de la différence : on ne pense pas tous la même chose, nos contributions sont uniques et les solutions sont nombreuses.

Il arrive que certains enseignants préfèrent poursuivre la discussion jusqu'à l'obtention d'un consensus sur la solution à apporter au problème.

Cas d'une problématique ne concernant qu'un ou deux élèves

Le choix de la solution appartient à celui ou celle qui est directement concerné et ce même si l'ensemble du groupe classe a contribué à la recherche de solutions. Cette façon de faire paraît anodine mais elle place l'élève en situation de responsabilité et d'engagement. Par ailleurs, le fait d'avoir tout un groupe autour de soi qui se centre, non pas sur la critique et le blâme, mais sur les solutions à proposer, est extrêmement encourageant pour l'élève en question.

Apprivoiser le temps

Lorsque les discussions en classe sont efficaces et constructives, il n'est pas rare qu'emportés dans leur élan, les élèves ne veuillent pas s'arrêter. Une façon assez simple de remédier à ce problème est de faire la réunion juste avant le déjeuner ou avant une récréation! On peut aussi choisir d'avoir un gardien du temps afin de respecter le temps imparti au TEC.

Attitudes et compétences des enseignants

▶ Lâcher prise pour laisser place à la coopération

La coopération ne doit pas être synonyme de perte de contrôle, mais suggère « d'opérer » à plusieurs. Lors d'un TEC, personne n'est en position d'expert et le respect mutuel autorise une véritable coopération.

▶ Se faire modèle de ce que l'on veut enseigner

Les neurones miroirs donnent à l'enfant la faculté d'apprendre en observant. Profitons-en donc pour incarner les compétences que nous attendons de nos élèves. Cette opportunité concerne l'ensemble des compétences sociales. Prenons par exemple la courtoisie que l'enseignant peut mettre en pratique par des mots simples comme : « s'il vous plaît », « merci », « je t'en prie », « bonjour », « bonne fin de journée », etc.

► Poser des questions ouvertes
(la méthode de Socrate)

Il doit s'agir de questions vraiment ouvertes, dans lesquelles
on ne peut pas deviner le point de vue de l'adulte. Ces
questions ont une double vertu : elles aident les enfants à
réfléchir par eux-mêmes, et sont aussi un excellent moyen
d'enseigner le respect, puisque ce dernier est démontré par
le professeur *via* cette pratique.

Lorsque l'enseignant utilise cette approche, au lieu de
faire des déclarations et des affirmations, il les transforme
en questions. S'il trouve par exemple que les élèves sont
trop bruyants, il peut tout à fait dire : *Combien d'entre vous
pensent que la classe devient trop bruyante ?* Il est souvent
très utile de poser la question dans les deux sens quand
on souhaite inciter les élèves à penser par eux-mêmes : *Qui
pense que le niveau sonore est acceptable ? Qui pense que le
niveau sonore n'est pas acceptable ?*

Une ambiance de classe plutôt négative peut se trouver
transformée très positivement grâce aux questions ouvertes :

L'histoire de Stéphane en est une belle illustration. Le
professeur de ce garçon, souhaitant trouver une solution face
à tous les problèmes qu'il causait en cour de récréation, fit
appel à un conseiller d'éducation. Celui-ci suggéra de recourir à un TEC. L'approche était nouvelle pour le professeur,
c'était donc l'occasion d'en expérimenter le fonctionnement.

Normalement on ne traite pas des problèmes en l'absence
de l'enfant concerné, cependant dans ce cas, on demanda à
Stéphane d'aller en bibliothèque pendant la discussion, car,

la classe n'ayant pas encore beaucoup d'entraînement, le climat n'était pas toujours bienveillant et on redoutait d'exposer Stéphane aux commentaires blessants des autres élèves.

La discussion démarra ainsi : *Quel est l'élève qui cause le plus de problèmes ?* Tous répondirent en chœur : *Stéphane !* Puis : *Que fait Stéphane, qui soit si ennuyeux ?* Les autres répondirent : *Il se bat, il nous vole nos ballons, il dit des gros mots, il nous insulte...*

À travers ces premières questions, les enfants avaient pu exprimer tout haut ce qu'ils pensaient et ressentaient spontanément.

L'étape suivante devait donc leur permettre d'aller plus loin, avec des pensées et des ressentis positifs.

Selon vous, pourquoi Stéphane fait-il des choses comme cela ?

Les premières réponses fusèrent : *Parce qu'il est méchant, c'est une brute...* Jusqu'à ce que l'un des enfants hasarde : *C'est peut-être parce qu'il n'a pas d'amis ?* Un autre confirma, et ajouta qu'il croyait savoir que Stéphane était un enfant de la DDASS.

Les enfants furent alors invités à réfléchir sur ce que cela pouvait représenter de vivre en famille d'accueil ; ils exprimèrent beaucoup d'idées, comme cela doit être dur de devoir quitter sa famille, de changer si souvent de maison, etc. On était déjà bien loin de l'hostilité du début de la discussion ; ils se montraient pleins de compréhension. Quand le conseiller d'éducation demanda : *Combien d'entre vous seraient d'accord pour aider Stéphane ?* Tous les élèves de la classe – sans exception – levèrent la main. Ils réfléchirent à toutes les idées qu'ils pouvaient trouver pour l'aider, et en firent la liste au tableau.

Par exemple : faire ensemble les trajets pour l'école, jouer avec lui pendant la récréation, déjeuner avec lui, et plus d'une dizaine d'autres idées. Puis on inscrivit en face de chaque idée les noms des volontaires.

Plus tard, le conseiller alla voir Stéphane, et lui expliqua que les élèves de la classe avaient discuté de tous les problèmes qu'il provoquait pendant les récréations. Quand le conseiller lui demanda s'il avait une idée du nombre d'enfants qui étaient prêts à l'aider, Stéphane baissa les yeux : *Aucun, j'imagine*. En apprenant qu'en fait tous s'étaient déclarés volontaires, il releva la tête, et demanda, incrédule : *Tous !*

Manifestement, il se sentait très encouragé par la tournure inattendue des événements.

La classe entière se mobilisa effectivement pour mettre en pratique toutes les idées qui avaient été listées ; et Stéphane se sentit tellement plus intégré et reconnu et éprouva un tel sentiment d'appartenance que son comportement s'améliora de façon radicale.

▶ Reconnaître sa part de responsabilité dans le problème

Reconnaître qu'un comportement ou une situation peut constituer un problème pour soi et non pour les autres et savoir demander de l'aide sont deux compétences de grande valeur que l'adulte peut enseigner aux enfants.

Un professeur de classe de 5e nous partage son expérience sur le sujet. Ses élèves avaient pris l'insupportable manie de mâchouiller des papiers et d'en faire des boulettes.

Les Temps d'Échange en Classe (TEC)

Cela la rendait folle à double titre : d'une part elle trouvait cela dégoûtant, et d'autre part le sol était, du coup, jonché de boules de papier mâché.

Ses élèves, eux, n'en étaient pas du tout gênés. Ni les sermons, ni les menaces, ni les supplications n'avaient eu le moindre effet. Elle finit donc par inscrire le problème à l'ordre du jour d'un TEC. En le présentant, elle reconnut qu'elle était parfaitement consciente du fait que c'était un problème pour elle, mais pas pour eux, et qu'elle avait besoin de leur aide pour trouver une solution.

Comme son cours ne durait que 50 minutes, elle ne pouvait pas consacrer plus de quelques minutes aux recherches de solutions ; le plus souvent, un problème restait à l'ordre du jour plusieurs fois avant qu'une solution n'apparaisse. Au bout du troisième jour, elle ouvrit la séance en remarquant : *Nous n'avons toujours pas trouvé de solution pour l'affaire des boulettes de papier mâché.* L'un des élèves répondit en lui demandant si elle avait vu des enfants mâchouiller, ou trouvé des boulettes dans les derniers jours. Elle se rendit compte que non. *Peut-être n'y a-t-il en fait plus de problème ?* remarqua l'élève. *Peut-être*, reconnut-elle, un peu étonnée.

On voit très bien, dans un exemple comme celui-ci, qu'il suffit souvent d'ouvrir la réflexion avec les élèves pour qu'ils en prennent conscience et mettent eux-mêmes en œuvre des solutions.

▶ Faire preuve d'objectivité et ne pas juger

Quand les élèves ont le sentiment de pouvoir parler de tout sans être jugés, ils sont d'autant plus ouverts aux discussions, et donc aux apprentissages.

Parfois, l'enseignant peut avoir des réticences à aborder certains sujets de peur que cela donne des idées à ses élèves. Je me souviens de cette enseignante qui ne voulait pas aborder le problème des crachats dans les toilettes exactement pour cette raison. Lorsqu'on aborda ensemble le sujet avec ses élèves, elle s'aperçut qu'ils étaient au courant depuis longtemps et comprit que de ne pas en parler ne ferait pas disparaître le problème, bien au contraire.

Ce point me permet d'insister sur le fait qu'il est conseillé de ne jamais supprimer un point mis à l'ordre du jour. Même si certains problèmes vous paraissent futiles ou identiques au problème précédemment traité, il est fort possible que la situation soit unique et essentielle aux yeux de l'enfant. Une nuance peut être apportée pour les problèmes à caractère intime ou ceux qui ne concernent pas la vie scolaire.

Souvenons-nous que le processus est plus important que la solution elle-même. Si un problème nous semble similaire à un autre déjà traité, peut-être l'enfant le résoudra-t-il plus vite ou différemment de la fois précédente.

▶ Chercher l'intention positive derrière le comportement

Sentir que l'adulte apprécie l'intention positive cachée derrière le comportement inapproprié de l'élève est incroyablement le moteur dans le processus de changement.

Lors d'un TEC, le thème de la tricherie fut abordé car une élève avait été surprise en train de regarder les mots de la dictée avant le contrôle. Sa motivation était de réussir et d'avoir une bonne note.

L'enseignant demanda au groupe : *Combien d'entre vous pensent que c'est bien de vouloir avoir une bonne note ?* Toutes les mains se levèrent. Un garçon admit alors qu'il s'était déjà fait prendre en train de tricher et qu'il avait dû refaire un contrôle. L'enseignant lui demanda si cela l'avait aidé, et l'élève admit que oui.

Voilà deux cas où l'enseignant a su trouver l'intention positive qui avait motivé le comportement. Il aurait pu ne voir que la tricherie, contraire au règlement et passible de sanction. L'attitude positive de l'enseignant a permis de préparer le terrain propice au changement : se sentir mieux avant de faire mieux. Bien sûr, la démarche ne s'est pas arrêtée là : la classe a pu réfléchir à toutes les façons appropriées d'obtenir une bonne note, et l'élève en question a pu choisir une stratégie qui lui convenait.

Autres suggestions

▶ **Les règles de la classe**

Certaines décisions ne concernent pas les élèves, d'autres leur permettent de s'impliquer en faisant partie du processus décisionnel. C'est le cas des règles de classe. Les enseignants qui ont pu tester les deux approches (imposer les règles ou les construire avec leurs élèves) sont unanimes sur le fait que la participation des élèves augmente la coopération et le respect mutuel.

Nombreuses sont les classes où l'implication des élèves se distingue jusque dans l'affichage des règles au mur. On peut y lire : *Nous avons décidé que...*, juste avant l'énoncé des règles. Bien souvent, les règles retenues par les élèves sont presque identiques à celles qu'aurait pu imposer l'adulte, mais le simple fait de les avoir choisies fait toute la différence.

Établir des règles peut se faire durant un ou plusieurs TEC autour du thème : *De quelles règles avons-nous besoin pour la classe afin de favoriser une ambiance de travail agréable, qui donne envie de venir à l'école ?*

On peut procéder comme lors d'une recherche de solutions, en commençant par lister toutes les règles, les regrouper par thèmes si elles sont nombreuses, et réfléchir à ce qu'elles veulent dire concrètement au quotidien avant de les inscrire sur une affiche.

De la même façon, beaucoup d'enseignants trouvent utile de procéder de façon identique dans d'autres situations, comme par exemple lors d'une sortie scolaire : *De quelles règles a-t-on besoin pour que notre sortie scolaire nous permette d'apprendre de façon agréable ?*

Les élèves pourraient par exemple discuter de tout ce qui pourrait empêcher la réussite de la sortie et de trouver des solutions pour prévenir ces incidents.

Les règles ou lignes de conduite établies dans le cadre des TEC sont aussi très utiles pour assurer une continuité dans le bon déroulement des enseignements. Prenons le cas des remplaçants. Les élèves profitent parfois de leur venue dans la classe pour se permettre des conduites qu'ils n'ont pas habituellement.

Je me souviens d'avoir eu une discussion avec une classe sur le sujet. Cet échange avait démarré sur cette question : *Que font les élèves pour rendre la vie des remplaçants difficile ?* La liste était longue entre : échanger leurs noms, changer de place et se mettre d'accord pour faire tomber leurs livres tous en même temps !

Quand je leur demandai : *À votre avis, comment se sent un remplaçant lorsqu'il est mis à l'épreuve par les élèves ?*, je m'aperçus que la plupart d'entre eux ne s'étaient jamais posés la question. Leurs réponses étaient pourtant sensées : en colère, énervé, blessé, attristé. Je leur demandais alors comment on pourrait rendre la tâche du remplaçant plus agréable, ce qui déboucha sur une recherche de solutions très riche ainsi que sur certaines règles à respecter.

Enfin, à la question de savoir qui serait prêt à aider plutôt qu'à blesser le remplaçant, la réponse fut unanime : les élèves étaient tous prêts à s'engager dans une attitude positive, à la grande satisfaction des remplaçants.

▶ Le copain mystère

Lorsqu'on travaille sur la notion d'entraide, voici une façon ludique d'utiliser les réunions de classe. Cet exercice peut être adapté en fonction de l'âge des élèves.

Chaque élève se voit attribuer, pour la semaine, un « copain mystère » par tirage au sort. Le jeu consiste à deviner qui est son copain mystère à partir des actions positives de chacun. En fin de semaine, les élèves partagent, en réunion, les attentions que chacun a reçues pendant la semaine en dévoilant le nom de leur copain mystère.

Bien sûr, afin que ce jeu se déroule de manière aidante et constructive, quelques étapes sont indispensables :
• Réflexion de groupe sur les actions positives que l'on peut faire comme : écrire des petits mots bienveillants, aider, jouer ensemble, sourire, dire bonjour tous les jours, etc.
• Toutes les idées sont inscrites sur une liste qui est affichée dans la classe.
• Chaque élève choisit 5 choses qu'il veut faire, ce qui constitue alors sa liste personnelle (qu'il peut garder dans son bureau).
• On peut suggérer aux élèves de complimenter leur copain mystère lors d'une des réunions de classe de la semaine. Cela permet aux élèves moins populaires ou plus en retrait de recevoir un compliment dans la semaine.

Ce genre d'action, et il en existe bien d'autres, a un effet immédiat sur l'ambiance de la classe, soudain plus joviale et amicale.

Questions les plus souvent posées

Dans cette partie du chapitre sont rassemblées les questions les plus fréquemment posées par les enseignants lors des formations de « Discipline Positive dans la classe ». Certains reconnaîtront leurs préoccupations, d'autres pourront s'enrichir de points auxquels ils n'avaient pas forcément pensé.

Question : Les enfants n'ont-ils pas besoin d'une réponse immédiate à leurs problèmes ? Je ne suis pas sûre que mes élèves soient capables d'attendre trois jours pour faire une recherche de solutions.

Je me souviens d'une maîtresse qui avait soulevé la même question ; elle avait l'habitude de faire, juste après le déjeuner, des TEC avec, à l'ordre du jour, des problèmes qui venaient d'avoir lieu.

Réponse : Lorsqu'elle décida d'utiliser un cahier pour l'ordre du jour, elle fut extrêmement surprise de constater que, pour la plupart des élèves, écrire le problème à l'ordre du jour constituait en soi une solution immédiate. Le deuxième bénéfice qu'elle trouva à cette façon de procéder fut l'amélioration de la qualité des recherches de solutions, devenues beaucoup plus rationnelles et constructives grâce au « temps de pause » de quelques jours.

Question : Que fait-on si une solution choisie par la classe ne fonctionne pas ?

Réponse : La solution changera uniquement lorsque quelqu'un remettra le problème à l'ordre du jour. En voici une illustration. Le problème était que durant les réunions de classe, les élèves avaient tendance à se balancer sur leurs chaises, ce qui en distrayait plus d'un. La solution arrêtée par le groupe fut que ceux qui se balançaient devraient se tenir debout derrière leur chaise pendant la réunion. Cette solution se révéla inefficace car beaucoup d'élèves trouvaient plutôt amusant d'être debout, ce qui perturbait encore plus les discussions.

L'enseignant inscrivit, à nouveau, le problème à l'ordre du jour. Les élèves reconnurent que la solution n'avait pas contribué à résoudre le problème, et ils décidèrent d'un commun accord d'essayer la chose suivante : les élèves se balançant seraient appelés à quitter le TEC pour revenir dès qu'ils seraient prêts à s'asseoir correctement.

Question : Que faire si les élèves suggèrent des punitions et non des solutions ?

Réponse : Quoi qu'il arrive, on commence toujours par écrire toutes les suggestions.

Cette question nous ramène à l'importance d'enseigner dès le début des réunions de classe la différence entre une solution, une conséquence logique et une punition : passer en revue chacune des suggestions issues de la recherche de solutions et demander aux élèves d'éliminer celles qui ne sont à leurs yeux ni respectueuses ni utiles sont une bonne façon de faciliter cet apprentissage.

Un autre moyen est de demander à des volontaires de mettre en scène et jouer les suggestions punitives. Une fois le jeu de rôle terminé, on s'intéresse à ce qu'a ressenti, appris et décidé de faire le volontaire qui jouait l'élève puni. Encore une façon amusante et efficace d'enseigner ce à quoi ressemblent les effets à long terme de la punition.

Question : Que faire si les élèves se liguent tous contre un des leurs ?

Réponse : Cela peut arriver même dans une classe où les élèves ont appris à s'entraider. Deux exemples, l'un au primaire et l'autre au collège, afin d'ouvrir des pistes de réflexions.

Premier exemple : le problème à l'ordre du jour évoquait une nouvelle élève qui insultait les autres en récréation.

Très vite, la classe utilisa des commentaires blessants pour faire bloc contre elle. L'enseignant arrêta le tour de parole le temps pour poser quelques questions à la classe :

Combien d'entre vous savent ce que ça fait d'être le petit nouveau ? Plusieurs élèves partagèrent alors leur expérience.

Qui parmi vous a pris le temps d'accueillir votre nouvelle camarade de classe et de lui expliquer les règles de récréation ? Personne ne leva la main.

L'enseignant se tourna alors vers la nouvelle et lui demanda si les élèves de son ancienne école parlaient « mal », ce qu'elle confirma tout de suite.

L'enseignant demanda enfin combien d'élèves seraient prêts à être amis avec « la nouvelle » et à lui expliquer les règles de sa nouvelle école, et bien des mains se levèrent.

Ils reprirent le tour de parole là où ils l'avaient laissé, mais l'ambiance de la classe s'était déjà améliorée. Les élèves décidèrent que la courte discussion qu'ils avaient eue avec leur enseignant était une solution en soi, puisqu'ils avaient compris que le problème venait du fait que la nouvelle ne connaissait pas les règles de leur école.

320 La discipline positive

Second exemple : en classe de 4e, l'élève au centre de la discussion avait visiblement l'impression d'être seul contre tous.

Je demandai alors à l'ensemble de la classe : *Combien d'entre vous se sentiraient épaulés et aidés à la place de Frédéric ?* Personne ne leva la main.

Je poursuivis : *Combien d'entre vous auraient l'impression d'être seuls contre tous si vous étiez en ce moment à la place de Frédéric ?* La plupart des élèves levèrent la main.

Je terminai en disant : *Combien d'entre vous sont maintenant prêts à se mettre à la place de l'autre avant de partager vos commentaires et vos suggestions ?* Ils furent tous d'accord et trouvèrent même étrange de ne pas y avoir pensé plus tôt.

Question : Que faire si le problème implique un élève d'une autre classe ?

Réponse : Dans certaines écoles, les TEC ont lieu au même moment, ce qui facilite les choses. Il suffit alors pour l'enseignant de s'assurer que les élèves de sa classe sont prêts à inviter celui ou celle qui vient d'une autre classe, afin qu'il (ou elle) se sente accueilli(e). Il est parfois utile de rappeler à ses élèves que l'objectif est d'aider et non de blesser.

Je me souviens de ce petit garçon invité par une autre classe de maternelle grande section parce qu'il avait la fâcheuse habitude de détruire les châteaux de sable des autres pendant la récréation. Les enfants commencèrent par quelques compliments à l'adresse du nouveau venu avant d'explorer les solutions possibles. Ils décidèrent à l'unanimité de créer une patrouille des châteaux de sable pour s'assurer que le problème ne se reproduirait plus.

Les Temps d'Échange en Classe (TEC)

Question : Comment faire pour que les problèmes de commérages ne soient plus inscrits à l'ordre du jour des TEC ?

Réponse : Mon conseil est de ne rien faire, ou plutôt, si, de changer notre perception et notre attente d'adulte. Ces problèmes sont au centre de la vie des enfants et sont autant d'occasions de s'entraîner à la résolution de problèmes. Comme les élèves sont appelés à se centrer sur des solutions aidantes, la probabilité est que ce genre de problème devrait diminuer au fur et à mesure qu'ils acquièrent de l'expérience.

Question : Que faire si l'ordre du jour est monopolisé régulièrement par le même groupe d'élèves ?

Réponse : Cette question peut rejoindre l'ordre du jour des TEC, afin que les élèves eux-mêmes puissent y apporter une solution.

Une enseignante qui s'était trouvée dans cette situation décida de mettre le problème à l'ordre du jour car le jeune Maxime inscrivait jusqu'à 10 items par jour dans le cahier, ne laissant pas beaucoup de place aux autres.

La classe décida que chaque personne ne pourrait désormais pas inscrire plus d'un problème par jour dans le cahier. L'enseignante admit que si elle avait tenté de résoudre ce problème elle-même, elle aurait autorisé de 3 à 5 points par jour, alors que la solution de ses élèves lui paraissait bien plus raisonnable que la sienne.

Question : Est-ce que les élèves peuvent inscrire un problème qui concerne leur enseignant à l'ordre du jour ?

Réponse : Si les enseignants ont pleinement intégré l'esprit dans lequel se déroulent les TEC alors ils seront ouverts à la discussion ainsi qu'à l'opportunité d'apprendre. En tous les cas, c'est toujours une excellente occasion pour les élèves d'observer chez l'enseignant(e) ces mêmes compétences qui sont attendues d'eux.

Question : Que faire lorsque les enfants ne reconnaissent pas ce dont ils sont accusés ?

Réponse : Lorsqu'un climat de confiance est établi dans le groupe, cette question ne se pose que rarement.

Quelques suggestions lorsque le problème se pose :

- Demander aux élèves si l'un d'entre eux a été témoin de ce qui s'est passé.
- Faire des jeux de rôle en imaginant comment les choses ont pu se passer. Cette façon ludique d'approcher la question déclenche souvent l'hilarité, et il n'est pas rare que l'élève qui jusque-là niait l'évidence finisse par préciser la façon dont les choses se sont réellement passées.
- Avoir une discussion sur les raisons qui nous poussent parfois à ne pas admettre la vérité.
- Enrichir la discussion en posant des questions comme : *Combien d'entre vous admettraient leur erreur s'ils avaient peur de se faire juger ou d'être blessés par les remarques du*

groupe ? Combien d'entre vous se sont sentis accusés parce qu'ils ne pensaient pas avoir agi de façon inappropriée ?

- Demander au groupe s'il serait prêt à croire ce qu'affirme l'élève et à remettre le problème à l'ordre du jour si celui-ci venait à se reproduire.

Question : Que faire lorsque les élèves se servent de l'ordre du jour pour se venger ?
Mes élèves consultent l'agenda et, s'ils y trouvent leur nom, ils n'hésitent pas à inscrire un autre point pour régler son compte à leur « adversaire ».

Réponse : Effectivement, cela se produit régulièrement, tant que les enfants n'ont pas compris que l'ordre du jour n'est pas un moyen de régler leurs différends, mais de s'entraider.

Quelques idées pour éviter cette difficulté :

- Utiliser une boîte à chaussures, par exemple, dans laquelle on glisse les messages. À chaque jour correspond un papier de couleur, afin de savoir dans quel ordre chronologique les problèmes y ont été déposés.
- L'enseignant en profite pour lancer une discussion ou une recherche de solutions sur comment développer la confiance dans la classe.
- L'élève peut aussi inscrire son problème à l'ordre du jour sans citer de nom. La recherche de solutions sera un peu moins spécifique mais tout aussi aidante.
- Certains enseignants proposent à leurs élèves d'utiliser la boîte non seulement pour les problèmes à traiter, mais également pour les compliments à partager. Ces derniers seront lus à voix haute au début du TEC.

- Lorsque l'enseignant juge que ses élèves sont prêts, il/elle peut décider d'abandonner la boîte et reprendre le cahier.

Question : Dans le primaire, que faire lorsque les élèves font la queue pour inscrire quelque chose dans le cahier ?

Réponse : On peut alors imaginer de proposer la règle suivante : l'ordre du jour n'est ouvert qu'en début de récréation. Cela agit souvent comme un temps de pause : une fois que les élèves ont retrouvé leur calme, beaucoup de problèmes qu'ils avaient en tête n'en sont plus vraiment. Une fois qu'ils ont bien compris l'usage de l'ordre du jour, on peut remettre le cahier en libre-service sans contrainte d'horaire.

Question : Est-ce vraiment indispensable en primaire d'avoir des TEC tous les jours ? Je n'ai pas beaucoup de problèmes et je trouve que ça prend trop de temps.

Réponse : Le TEC est avant tout un outil pour enseigner la coopération et les compétences de vie utiles lorsqu'on vit en collectivité. L'expérience montre qu'un apprentissage est plus efficace s'il est quotidien plutôt qu'hebdomadaire.

Une enseignante m'avait confié ne pas avoir mis en place de TEC car elle avait un groupe d'élèves qu'elle jugeait particulièrement facile et sans problèmes. Ceci, jusqu'au jour où un incident se produisit. Elle voulut alors créer un TEC pour que les élèves puissent chercher des solutions, mais s'aperçut qu'ils n'avaient pas les compétences pour mener à bien le processus de façon aidante.

Le TEC n'est pas tant un outil de résolution de problèmes qu'un moyen d'acquérir les compétences nécessaires pour savoir le faire au quotidien.

Il est arrivé aussi qu'une classe de primaire n'inscrive jamais rien à l'ordre du jour parce que les élèves trouvaient qu'il fallait attendre trop longtemps (toute une semaine) pour que leur problème soit abordé. D'où l'intérêt des temps d'échange quotidiens.

Enfin, il arrive que l'ordre du jour soit vierge, et c'est alors l'occasion de planifier des activités ensemble, de discuter de certains sujets après avoir échangé les appréciations/remerciements/compliments.

Question : Que faire si un point de l'ordre du jour concerne un élève absent ?

Réponse : Deux cas de figure.

- L'élève absent est celui qui a inscrit le problème à l'ordre du jour. On retire tout simplement le problème de l'ordre du jour.
- L'élève absent est impliqué dans le problème. On s'assure que le problème sera traité lors du prochain TEC, car l'absence peut être liée au fait que le nom de l'élève est à l'ordre du jour. Cependant, si l'enseignant soupçonne que c'est effectivement le cas, voilà une opportunité d'en discuter avec l'ensemble de la classe pour trouver des idées qui feront passer le message d'entraide.

Question : Et si les parents ne sont pas d'accord ?

Réponse : Bien souvent, lorsque des parents ne souhaitent pas que leur enfant participe aux TEC, c'est parce que :
* ils ne savent pas véritablement à quoi ils servent ;
* l'enfant, pour avoir leur attention, se plaint d'être à l'ordre du jour de la réunion ;
* la description que les enfants font du TEC a des allures d'audience au tribunal.

Le plus simple est parfois de les inviter à assister à ce temps d'échange. Ils comprennent alors son objet et son intérêt et l'approuvent. Si, dans de très rares cas, ils continuent à ne pas vouloir que leur enfant y participe, l'élève en question pourra faire autre chose durant ce temps.

Question : Et si les élèves ne veulent pas participer ?

Réponse : Les élèves n'ont pas le choix de participer ou non au cours de maths. Il devrait en être de même pour les TEC. Voilà une excellente opportunité de discuter des raisons qui font que l'on peut ne pas avoir envie de participer, et de ce que chacun pourrait faire pour rendre ces moments agréables pour tous.

Question : Comment faire appliquer les décisions ?

Réponse : Habituellement, les élèves sont très conscients de ce qui a été décidé et l'enseignant(e) n'a pas besoin de

Les Temps d'Échange en Classe (TEC)

forcer la décision. Par ailleurs, le sujet peut toujours repartir à l'ordre du jour si les décisions restaient sans effet.

Question : Qui dirige les TEC ? L'enseignant ou les élèves ?

Réponse : Dès que les élèves sont en âge de le faire, ils devraient prendre le plus de responsabilités possible, puisque c'est un moyen pour eux de contribuer et donc de développer leur sentiment d'appartenance. Beaucoup d'enseignants proposent d'avoir chaque semaine un responsable de séance, qui lit l'ordre du jour et passe la parole, et un secrétaire dont le rôle est de consigner toutes les suggestions et les décisions sur un cahier.

Question : Est-ce que le TEC fonctionne au collège et au lycée ?

Réponse : Lorsqu'on est convaincu que les adolescents aiment avoir leur mot à dire lorsqu'ils sont concernés, alors la réponse coule de source. Développer la coopération, rechercher des solutions dans le respect des besoins de tous (respect du monde de l'adulte, de la situation et des élèves), savoir regarder ce que la situation ou la contribution d'autrui a de positif sont autant d'outils indispensables pour le quotidien des jeunes et leur vie d'adulte demain. Les enseignants de collège et lycée évoquent souvent le manque de temps et la pression des échéances académiques, qui d'ailleurs justifie l'espacement des TEC et leur durée limitée. Ils peuvent aussi se faire dans différentes matières, et pas seulement avec le professeur principal. Enfin, le temps utilisé pour les TEC est souvent un temps gagné en tenue de classe.

Question : Est-ce que ce processus fonctionne avec des enfants de maternelle et de CP ?

Réponse : Bien sûr. Le déroulé est simplifié pour s'accorder à leurs capacités, mais je suis toujours surprise par leurs compétences quand je participe avec eux à des recherches de solutions.

Dans le livre *Positive Discipline for Preschoolers* (ndlt : « La Discipline Positive pour les maternelles »), un des exemples décrit un problème récurrent de récréation et la recherche de solutions que la classe décida de faire. Les enfants se jetaient des copeaux de bois en récréation et, déjà, les solutions proposées étaient nombreuses pour améliorer la situation. Quand vint le tour de Noah, 2 ans et demi, elle dit : *Ce matin, j'ai mangé une banane au sucre*. La maîtresse la remercia de sa contribution et le bâton de parole poursuivit sa ronde. Noah n'avait pas encore compris l'objectif du TEC, mais elle développait déjà son sentiment d'appartenance et d'importance tout en absorbant ce que les autres, plus âgés, disaient autour d'elle.

Les plus jeunes ont souvent besoin d'aide pour inscrire leurs problèmes ou leurs envies à l'ordre du jour, ce qui, de fait, implique davantage l'enseignant. Cette étape peut se faire de plusieurs façons :
- un dessin ;
- une retranscription par l'enseignant ;
- leur prénom sur un morceau de papier.

Les Temps d'Échange en Classe (TEC)   329

L'enseignant aura également la main sur le déroulé de la réunion, contrairement à ce qui se pratique avec les élèves plus âgés.

Au début de chaque discussion, cette enseignante demandait à sa classe de CP de réciter les deux objectifs de la réunion :

- *On s'aide les uns les autres.*
- *On cherche à résoudre les problèmes.*

Les 3 règles pour que la réunion se déroule au mieux :

1. *On n'apporte rien dans le cercle.*
2. *On parle chacun son tour.*
3. *Les quatre pieds de la chaise touchent le sol, ainsi que nos pieds.*

Conclusion : faire confiance au processus en se donnant le temps de réussir

Établir la confiance peut prendre du temps. Se lancer dans une approche qui vient rompre avec les habitudes parfois punitives ou qui n'invite pas à la coopération peut entraîner de la part des élèves une phase de mise à l'épreuve de la nouvelle approche.

Un seul conseil : celui de garder nos objectifs à long terme ainsi que le courage de se donner le temps de réussir.

Quels sont les élèves qui resteront insensibles au fait d'être écoutés et respectés dans leurs ressentis ? Quels sont les élèves qui ne bénéficieront pas de l'apprentissage qui consiste à chercher des solutions constructives à leurs problèmes ?

Le Temps d'Échange en Classe est un outil dont la vocation est de construire à plusieurs voix une ambiance de classe favorisant les apprentissages et le plaisir de vivre ensemble dans la coopération et le respect mutuel. De nombreux enseignants témoignent des bénéfices non seulement pour leurs élèves, mais également pour eux : ils disent se faire davantage plaisir dans leur rôle éducatif.

« Boîte à outils »
Discipline Positive – chapitre 9

1. Les élèves et l'enseignant forment un cercle dans lequel chacun est assis au même niveau.
   Par ce symbole, on se place sous le signe de la coopération. L'enseignant(e) n'est pas dans la posture d'enseigner. L'appartenance et la contribution sont les objectifs essentiels du cercle.
2. Dès qu'ils sont en âge de le faire ou dès qu'ils ont la compréhension nécessaire pour le faire, les élèves sont responsables de l'animation du TEC.
3. L'élève qui préside démarre le TEC par la partie des compliments/remerciements/appréciations en passant le bâton de parole ou tout objet symbolisant la prise de parole. Chaque élève dispose alors du choix suivant : partager une appréciation, demander une appréciation ou passer la parole à la personne suivante sans intervenir.
4. Celui ou celle qui reçoit un compliment dira simplement « Merci ».
5. Étape suivante : L'enseignant ou l'élève qui préside fait un point (si nécessaire) sur les solutions mises en place à la suite de la réunion précédente. Il passe ensuite au premier item de l'ordre du jour.
6. Une fois le point lu à haute voix, l'élève qui l'a inscrit à l'ordre du jour peut choisir entre :
   • partager pendant que les autres écoutent ;
   • discuter sans résoudre ;
   • demander de l'aide au groupe classe pour résoudre un problème.
7. Si l'élève a demandé de l'aide au groupe classe, le bâton de parole peut alors circuler d'une suggestion à l'autre (on encouragera aussi la brièveté des commentaires).
8. L'enseignant s'abstient de faire des remarques sur les suggestions des élèves. (Sauf pour s'assurer qu'il s'agit bien d'une suggestion. Il est parfois nécessaire de demander : *Comment pourrais-tu formuler ce que tu viens de dire pour que cela devienne une suggestion ?*) Quand la parole est donnée

à l'enseignant(e), il (elle) peut à son tour faire une suggestion ou un commentaire.

9. Chaque suggestion est notée dans un cahier ou sur une fiche, soit par l'enseignant(e), soit par le/la secrétaire lorsque les élèves sont en âge de le faire.

10. La plupart du temps, deux tours de parole sont nécessaires pour que les élèves aient l'opportunité de faire des suggestions auxquelles ils n'auraient pas forcément pensé avant d'entendre celles de leurs camarades. Cela peut être relativement rapide.

11. L'élève qui a inscrit le problème à l'ordre du jour choisit la solution qui lui paraît la plus aidante. Si deux élèves sont impliqués, chacun peut choisir sa propre solution, à condition qu'elles ne soient pas en conflit. Si c'est le cas, on leur demandera d'en discuter entre eux afin de trouver une formule qui convienne aux deux. On ne procède au vote que si l'ensemble de la classe est concerné.

Les 7 erreurs qui pourraient faire échouer un TEC

1. Ne pas faire de cercle.

2. Ne pas avoir de TEC régulièrement (trois à cinq fois par semaine dans le primaire).

3. Jugement de l'enseignant (considérer les problèmes de l'ordre des « commérages »).

4. Ne pas laisser suffisamment de temps aux élèves pour apprendre à résoudre les problèmes de façon non punitive.

5. Donner des leçons plutôt que faire confiance aux élèves.

6. Ne pas respecter le tour de parole et ne pas donner une chance à chaque élève de s'exprimer ou de passer son tour.

7. Ne pas avoir préalablement établi une atmosphère de classe basée sur la coopération.

10

Comment notre personnalité affecte-t-elle la leur ?

Dans le chapitre 4, nous avons, au travers de la Grille d'Identification des Besoins, étudié comment les enfants peuvent poursuivre un objectif-mirage en utilisant des comportements inappropriés (besoin d'attention ; besoin de maîtrise ; besoin de rendre les choses égales pour effacer une souffrance, une injustice (revanche) ; besoin de confirmer une croyance d'incapacité).

Ce chapitre 10 nous conduit à explorer notre style de fonctionnement, qui repose lui aussi sur nos croyances et qui n'est pas toujours conscient ; on pourrait parler de « priorités-mirages ». Le style ou les styles de fonctionnement qui sont les nôtres invitent à certains comportements chez nos enfants et, de manière plus générale, dans notre rapport à l'autre.

Cette introspection permet de prendre conscience de notre fonctionnement en tant que parent ou enseignant et permet de bien transmettre aux plus jeunes les compétences nécessaires que nous avons identifiées.

La psychologue adlérienne Nira Kefir parle de 4 priorités que poursuit l'adulte à travers son « style de vie » :

- le confort ;
- le contrôle ;
- la volonté de faire plaisir ;
- le sentiment d'importance (supériorité).

Chaque style n'est ni bon ni mauvais mais propice à développer certaines compétences plutôt que d'autres chez l'enfant. Nira Kefir décrit le « style de vie » comme l'association de deux éléments :
- une empreinte directrice de la personnalité, profondément inscrite chez chaque individu depuis la plus petite enfance, résultat des expériences vécues et de leur interprétation subjective ;
- un mode de fonctionnement construit sur cette empreinte, à partir des peurs et priorités fixées inconsciemment, pour éviter ces peurs et satisfaire nos besoins essentiels.

En situation de stress, lorsque les stratégies d'adaptation des adultes sont saturées, ce style de vie inscrit dans l'enfance se révèle. Nous adoptons alors un mode de fonctionnement spécifique à partir duquel nous allons interpréter et gérer les situations. Ce mode de fonctionnement spécifique, que l'on appellera style de fonctionnement directeur, reflète alors la priorité que nous poursuivons.

Dans ce chapitre, nous avons choisi de ne pas utiliser le terme « style de vie », qui peut, en français, se prêter à plusieurs interprétations, et nous parlerons de **« priorité de style de fonctionnement »** ou de **« carte dominante »**.

Nous verrons comment les 4 priorités de style de fonctionnement de l'adulte peuvent être un facteur d'influence sur les décisions et comportements des enfants.

Avant d'approfondir ces concepts de façon simple et éclairante, voici quelques exemples qui nous permettront de partir de situations quotidiennes pour nourrir notre réflexion.

C'est l'heure de se coucher chez les J.

Mme J. n'est pas de nature à s'encombrer de routines organisées, sa priorité est le « confort ». Si cela ne tenait qu'à elle, elle attendrait volontiers que les enfants s'écroulent de sommeil pour les emmener dans leur lit plutôt que de s'exposer aux turbulences d'une discussion sur le sujet du coucher. Dans sa vie, elle veille à éviter le stress et la souffrance émotionnelle. Elle pense donc qu'éviter les conflits à l'heure du coucher fait partie du maintien d'une atmosphère harmonieuse et confortable.

Son mari ne partage pas du tout ce point de vue. Sa priorité est de garder le « contrôle », il est donc essentiel à ses yeux que les enfants aient un programme avec des horaires fixes, et il est prêt à en assumer la responsabilité. Quand c'est lui qui s'occupe des enfants, il les surveille et les accompagne dans chaque étape : mettre son pyjama, se brosser les dents soigneusement, et être au lit à 20 h 30 précises. Sa conviction profonde, c'est qu'en gardant le contrôle sur ses émotions et ses actes, sur les événements et sur les autres, il réduit beaucoup les risques de se trouver exposé à la critique ou à l'humiliation d'être pris en défaut.

Face à la difficulté, M. et Mme J. ont donc des réactions souvent diamétralement opposées. Leurs enfants sont sensibles à ces différences de fonctionnement, qui les invitent tout naturellement à tester les limites de chacun.

Découvrons les deux autres cartes dominantes avant d'ancrer les styles de fonctionnement dans une réflexion plus théorique.

C'est aussi l'heure du coucher du côté de la famille S.

Mme S. est convaincue que, pour leur bien, les enfants doivent se coucher à l'heure, et pour les en convaincre, elle leur fait la morale. Ils doivent intégrer que c'est leur responsabilité de faire ce qui est bien. Ses enfants n'accordent aucune attention à ses grands discours, et elle est très frustrée d'être prise à la légère. C'est tout juste s'ils l'écoutent quand elle parle ! Quel affront !

S'il y a bien une chose qui est insupportable à Mme S., c'est d'avoir l'impression de compter « pour du beurre ». Ce qu'elle essaye d'éviter, dans la vie, c'est le manque de sens ; et elle croit que, pour donner du sens à la vie, il faut faire les choses de la meilleure façon. La priorité qui marque le comportement de Mme S. est ce que l'on appelle la « supériorité ».

L'approche de M. S. est bien différente. Ce qu'il veut, c'est que ses enfants soient heureux et que le moment du coucher soit facile ; alors, pour que ce soit un moment agréable, il les couche à grand renfort de tendresse et de complicité.

Il a un jeu pour qu'ils enfilent leur pyjama, et un autre pour qu'ils se brossent les dents. Il leur lit des histoires, retourne sans se lasser chercher des verres d'eau, et revient encore et encore pour les éternels derniers câlins. Ce qui l'anime, c'est le désir de gagner l'amour de ses enfants et d'éviter à tout prix d'être rejeté ; il a le sentiment que cela est garanti dès lors qu'il rend leur coucher amusant, et qu'il répond à toutes les requêtes de ses enfants. Sa priorité est de « faire plaisir ».

Inutile de dire que les styles de fonctionnement et les priorités de M. et Mme S. n'ont pas grand-chose en commun.

Dans un souci d'illustration de la théorie de Nira Kefir et pour en faciliter la compréhension, le trait est volontairement forcé dans les exemples présentés. Cependant, de nombreux parents et enseignants reconnaîtront sans doute certains traits de leur propre style de fonctionnement.

Démêler l'écheveau étroitement tissé des interactions familiales, où se mélangent les différences de personnalité, les croyances et la logique interne de chacun, est loin d'être une sinécure. Prendre conscience de cette complexité et mieux comprendre les différents éléments qui la composent permettent déjà d'avancer.

Les perceptions et décisions qui motivent les comportements des enfants ont été le fil conducteur des chapitres précédents. L'objet du chapitre 10 est de mieux comprendre comment les décisions et les comportements des adultes affectent la personnalité des enfants. Voilà pourquoi il est important pour l'adulte de connaître son propre style de fonctionnement et comment celui-ci l'influence dans le quotidien, afin d'avoir conscience de son impact sur le développement de la personnalité de l'enfant.

Chaque style de fonctionnement possède ses atouts et ses faiblesses dans nos interactions avec les autres, et plus particulièrement avec l'enfant. Une meilleure connaissance des cartes dominantes existantes et de notre propre façon de fonctionner nous permettra de choisir, le plus souvent possible, de construire à partir des atouts de notre style plutôt que de rester prisonnier de ses travers.

Priorités, carte dominante et deuxième carte

▶ **Les notions de carte dominante et deuxième carte**

Le style de fonctionnement est le reflet de l'empreinte directrice de la personnalité : il se construit à partir de toutes ces décisions plus ou moins conscientes qui s'accumulent depuis la petite enfance. Aujourd'hui, nos enfants, nos élèves sont en train de mettre en place cette logique interne qui les accompagnera toute leur vie.

Notre style de fonctionnement ne dit pas qui nous sommes. En décrivant notre façon d'être, il reflète simplement notre « carte dominante », la priorité que nous poursuivons dans les décisions que nous prenons et les actes que nous posons pour éviter nos peurs et développer notre sentiment d'appartenance et d'importance dans la vie. Les styles de fonctionnement sont pour ainsi dire universels. Ce qui diffère d'un individu à l'autre sont les priorités que l'on choisit pour satisfaire nos besoins essentiels. Ne pouvant tout choisir, on est amené à vivre avec les atouts et les travers de chacune de nos priorités.

En réalité, selon Nira Kefir, nous avons bien souvent 2 cartes : une carte que nous jouons dans les contextes de crise, de conflit, d'urgence, et une autre qui correspond à notre style quotidien.

La **carte dominante (ou style de fonctionnement directeur)** est l'ensemble des comportements que l'individu a tendance à avoir lorsqu'il se sent menacé et incertain dans son besoin d'appartenance et d'importance.

La **deuxième carte (ou style de fonctionnement habituel)** est l'ensemble des comportements que l'individu a tendance à avoir lorsqu'il a un sentiment d'appartenance et d'importance dans sa vie de tous les jours.

On revendique facilement les atouts de chaque carte alors que l'on en rejette volontiers les aspects négatifs.

▶ Les quatre cartes dominantes et le style de fonctionnement correspondant

La carte dominante « contrôle »

La plupart d'entre nous aiment avoir un certain contrôle sur la vie sans pour autant vouloir s'exposer à la critique et au ridicule. Cependant, les adultes qui fonctionnent avec pour carte dominante le « contrôle » supportent moins bien la critique que d'autres. Ils sont persuadés que le meilleur moyen d'éviter cette souffrance est de maîtriser parfaitement la situation. C'est une perception et non le reflet d'une réalité. Ce qui risquera d'accabler certains fera rire ceux dont la carte dominante n'est pas le contrôle. Ce qui fait la différence entre deux cartes est bien souvent l'intensité du ressenti attaché à ce que l'on tente d'éviter.

À noter qu'exercer son contrôle sur autrui n'est généralement pas l'objectif premier de cette carte : pour se sentir en sécurité, l'adulte ayant un style de fonctionnement « contrôle » a besoin de maîtriser la situation et de se sentir en contrôle de ses émotions. Mais dans un tel cas, l'enfant a vite fait d'interpréter les comportements de l'adulte comme une tentative d'emprise sur lui. On comprend alors mieux pourquoi cette carte dominante invite souvent l'opposition chez l'enfant. Cela me rappelle le commentaire d'une participante à un atelier de Discipline Positive pour parents qui s'exclama, à la lumière de ces explications : *Je comprends maintenant ce que mes enfants tentaient de me dire et pourquoi ils étaient si souvent en opposition !*

Ainsi, dans le précédent exemple du coucher, M. J. fonctionne avec pour carte dominante le « contrôle ». Il a pour objectif de s'éloigner de tout ce qui risquerait de le remettre en cause (critiques, jugements, humiliation) en exerçant un contrôle infaillible aussi bien sur lui-même que sur l'autre ou sur la situation. La fermeté excessive n'offre pas le loisir aux enfants d'être impliqués dans la mise en place des règles et peut ainsi susciter la rébellion ou le retrait. D'autres enfants pourront aussi décider que le seul moyen d'être aimés par leurs parents est de se soumettre passivement.

La carte dominante « supériorité »

Beaucoup de gens sont séduits par l'excellence et l'envie de progresser, et personne n'aime se sentir inutile et avoir l'impression de ne pas contribuer.

Les adultes qui fonctionnent avec pour carte dominante la « supériorité » emploient toute leur énergie à se tenir le plus éloignés possible de ce sentiment de ne pas compter, de ne pas apporter quelque chose aux autres. La supériorité sur les autres ou la prise d'ascendant sur les autres n'est pas l'objectif de cette carte. Les adultes ayant cette priorité dans leur style de fonctionnement sont persuadés qu'ils ne sont à la hauteur qu'à condition d'exceller dans leur domaine, et donc de constamment se dépasser. Cette tendance chez les parents suscite bien souvent chez l'enfant le sentiment de ne pas être capable.

Ainsi ce père, participant à un atelier de Discipline Positive, qui prit conscience de sa carte dominante « supériorité » et qui décida de changer d'approche avec son fils, nous déclara : *Je passais mon temps à dire à mon fils qu'il pourrait faire mieux si au moins il s'en donnait la peine ! Je pensais alors le motiver. Je m'aperçois combien mes commentaires devaient être décourageants et ont pu l'enfoncer dans son sentiment d'incapacité !*

L'adulte qui fonctionne avec pour carte dominante la « supériorité » ne se rend pas compte que, dans son besoin d'avoir raison pour ne pas se sentir inutile, il risque d'inviter chez l'enfant le sentiment de ne pas être compétent. Comment l'enfant pourra-t-il se sentir à la hauteur des attentes de ce parent qui sait toujours quelle est la meilleure façon de procéder ? À terme, cet enfant risque de se dévaloriser et de se désengager, ou au contraire de tout investir afin d'exceller, au détriment de la certitude de se savoir aimé quoi qu'il arrive et quoi qu'il fasse.

La carte dominante « confort »

L'envie de se sentir bien est unanime : personne ne souhaite être exposé à la souffrance, qu'elle soit physique ou morale, ni au stress. Mais les adultes qui fonctionnent avec pour carte dominante le « confort » peuvent parfois aller jusqu'à organiser leur quotidien de telle façon qu'ils éliminent toute source de stress et de conflit. Cette priorité peut amener les enfants à se montrer très exigeants à travers des comportements d'enfants gâtés.

Une mère, en pleine prise de conscience, me fit cette remarque : *Je comprends maintenant pourquoi je suis toujours stressée. Croyant bien faire, je n'ai jamais appris à mes enfants à prendre en charge la satisfaction de leurs besoins, à participer au bon fonctionnement de la vie familiale. J'ai obtenu exactement le contraire de ce que je voulais !*

Cette valorisation excessive du confort conduit l'adulte à négliger l'importance pour l'enfant d'apprendre à naviguer dans un cadre. La liberté d'action ainsi donnée aux enfants risque d'installer chez eux la croyance qu'ils peuvent agir sans limites ni prise en compte des règles sociales. Comment peuvent-ils alors apprendre la responsabilité sociale ?

La carte dominante « faire plaisir »

Peu de gens aiment se sentir rejetés ou laissés de côté. Mais lorsqu'un adulte fonctionnant avec la carte dominante « faire plaisir » se sent en insécurité, il fera absolument tout son possible pour se faire apprécier et accepter. Cette priorité peut finir par agacer ou inviter l'enfant à en tirer parti.

Un père constatait la chose suivante : *Pas étonnant que mes enfants ne semblaient pas apprécier tout ce que je faisais pour leur faire plaisir ! Dans mon besoin de faire plaisir, j'essayais de deviner et d'anticiper leurs besoins sans jamais vraiment m'intéresser à ce qu'ils voulaient réellement. J'en concluais qu'ils n'avaient aucune gratitude sans avoir conscience de ce que mon comportement invitait chez eux.*

L'adulte qui fonctionne avec pour carte dominante la volonté de « faire plaisir » évite à tout prix de se sentir rejeté et abandonné. Cependant, dans les efforts qu'il déploie pour faire plaisir, cet adulte n'a pas conscience que son comportement peut inviter l'enfant à développer la croyance suivante : *Je n'appartiens que lorsque les autres s'occupent de moi et répondent à tous mes désirs.*

▶ Ce que l'on redoute pour soi est parfois ce que l'on invite chez l'enfant

Ce que nous fuyons ou tentons d'éviter est dans certains cas ce que nous invitons chez l'autre (par exemple : une carte « supériorité » et son besoin de compter, de faire une différence, invitent parfois un sentiment d'infériorité chez l'autre. Ce sentiment correspond justement à ce que cette carte n'aime pas ressentir).

Il est intéressant d'observer que lorsque l'individu est en situation de stress, lorsque ses stratégies habituelles ne suffisent pas, il a tendance à se recentrer sur son empreinte directrice de personnalité. Il se fixe alors inconsciemment une priorité et adopte des comportements qui provoquent bien souvent l'effet contraire à celui recherché.

L'adulte qui cherche constamment à faire plaisir aux enfants risque de ne pas y parvenir s'il oublie de prendre en compte le véritable besoin de l'enfant. De même, l'adulte qui évite certaines étapes désagréables pour préserver le confort du moment peut finir par générer du stress supplémentaire en invitant le manque de coopération des enfants.

L'adulte en contrôle excessif peut quant à lui provoquer la rébellion et la résistance, comportements qui s'accompagnent bien souvent de ce qu'il redoute justement le plus : les critiques et l'humiliation.

Enfin, dans sa quête d'importance, il n'est pas rare que l'adulte avec une carte dominante de « supériorité » invite chez l'enfant ce que lui-même craint le plus, un sentiment d'infériorité et d'incapacité, la croyance de ne pas être à la hauteur.

Les styles de fonctionnement n'ont qu'un objet, celui de satisfaire nos besoins d'appartenance et d'importance. À l'image des enfants qui poursuivent parfois des objectifs-mirages, pour y parvenir, les adultes se laissent guider par des priorités-mirages et prennent des moyens inappropriés qui produisent alors l'effet inverse de ce qui est recherché. Nous instaurons ainsi une distance dans nos relations au lieu de créer ce sentiment d'appartenance qui nous est si cher.

Avoir conscience de nos ressources et de nos travers, être capables d'autodérision nous permettra d'être plus efficaces dans notre rapport à l'autre, et en particulier avec nos enfants.

CARTES DOMINANTES

Si ce que vous évitez en priorité est :	Alors votre carte dominante (priorité) s'appelle :	Et lorsque vous êtes stressé, vous avez peut-être tendance à :	Lorsque vous n'êtes pas stressé, vous pouvez avoir comme atouts et qualités :
Le rejet et l'abandon	Faire plaisir	Agir amicalement. Dire oui mais penser non. Abandonner. Vous soucier de ce que les autres veulent plus que de vos propres besoins. Discuter plutôt qu'agir directement. Essayer de tout arranger pour que tout le monde soit content. Réclamer de la compréhension. Vous plaindre. Vous adapter. Travailler dur. Dramatiser. Vous taire et rester sans réaction. Être dans le rationnel et éviter vos sentiments. Vous lamenter et être désolé pour vous-même.	Être sensible et à l'écoute des autres. Avoir beaucoup d'amis. Prévenant. Capable de faire des compromis. Non menaçant. Enclin à être volontaire. De confiance. En général, voir les côtés positifs des gens et des situations. Être une personne aimante et aimée lorsque vous ne recherchez pas à obtenir de l'approbation.
La critique et l'humiliation d'être pris en défaut	Le Contrôle	Maîtriser vos émotions à tout prix. Diriger les autres. Organiser. Rester silencieux et attendre de l'affection des autres. Faire soi-même. Cacher ses sentiments. Assurer ses arrières avant de se lancer. Se plaindre, soupirer, se mettre en colère. Remettre à plus tard. S'expliquer, se défendre. Être physique. Mettre de la distance avec les autres, des barrières.	Bon leader et gestionnaire de crise. Sûr de vous. Persévérant. Bien organisé. Productif. En respect de la loi. Obtenir tout ce que vous voulez. Capable de faire et de résoudre. Prendre les choses en main. Attendre patiemment. Être une personne généreuse et sereine lorsque vous ne recherchez pas le contrôle.

Comment notre personnalité affecte-t-elle la leur ?

Voici certains problèmes que vous pouvez créer ou rencontrer :	Ce dont vous avez besoin de la part des autres lorsque vous êtes stressé :	Ce sur quoi vous pouvez travailler :	Ce dont vous rêvez peut être :
Inviter la revanche et le sentiment de rejeter chez les autres. Rancune et sentiment d'être ignoré. Se créer des problèmes en essayant d'avoir l'air bien alors qu'on ne sont pas comme on voudrait qu'elles soient. Ralentissement du développement personnel. Perte de votre estime personnelle. Oublier vos propres besoins.	Vous dire combien ils vous aiment. Beaucoup de contacts physiques. Vous montrer leur approbation. Vous montrer leur appréciation. Vous faire savoir que vous n'aurez pas de problème si vous montrez ce que vous ressentez vraiment.	Être plus ouvert, honnête, et dire ce que vous pensez et ressentez. Dire non et le penser. Poser des limites. Laisser les autres avoir leurs sentiments et ne pas prendre leur comportement personnellement. Passer du temps seul et ne pas essayer de satisfaire tout le monde. Ne pas hésiter à demander de l'aide ou un autre point de vue.	Faire ce que vous voulez sous les applaudissements des autres. Être apprécié et accepté. Que les autres s'adaptent à vous. Que les autres vous prennent en charge et fassent disparaître tous vos tracas.
Manquer de spontanéité. Mettre de la distance socialement et émotionnellement. Désirer cacher ses faiblesses. Inviter aux luttes de pouvoir. Se rendre malade. Éviter d'aborder des problèmes qui risquent d'engendrer des critiques. Sur la défensive plutôt que dans l'ouverture. Attendre parfois la permission. Être critique et accusateur.	Que les autres disent d'accord, vous offrent des choix, vous laissent commander, vous demandent comment vous vous sentez, vous donnent du temps et de l'espace pour gérer vos sentiments et vos émotions.	Vous rappeler que vous n'êtes pas responsable des autres. Ne pas chercher à résoudre des problèmes que vous n'avez pas et progresser par étapes et à petits pas. Vous arrêter et écouter les autres plutôt que de prendre une position de retrait. Identifier ce que vous souhaitez et le demander. Écouter plutôt que d'être sur la défensive. Demander de l'aide et des choix. Déléguer.	Être en contrôle même si d'autres sont meilleurs, plus intelligents. Obtenir de la coopération, du respect et de la loyauté. Que les autres vous fassent confiance et vous donnent la permission de faire ce que vous souhaitez. Avoir des choix et aller à votre rythme.

Si ce que vous évitez en priorité est :	Alors votre carte dominante (priorité) s'appelle :	Et lorsque vous êtes stressé, vous avez peut être tendance à :	Lorsque vous n'êtes pas stressé, vous pouvez avoir comme atouts et qualités :
L'inutilité et l'insignifiance	La Supériorité	Dénigrer les gens ou les choses. S'autocritiquer (se dévaluer). Parler de l'absurdité de la vie. Corriger les autres. En faire trop. Être en mode *y a qu'à, faut qu'on*. Chercher à faire toujours mieux, toujours plus. Exiger. Changer de sujet et modifier la donne. Pleurer, crier et se plaindre des autres. S'entêter et s'acharner. Être indécis. Devenir expert. Chercher des partisans. Se battre, que ce soit nécessaire ou non.	Compétent. Précis. Idéaliste. Efficace. Drôle. Vous recevez beaucoup de félicitations, de récompenses. Vous n'attendez pas que les autres vous disent que faire. Une grande confiance en soi. Vous pouvez être une personne profonde à forte contribution lorsque vous ne recherchez pas de la reconnaissance.
Le stress et la souffrance	Le Confort	Faire des blagues. Intellectualiser. Ne faire que les choses que l'on maîtrise déjà. Éviter les nouvelles expériences ou les prises de risque. Choisir l'option la plus facile. Ne pas finir ses phrases. Cacher son imperfection. Surréagir. Se plaindre. Pleurer. Crier. Gérer à petite échelle, infantiliser et gâter les autres. Ne pas demander d'aide. Se rétracter dans sa coquille. Attaquer le premier et de façon inattendue. Verrouiller son cœur.	Être de bonne compagnie. Être souple. Mener à bien ce que vous entreprenez. Facile à vivre. Prendre en charge vos propres besoins. Savoir s'appuyer sur les autres pour recevoir de l'aide. Permettre aux autres de se sentir à l'aise. Être une personne courageuse et agréable quand vous ne recherchez pas le confort.

Comment notre personnalité affecte-t-elle la leur ?

Voici certains problèmes que vous pouvez créer ou rencontrer :	Ce dont vous avez besoin de la part des autres lorsque vous êtes stressé :	Ce sur quoi vous pouvez travailler :	Ce dont vous rêvez peut être :
Être débordé, surchargé. Inviter les autres à se sentir incapables et sans valeur. Être perçu comme un ou une « je-sais-tout », irrespectueux et insultant sans en avoir conscience. Ne jamais être content ni satisfait des actes d'autrui. Devoir gérer trop de personnes imparfaites. Être parfois incapable de faire quoi que ce soit. Passer trop de temps à douter de sa propre valeur.	Qu'on vous dise à quel point votre contribution est importante. Qu'on vous remercie de votre contribution. Qu'on vous aide à commencer avec une première étape. Qu'on vous dise que vous avez raison.	Arrêter de chercher le mal et commencer à travailler sur des solutions. Féliciter ce qui mérite de l'être, y compris vous-même. Regarder ce que vous avez plutôt que ce qui vous manque. Montrer de l'intérêt pour les autres et être curieux d'eux. Aller vous promener, faire du sport et manger sainement.	Être le meilleur pour prouver votre valeur. Faire le mieux possible. Recevoir les compliments et la reconnaissance des autres, et être en connexion spirituelle. Être assuré d'avoir raison.
Accepter de vous ennuyer. Être feignant, manquer de productivité. Être difficile à motiver. Ne pas faire ce qui vous revient de faire. Réclamer de l'attention en plus et des traitements particuliers. Vous vous inquiétez beaucoup sans que les autres le sachent. Perdre la capacité de partager. Éviter les situations inconfortables plutôt que de les affronter. Attendre d'être pris en charge plutôt que d'être indépendant. Générer du stress chez les autres.	Qu'on ne vous interrompe. Qu'on vous demande de faire des commentaires. Qu'on vous écoute calmement. Qu'on vous laisse de la place. Qu'on vous témoigne de la confiance. Qu'on encourage vos progrès un à un.	Créer des routines. Être présent et rester, même si ce n'est qu'en mode observatoire pour commencer. Parler, poser des questions et exprimer clairement votre volonté plutôt que de juste émettre des suppositions. Dire aux autres ce que vous ressentez. Demander à quelqu'un de faire quelque chose avec vous jusqu'à ce que vous soyez à l'aise. Partager ce que vous savez faire.	Que les choses soient aussi faciles qu'elles en ont l'air. Être tranquille dans votre élément et à votre rythme. Ne pas avoir besoin d'argumenter, d'expliquer.

Comment se construit notre style de fonctionnement

▶ **Les styles de fonctionnement directeurs (à la lumière des croyances et des décisions de l'enfance)**

Nous avons vu dans les premiers chapitres comment l'enfant construit sa logique interne à partir de ses perceptions sur le monde qui l'entoure, de ses croyances et de ses décisions. Les conclusions le plus souvent inconscientes de l'enfant sont de l'ordre du « par conséquent, je dois… ». D'une même situation peuvent naître plusieurs lignes de conduite :

Style de fonctionnement directeur avec la priorité « confort » : *Je suis petit, les autres sont grands, par conséquent, je dois faire en sorte que les autres s'occupent de moi.*

Style de fonctionnement avec la priorité « contrôle » : *Je suis petit, les autres sont grands, par conséquent, je vais me contrôler et contrôler la situation afin de ne pas être pris en défaut et donc humilié.*

Style de fonctionnement avec la priorité « faire plaisir » : *Je suis petit, les autres sont grands, par conséquent, je vais faire plaisir aux autres pour être sûr qu'on m'aime.*

Style de fonctionnement avec la priorité « supériorité » : *Je suis petit, les autres sont grands, par conséquent, je vais tout faire pour les rattraper et essayer de faire toujours mieux.*

N'est-il pas incroyable de penser que l'empreinte directrice de notre personnalité, celle qui guide nos pas sur les chemins de la vie, a été construite dans notre toute petite enfance, dès l'âge de 3 ans ?

Est-ce que vous embaucheriez un enfant de 3 ans comme architecte pour construire la maison de vos rêves ? Cette idée saugrenue fait probablement sourire, et pourtant, c'est dès la naissance et en toute inconscience que nous commençons à construire cette logique interne qui sera la nôtre pour le restant de nos jours. Sachant cela, est-il si surprenant que nos styles de fonctionnement directeurs demandent certains ajustements au cours du temps ? De nos premiers pas aux turbulences de l'adolescence, nous accumulons perceptions, ressentis, croyances et décisions sans pour autant avoir le recul, la sagesse et l'objectivité qui sont le fruit de la maturité.

Connaître et comprendre la priorité de son style de fonctionnement directeur permettent d'y apporter les modifications qui y conviennent. C'est aussi l'opportunité d'être attentif au style de fonctionnement en devenir de nos enfants, les priorités qu'ils installent et de mieux comprendre leurs réactions lorsqu'ils se sentent fragilisés ou vulnérables.

▶ **Identifier notre carte dominante**
(la priorité qui découle de l'empreinte directrice
de notre personnalité)

Les affirmations suivantes pourront peut-être éclairer ceux et celles qui n'ont pas encore identifié la priorité attachée à leur style de fonctionnement directeur :

Je me sens au mieux lorsque mon entourage et moi-même sommes bien, heureux et à l'aise. Je me sens mal lorsqu'il y a des tensions, du mal-être et que je suis en situation de stress.

> La priorité de mon style de fonctionnement directeur est le **« confort »**.

Je me sens au mieux lorsque les choses sont organisées, ordonnées, prévisibles ; que je maîtrise la situation et suis en contrôle de mes émotions. Je me sens au plus mal lorsque j'ai l'impression d'être pris en défaut, critiqué, humilié ou jugé pour quelque chose que j'aurais dû savoir faire ou que je n'ai pas fait.

> La priorité de mon style de fonctionnement directeur est le **« contrôle »**.

Je me sens au mieux lorsque je peux éviter les conflits pour faciliter les choses et profiter du moment. Je me sens mal lorsque j'ai l'impression d'être exclu, rejeté ou pas apprécié.

> La priorité de mon style de fonctionnement directeur est de **« faire plaisir »**.

Je me sens au mieux lorsque je suis en situation de réussite et que ma contribution est valorisée. Je me sens mal lorsque j'ai l'impression de ne rien apporter, d'être inutile et peu compétent.

> La priorité de mon style de fonctionnement directeur est la **« supériorité »**.

L'affirmation qui correspond le mieux à ce que nous ressentons personnellement, à notre état d'esprit, identifie la priorité de notre style de fonctionnement directeur, qu'on appelle donc aussi notre carte dominante.

Par temps calme, sans inquiétude d'être rejeté, humilié, en souffrance ou inutile, nous laissons de côté cette empreinte, signature de l'enfance. Ce n'est qu'en situation d'insécurité et de stress perçu que nos comportements s'ancrent dans ce qu'il y a de moins constructif. C'est précisément cette attitude qui sous-tend bien souvent les conflits que nous avons avec nos enfants.

J'ai précisé « de stress perçu[1] » parce c'est bien ce dont il s'agit lorsqu'on évoque le stress. Nous sommes dans le domaine de la perception. Ce qui est stressant pour l'un ne l'est pas forcément pour un autre. Adler disait : « Vos pensées ont le sens que vous leur donnez. »

▶ **Identifier notre deuxième carte**
(la priorité exprimée dans notre style
de fonctionnement habituel)

Si on dit par exemple : *Je n'ai certainement pas envie de me sentir humilié ou critiqué, mais je ne crois pas qu'il soit fondamental pour moi de contrôler les autres et d'être toujours en maîtrise de mes émotions. En fait, j'essaye habituellement de faire plaisir aux autres.* Il est probable que la priorité de ce style de fonctionnement habituel soit de « faire plaisir ».

On appelle **style de fonctionnement habituel** ou **deuxième carte** notre mode opératoire au quotidien, parce qu'il correspond à nos choix de fonctionnement lorsque tout va bien et que rien ne nous menace dans la satisfaction de nos besoins essentiels.

---

1. Cette notion est développée dans mon livre *Serenity: Eliminating Stress and Finding Joy and Peace in Life and Relationship* (ndlt : « Sérénité : comment éliminer le stress en trouvant joie et paix dans notre vie et nos relations »).

Rappelons que ce n'est que lorsque les situations nous apparaissent stressantes que nous retournons à notre style de fonctionnement directeur et changeons de priorité. Pour reprendre l'exemple précédent, c'est sous pression que l'on basculerait du « faire plaisir » au « contrôle » pour éviter la critique.

En d'autres termes, c'est en fonction des circonstances et de la satisfaction ou non de nos besoins essentiels que nous choisirons des comportements représentatifs des différentes priorités de style de fonctionnement. Il est important de préciser que le style de fonctionnement directeur reste toujours en toile de fond et que le choix des priorités secondaires se fera le plus souvent aussi sous l'influence de l'empreinte directrice.

Une personne qui a un style de fonctionnement avec pour priorité le contrôle pourra choisir de faire plaisir pour contrôler la situation, d'exceller pour obtenir le contrôle ou faire en sorte que la situation ne soit pas stressante pour garder un sentiment de maîtrise. Cette phrase illustre le point précédent. On peut obtenir le contrôle en passant par d'autres cartes.

Les cartes dominantes au regard des styles de parentalité et d'enseignement

Les ressources et les travers de chaque **style de fonctionnement directeur** influencent la façon dont nous nous comportons en tant que parent et enseignant. L'idée de cette théorie n'est pas de créer des stéréotypes, mais d'offrir un cadre éclairant sur nos choix et la façon dont nous souhaitons accompagner le développement des enfants. Lorsque nous comprenons les ressorts de nos travers, nous avons alors la possibilité de les modifier en toute conscience. Nous devenons ainsi acteurs de ce que nous avons envie de transmettre, nous devenons pleinement responsables de nos comportements et nous sommes plus à même d'apporter des réponses aidantes aux difficultés inhérentes à l'éducation des enfants.

▶ Influence et pistes d'amélioration de la carte dominante « confort »

La carte dominante « confort » s'accompagne de ressources qui font du bien et permettent d'apprécier les bons côtés de la vie : prendre le temps d'une respiration, rendre le quotidien confortable et prévisible, se faire plaisir sont des traits que l'on peut trouver chez l'adulte dont la priorité est le « confort ». Ces ressources sont détaillées dans le tableau des pages 348-349.

Les outils de Discipline Positive peuvent aider ces adultes à comprendre que leur inclination naturelle au « laisser faire » et parfois à la permissivité a pour but de leur éviter de se trouver dans une situation stressante. En effet, au-delà des bons côtés de cette carte réside aussi le risque de trop gâter les enfants ou d'avoir une classe sans ordre et sans limites bien établies.

Pour profiter pleinement des atouts de cette carte dominante, les adultes pourront par exemple impliquer leurs enfants et leurs élèves dans la mise en place de règles, de routines, en se fixant ensemble des objectifs et en recherchant des solutions, que ce soit en classe ou à la maison.

Voici l'histoire de Mme C. ; sa carte dominante est le « confort ». Pour aller au plus facile, elle a bien souvent laissé ses enfants prendre seuls leurs décisions, et a souvent trop vite cédé face à leurs demandes, juste parce que cela lui semblait plus simple. Cependant, la solution de facilité les entraînait souvent, elle et ses enfants, dans des situations inconfortables, voire stressantes. Enfants et parents sont entrés dans un jeu de tyrannie émotionnelle (allant de la pleurnicherie à la colère violente jusqu'à ce que la mère cède) extrêmement éprouvant pour chacun. Au lieu de créer le climat de confort et d'harmonie qu'elle recherche tant, l'attitude de Mme C. a été la source d'une ambiance familiale très tendue.

Elle fut donc vraiment contente de découvrir qu'en identifiant ses priorités et en les comprenant, elle pouvait en développer les avantages, et en diminuer les impacts négatifs. C'est ainsi que Mme C. se mit à prendre le temps d'enseigner à ses enfants le respect mutuel, ainsi que d'autres compétences de vie essentielles. Elle veilla aussi à leur faire expérimenter ce qu'ils apprenaient. Ainsi, pour l'argent de poche, elle leur attribua un montant précis et fixe, et elle parla avec chacun du sens de l'épargne et des dépenses. Ensuite, elle les laissa apprécier les conséquences de leurs choix.

Quand ses enfants lui demandaient quelque chose, elle inscrivait leurs requêtes à l'ordre du jour des TEF pour en discuter plus tard. Lors du TEF, tous étaient invités à trouver des idées pour permettre à chacun d'obtenir ce qu'il voulait par ses propres efforts. Ils établirent ensemble des routines pour le lever et le coucher, un plan pour la répartition des tâches ménagères, et programmèrent des sorties en famille.

Mme C. prit conscience du fait que bien des décisions lui incombaient : choisir une école maternelle, poser des limites en matière de sécurité et expliciter les attentes et les limites en termes de comportement. Les enfants n'ont pas à décider quel trajet doit prendre leur mère pour les ramener de l'école ; n'ont pas le choix de se laver ou non, ni de donner leur accord pour que leur mère invite un petit cousin pendant le week-end.

La plupart de ces décisions relevaient de la responsabilité parentale, et leur soumettre ces choix finissait par créer chez ses enfants un sentiment d'insécurité, ce qui s'avère être à l'opposé de ce que recherche justement le porteur d'une carte dominante « confort ». Le changement d'attitude de Mme C. s'accompagna non seulement d'un sentiment de sécurité grandissant chez ses enfants, mais également d'une atmosphère familiale plus détendue et propice aux apprentissages.

▶ Influence et pistes d'amélioration de la carte dominante « contrôle »

La carte dominante « contrôle » offre en modèle aux enfants toute une panoplie de ressources extrêmement utiles comme le sens de l'organisation, la planification, le respect de l'ordre et des règles, la détermination ou l'assertivité. Ces ressources sont détaillées dans le tableau des pages 346-347.

Les outils de Discipline Positive peuvent aider les adultes dont le « contrôle » est la priorité à faire preuve de plus de flexibilité avec leurs enfants ou leurs élèves. Un contrôle excessif invite la résistance et ne facilite pas l'apprentissage des compétences que ces adultes souhaitent pourtant transmettre. Parents et enseignants gagneraient en efficacité par la simple prise de conscience de leur besoin de maîtrise. Ils pourraient alors valoriser leurs ressources en offrant des choix, en posant des questions de curiosité, en impliquant davantage les enfants dans les décisions et en s'entraînant à lâcher prise.

Regardons l'exemple de Mme D., dont la carte dominante est le « contrôle ». Elle a toujours dit à ses enfants ce qu'ils devaient faire, comment et quand ils devaient le faire, et bien évidemment sans la moindre possibilité pour eux de répondre. Elle était profondément convaincue que c'est là l'attitude normale d'un parent responsable. Mais son comportement de contrôle systématique s'avérait clairement contre-productif pour enseigner à ses enfants l'autodiscipline, le sens des responsabilités, la coopération et la capacité à résoudre des problèmes.

Deux de ses trois enfants étaient en rébellion constante, ne fichant rien, toujours en train de tester les limites, jusqu'au moment où ils se faisaient punir. Mme D. avait, du coup, la sensation que le contrôle lui échappait complètement, ce qui est exactement ce qu'elle cherchait à éviter. La lutte de pouvoir était permanente avec ces deux enfants. Quant au troisième, il avait adopté l'attitude inverse, celle de la soumission absolue : son seul objectif semblait être de gagner l'approbation de sa mère, en faisant tout pour

Comment notre personnalité affecte-t-elle la leur ?

lui faire plaisir et en essayant de se montrer à la hauteur de ses exigences. Alors, au lieu de se construire en développant les compétences dont il aurait eu besoin pour être heureux et ouvert au monde, il se laissait envahir par la peur de ne pas satisfaire les autres, en quête permanente d'approbation.

Grâce à la prise de conscience des priorités et de ce qu'elles pouvaient inviter chez l'enfant, Mme D. décida de s'appuyer sur ses atouts sans tomber dans les travers de sa carte dominante « contrôle ».

Elle décida de développer la coopération en instaurant les TEF, en impliquant ses enfants dans la recherche de solutions. Elle apprit à oser poser des questions de curiosité, et ses enfants découvrirent tout ce que l'on apprend lorsqu'on peut faire l'expérience de ses choix dans une atmosphère d'amour inconditionnel. Le fait de ne plus tout assumer, de partager les choix et les responsabilités avec ses enfants, eut un effet libératoire tout en donnant à chacun un sentiment de maîtrise très agréable.

▶ **Influence et pistes d'amélioration de la carte dominante « faire plaisir »**

La carte dominante « faire plaisir » est, pour les enfants, un modèle de douceur, de considération et d'empathie. En l'observant, ils apprennent à se comporter sans agressivité, avec à cœur de réconcilier ceux qui ne s'entendent pas et d'aider ceux qui en ont besoin. Ils se portent facilement volontaires et maîtrisent l'art du compromis.

Malheureusement, lorsque le désir de faire plaisir devient excessif, l'adulte peut développer le ressentiment de ne pas être suffisamment reconnu pour l'aide apportée, ainsi que le sentiment déprimant de ne pas être apprécié.

Par ailleurs, ceux qui font l'objet de ces attentions excessives peuvent en vouloir à celui ou celle qui cherche sans cesse à faire plaisir et dont ils perçoivent les attentes. Ils se sentent souvent redevables et dans l'obligation de retourner les faveurs.

La Discipline Positive offre à ces adultes la possibilité d'infléchir leur tendance parfois excessive à vouloir rendre tout le monde heureux, en les aidant à se centrer sur les atouts de leur carte dominante et non pas principalement sur les besoins des autres.

Parents et enseignants pourraient par exemple se concentrer davantage sur leurs propres besoins afin d'enrichir ce qu'ils apportent aux autres. Ils enseigneraient ainsi aux enfants l'importance de s'occuper de soi/d'eux, de savoir exprimer leurs besoins et les satisfaire, et faire en sorte, par le biais de la recherche de solutions, que les besoins de chacun soient pris en compte dans un véritable respect mutuel.

Adultes comme enfants bénéficieraient de pouvoir exprimer librement leur ressenti et leur pensée sans craindre de ne pas satisfaire, par la conformité, l'autre dans ses attentes.

M. V. est l'exemple même d'une personne dont la carte dominante est de « faire plaisir ». Impossible de mesurer l'énergie qu'il a consacrée, les efforts qu'il a déployés, pour essayer de faire en sorte que ses enfants soient gentils les uns envers les autres, leurs voisins, leurs grands-parents, leurs profs, leurs catéchistes, leurs entraîneurs sportifs. Sa préoccupation habituelle était bien plus de s'assurer qu'ils traitaient bien les autres personnes que de les aider à gérer leurs propres sentiments.

Mais à certains moments, il suffisait que ses enfants se mettent à pleurnicher ou à supplier pour qu'il leur accorde toute son attention. Par exemple, pour leur faire plaisir, il cédait à leurs exigences, acceptait de lire encore une autre histoire, avant d'aller se coucher. Puis il se fâchait, offusqué qu'un traitement si privilégié ne suffise pas à obtenir des enfants qu'ils aillent au lit joyeusement et en toute harmonie. Résultat, tout le monde se couchait furieux. Et cela ne faisait plaisir ni aux uns ni aux autres.

Ce qui était également important pour M. V. était de se savoir aimé de ses enfants et de se sentir reconnu dans son rôle de père. Il était donc pour lui logique que ses enfants cherchent aussi à lui faire plaisir.

Impossible pour lui en revanche de comprendre comment ses enfants pouvaient se plaindre de ce qu'il n'était pas assez attentif à leurs sentiments. C'était un cercle vicieux, il était persuadé que ses enfants n'avaient rien à faire de ses sentiments à lui, malgré tout ce qu'il faisait pour eux.

M. V. n'était pas certain d'adhérer à la théorie des priorités qui étaient attachées aux styles de fonctionnement. Néanmoins, quand il commença les TEF avec ses enfants, les impliquant alors dans la résolution conjointe de problèmes, il nota que l'atmosphère avait changé. M. V. et ses enfants apprirent à exprimer leurs émotions et leurs besoins avec une grande honnêteté, sans avoir peur de la réaction des autres. Ils purent ainsi réfléchir ensemble à cette idée des « réalités distinctes » : les gens peuvent percevoir différemment la même situation (et aucune de ces perceptions n'est nécessairement fausse) ; des choses différentes font plaisir à des personnes différentes ; ce qui est respectueux, c'est de demander plutôt que de présumer des souhaits des autres.

Il découvrit aussi l'importance de s'occuper de ses propres besoins, ainsi que de faire preuve de plus d'objectivité face aux besoins dictés par les situations de tous les jours. Ainsi, le soir, il apprit à répondre aux exigences de ses enfants en leur disant fermement et avec bienveillance : *Il est l'heure de vous coucher, quelle est la prochaine étape dans votre routine du soir ?* Au début, il fallut qu'il répète plusieurs fois cette simple phrase. Mais une fois que les enfants se rendirent compte qu'il s'y tiendrait, ils arrêtèrent d'essayer de le manipuler.

Les membres de la famille commencèrent à mieux s'écouter entre eux ; ils apprirent à entendre les désirs de chacun, et à être honnêtes dans leurs réponses.

Le plaisir était désormais véritablement partagé la plupart du temps.

▶ Influence et pistes d'amélioration de la carte dominante « supériorité »

La carte dominante « supériorité » offre une formidable opportunité aux enfants et aux élèves de grandir en étant motivés à se dépasser, à progresser et à développer toutes leurs possibilités. Cependant, il arrive que les enfants soient

Comment notre personnalité affecte-t-elle la leur ?

découragés par cette quête d'excellence et de perfection en ayant l'impression de ne pas pouvoir répondre aux attentes de leurs parents ou de leurs enseignants. La carte dominante « supériorité », lorsqu'elle est poussée à l'excès, risque de provoquer chez les enfants un sentiment d'incompétence et la croyance que ce qui est fait n'est jamais suffisant.

Les outils de la Discipline Positive peuvent permettre à ces adultes, dont la carte dominante est la « supériorité », de se libérer du besoin de toujours avoir raison et de toujours faire mieux en acceptant d'entrer dans le monde des enfants pour identifier ce qui est réellement important pour eux. Ils se rappelleront ainsi qu'il n'y a pas qu'une seule façon d'atteindre ses objectifs et seront plus sensibles à la nécessité de privilégier le message d'amour inconditionnel, porte ouverte sur toutes les possibilités des enfants.

Ils pourront alors enseigner la valeur de l'erreur comme opportunité d'apprentissage, et l'importance de prendre en compte toutes les idées qui enrichissent la recherche de solutions. Parfois les cartes « supériorité » sont tellement focalisées sur le résultat à atteindre qu'elles en négligent les joies du processus d'apprentissage.

Avec M. L., observons ce qui peut se passer avec un parent dont la carte dominante est la « supériorité ». Ce père a toujours été intarissable sur ses propres réalisations et ne cessait de faire savoir à ses enfants qu'il n'en attendait pas moins d'eux. Il pensait ainsi pouvoir les inspirer et les motiver à mettre leurs pas dans les siens ; une grande part de sa propre assurance reposait sur l'espoir qu'il plaçait dans leurs succès futurs, convaincu qu'un jour, ils seraient encore meilleurs que lui.

M. L. était par ailleurs un bourreau de travail, soucieux d'être en mesure de donner à sa famille tout ce qu'il y a de mieux, sans se rendre compte qu'il en arrivait de ce fait à être très absent. Le reste de la famille aspirait pourtant précisément à pouvoir passer un peu de temps avec lui, juste pour le plaisir. L'impact de cette personnalité marquée par la carte « supériorité » était tout à fait contre-productif au regard de ses objectifs, qui étaient d'aider ses enfants à atteindre l'excellence. L'un d'eux devint très perturbateur en classe (puisqu'il ne se sentait pas capable de répondre à la hauteur des attentes de son père en étant le meilleur des meilleurs, au moins pouvait-il essayer de briller en étant le pire des pires) ; cet enfant avait, en fait, aussi adopté la même carte dominante que celle de son père, mais avait trouvé comment l'exercer en opposition à l'exemple paternel. L'autre enfant, lui, devint un perfectionniste absolu, qui ne pouvait pas supporter de perdre ; sa crainte de l'échec, avec son cortège d'humiliations, était telle qu'elle l'empêchait même de savourer ses réussites et de se détendre.

M. L. désirait vivement devenir capable de développer les atouts de sa personnalité au lieu d'en subir les inconvénients, pour devenir le père qu'il avait toujours rêvé d'être.

Avec sa famille, ils s'entraînèrent pour réagir avec humour quand on discutait des erreurs des uns ou des autres ; ils choisirent aussi des projets sur lesquels ils pourraient travailler ensemble. Et pour solidifier leurs progrès dans le domaine, ils se risquaient même à des erreurs collectives, histoire d'être bien sûrs qu'on avait désormais le droit à l'imperfection.

Comment notre personnalité affecte-t-elle la leur ?

M. L. mit en place des TEF pour améliorer la communication avec ses enfants. Ils s'attachèrent à ne pas se focaliser sur le résultat des échanges, mais à savourer le processus, et apprendre à coopérer. M. L. renonça à ses grands discours et ouvrit la discussion aux avis de chacun.

Lui et ses enfants décidèrent d'élaborer un projet de service auquel ils travaillèrent ensemble. M. L. se rendit compte qu'il pouvait bien mieux communiquer avec ses enfants, et se sentit très encouragé par tout ce qu'il apprenait avec eux et grâce à eux. Les enfants aussi commencèrent à montrer des signes d'encouragement que ce soit à la maison ou à l'école, ils devenaient enthousiastes et prêts à coopérer.

M. L. accepta de devenir l'entraîneur bénévole d'une équipe de foot à l'école. Au départ, son idée était de ne sélectionner que des enfants manifestement doués, prêts à s'entraîner dur, avec un vrai tempérament de gagnants. Avec sa nouvelle façon de voir les choses, il se rendit compte que tous les enfants avaient du potentiel, dès lors qu'il les encourageait. Il commença à travailler avec eux, à affiner leur technique de déplacement, de tir et de passe. Il leur enseigna que le plus important n'était pas de gagner le match, mais de faire de leur mieux – une leçon que lui aussi était en train d'apprendre. L'histoire raconte qu'ils ont gagné beaucoup de matchs (et en ont perdu quelques-uns) mais ce qui rendait M. L. le plus heureux, c'était d'observer l'attitude de son équipe : un véritable esprit de groupe, capable de bien travailler ensemble tout en se faisant plaisir.

Influence des cartes dominantes (priorités) sur les styles de parentalité et d'enseignement

Priorité/carte dominante de l'adulte	Exemples d'atouts
Confort	Montrer par l'exemple aux enfants les bénéfices d'être faciles à vivre, diplomates, prévisibles et naturellement doués pour apprécier les plaisirs simples de la vie.
Contrôle	Transmettre aux enfants des compétences en termes d'organisation, de leadership, de persévérance, d'affirmation de soi, de respect de la loi et de l'ordre, de planification.
Faire plaisir	Pouvoir enseigner aux enfants à être sympathiques, attentionnés, non agressifs, pacificateurs et volontaires, sachant faire des compromis et défendre les plus jeunes ou les plus vulnérables.
Supériorité	Donner l'exemple de la réussite. Enseigner aux enfants l'importance de la qualité et les motiver à se surpasser.

Comment notre personnalité affecte-t-elle la leur ?

Exemples de travers	Peut avoir besoin de :
La permissivité. Les enfants risquent d'être trop gâtés et exigeants. L'adulte choisit le confort au lieu de faire ce que la situation nécessite.	Créer des routines. Fixer des objectifs. Résoudre ensemble les problèmes. Enseigner des compétences de vie. Permettre aux enfants de faire l'expérience des conséquences naturelles de leurs choix. Avoir des Temps d'Échange en Famille ou en Classe.
La rigidité. L'excès de contrôle. L'adulte risque d'inviter la rébellion et la résistance ou une soumission par envie de faire plaisir.	Lâcher prise. Donner des choix aux autres. Poser des questions de curiosité. Impliquer les enfants dans certaines décisions. Avoir des Temps d'Échange en Famille ou en Classe.
L'adulte peut se faire marcher dessus. Il tient une comptabilité de ce qu'il fait pour les autres. Il invite potentiellement le ressentiment, la dépression ou la revanche.	Faire confiance aux enfants pour résoudre leurs propres problèmes. Chercher des solutions ensemble. Enseigne l'honnêteté émotionnelle. Apprendre à recevoir et à donner. Avoir des Temps d'Échange en Famille ou en Classe.
Donner des leçons, faire la morale. Attendre trop de tout le monde. Inviter le sentiment d'incapacité et celui de ne pas être à la hauteur. Voir les choses comme étant correctes ou pas, vraies ou fausses, et non pas comme des opportunités.	Cesser de vouloir toujours avoir raison. Entrer dans le monde de l'enfant et accompagner ses besoins et ses objectifs. Aimer de façon inconditionnelle. Se faire plaisir dans le processus éducatif. Développer son sens de l'humour. Avoir des Temps d'Échange au cours desquels toute idée sera prise en compte avec respect.

Quand les différentes priorités
de style de vie sont en conflit

La connaissance des différentes priorités, alliée aux outils de Discipline Positive viennent nourrir la relation à l'autre en faisant disparaître un certain nombre de conflits de la vie quotidienne. Souvenons-nous des deux couples dont nous avons parlé au début de ce chapitre. Comme le disait Alfred Adler : « Les contraires s'attirent mais ont du mal à vivre ensemble. » Nous sommes souvent attirés chez l'autre par les qualités dont on se croit soi-même dépourvu. Mais ce qui, au départ, nous séduisait peut, avec les années, devenir ce qui justement nous irrite.

Prenons le cas de David et Suzanne K.

David et Suzanne se sont rencontrés en skiant. L'attirance fut immédiate et leur relation se développa rapidement. Suzanne était attirée par David parce qu'il était détendu, facile à vivre et que c'était vraiment très agréable d'être à ses côtés. Même quand il skiait, on avait l'impression que cela ne lui demandait aucun effort.

David, quant à lui, était attiré par l'intelligence, la beauté, la créativité, l'esprit très construit de Suzanne. Jamais il n'avait rencontré une femme aussi talentueuse et accomplie.

Ils avaient beaucoup de choses en commun. Ils ne se doutaient pas que les montées et les descentes des pentes de ski, dont ils étaient tous deux tellement friands, allaient devenir une métaphore très pertinente des hauts et des bas de leur mariage, encore alourdis par les écarts entre leurs styles d'éducation à la naissance de leur premier enfant.

Comment notre personnalité affecte-t-elle la leur ?

La priorité de David était celle du « confort », celle de Suzanne était la « supériorité ».

David n'a jamais interféré dans les nombreuses activités de Suzanne, il se montrait très encourageant envers ses projets. Après tout, l'ambition et le dynamisme de Suzanne lui permettaient d'avoir une vie facile. De l'autre côté, le charme naturel et la décontraction de David apportaient la touche qui manquait aux projets ambitieux et à l'énergie débordante de Suzanne, la poussant à prendre le temps de profiter de la vie. Puis ils eurent leur premier enfant.

Il ne fallut pas longtemps pour que cet enfant devienne expert pour mettre son père dans l'inconfort le plus total, et pour donner à sa mère la sensation que sa contribution n'était pas vraiment utile ni efficace. Il avait aussi une capacité remarquable à déclencher de grandes disputes entre ses parents au sujet de son éducation. Papa était trop laxiste, maman trop exigeante... ou tout du moins, c'est ce qu'ils finissaient par penser l'un de l'autre.

Les choses commencèrent à mieux tourner le jour où une bonne âme leur fit découvrir les différentes priorités de style de fonctionnement.

Ils décidèrent alors de se souder dans l'éducation de leur enfant et s'efforcèrent d'apprécier les bons côtés de leurs priorités respectives (à savoir ce qui les avait attirés l'un vers l'autre). Ils décidèrent de travailler chacun sur leurs propres vulnérabilités, et de se soutenir mutuellement en faisant preuve de compréhension plutôt que de se laisser aller à la critique.

Ils furent ravis de voir que leurs nouvelles compétences de parents formés à la Discipline Positive convenaient tout aussi bien à leurs deux styles, et qu'elles leur permettaient de créer ce à quoi ils aspiraient le plus : une famille heureuse.

Activité « réflexion »
Discipline Positive – chapitre 10

L'outil présenté dans ce chapitre se résume à la compréhension et à la prise de conscience de **nos priorités de style de fonctionnement.** Une meilleure connaissance de soi et de ce que nous invitons chez les autres participent à faire de nous des éducateurs aidants, respectueux, fermes et bienveillants.

Voici une activité qui nous aidera à déterminer votre priorité de style de fonctionnement. Cette activité se fait habituellement en atelier, ce qui permet de profiter de la dynamique du groupe.

1. Les atouts de ma carte dominante

2. Les travers de ma carte dominante

3. Ce que cette priorité risque d'inviter chez les enfants (en positif et négatif)

4. Marge de progrès et améliorations possibles chez l'adulte (compte tenu des travers de ma carte dominante). Être le plus spécifique possible

5. Amusez-vous à créer un slogan (à coller à l'arrière de votre voiture, par exemple) qui résumerait votre priorité de style de fonctionnement

11

Profiter pleinement du chemin éducatif

Ce livre a l'ambition d'être une trajectoire éducative, un juste équilibre entre la compréhension des principes essentiels de la théorie adlérienne, des éléments inhérents à la personnalité de chacun, et des outils de Discipline Positive ancrés dans l'encouragement et le bon sens. Lorsqu'on fait la synthèse de toutes ces composantes, on obtient une boîte à outils aidante, dynamique, toujours en devenir en fonction de la créativité de ceux qui décideront de la mettre en pratique dans leur quotidien. À chacun d'y trouver ce qui l'aidera sur le chemin des apprentissages. Chaque famille, chaque classe, chaque enfant, chaque situation a ses spécificités, et les outils qui fonctionnent pour certains ne fonctionneront pas pour d'autres. Avoir des choix est une chance, et la cohérence de cette approche permet d'utiliser plusieurs outils simultanément. Ce chapitre a pour vocation de rappeler quelques points essentiels sous la forme d'exemples pratiques et d'en proposer quelques-uns complémentaires.

Quelques incontournables
de la boîte à outils

L'objectif est ici de revisiter de façon pratique et plus approfondie quelques-uns des outils déjà présentés et de s'attarder un instant sur des stratégies plus spécifiques aux situations de conflit entre enfants.

▶ **Deux exemples pratiques du temps de pause**

Rappelons tout d'abord que le temps de pause est un espace de retrait privilégié et nécessaire qui permet de reconnecter avec nos capacités à gérer les émotions. Ce retrait peut être physique (dans une salle de bains) ou émotionnel (prendre un livre), comme le démontreront les exemples cités un peu plus loin.

Le temps de pause est un outil essentiel parce qu'il précède tous les autres. En effet, comment faire une recherche de solutions lorsqu'on est hors de soi, comment réparer son erreur ou être disponible aux apprentissages sans avoir d'abord retrouvé son calme ?

Parce que cette notion a été détaillée dans le chapitre 6, nous ne reprendrons que quelques points essentiels pour enseigner l'utilisation de cet outil aux enfants :

- Expliquer à quoi sert le temps de pause : *Par exemple, quand tu es fâché, cela peut valoir la peine d'aller dans ta chambre faire quelque chose qui t'aidera à te sentir mieux. Quand ce sera le cas, tu pourras revenir et nous trouverons une solution ensemble.* Adapter le discours à l'âge de l'enfant, même si le principe reste le même.

- Impliquer l'enfant ou les enfants dans sa mise en place.
- Donner respectueusement le choix à l'enfant de s'y rendre quand on le juge nécessaire.
- Être soi-même exemple du temps de pause.

N'oublions pas non plus que le temps de pause n'est pas un outil punitif pour « faire payer » à l'enfant son comportement inapproprié, comme en lui disant, par exemple : *Va dans ta chambre réfléchir à ce que tu as fait !* sur un ton qui dit de façon implicite : *Souffre des conséquences de tes actes.*

Il est arrivé que des parents se plaignent auprès de moi en disant : *Ça ne sert à rien de l'envoyer dans sa chambre, ça lui plaît !* Si c'est le cas, tant mieux, l'enfant sera encouragé et plus disposé à faire mieux.

Enfin, dernier point, le temps de pause n'étant pas un outil permissif, un suivi est indispensable sous la forme d'une recherche de solutions, d'un apprentissage, d'une redirection ou d'un encouragement, une fois que tout le monde a retrouvé son calme.

Quitter physiquement l'espace conflictuel : la stratégie de la salle de bains

Dreikurs était connu pour ce qu'il nommait « la stratégie de la salle de bains ». Cet endroit est souvent un des seuls qui ferme à clé dans la maison, assurant ainsi à celui ou

Profiter pleinement du chemin éducatif

celle qui l'occupe une certaine tranquillité. D'autres parents préféreront prendre une douche, aller faire un tour ou aller faire quelques courses, à condition, bien sûr, que les enfants soient en âge de rester seuls ou qu'un autre adulte soit présent. Les options sont nombreuses, avec toujours la même idée de se sentir mieux avant de pouvoir être constructif. Il ne s'agit pas d'une fuite, mais d'un temps pour soi permettant de rentrer à nouveau dans la coopération.

Ainsi, on dira par exemple, lors d'un TEF ou dans une conversation à deux : *Je choisis un endroit, et si je me sens trop en colère, j'irai y passer un moment pour retrouver mon calme. J'y resterai jusqu'à ce que je me sente assez bien pour rechercher avec toi (vous) des solutions respectueuses.*

Depuis l'âge de 4 ans, Anne connaissait bien l'outil du temps de pause. Lorsqu'elle avait besoin de retrouver son calme, il ne lui fallait jamais longtemps avant de penser à aller jouer un moment dans sa chambre ou de demander à sa mère de lui tenir compagnie jusqu'à ce qu'elle se sente mieux (avant l'âge de 4 ans, il est recommandé de faire le temps de pause avec l'enfant, en lui lisant par exemple une petite histoire ou en restant simplement dans la chambre avec lui).

Anne avait parfois tendance à pleurnicher et à se plaindre pour obtenir l'attention de ses parents.

Un jour, la mère d'Anne, ayant subi une intervention chirurgicale, se déplaçait trop difficilement pour accompagner sa fille dans son temps de pause. Elle eut l'idée de recourir à la stratégie de la salle de bains : se dirigeant en boitillant jusqu'à la salle de bains, elle s'y installa en fermant à clé. Anne la suivit et commença à tambouriner à la porte en pleurant : *Sors ! Je veux que tu sortes !* Au bout de quelques minutes, la maman d'Anne entendit sa fille qui tentait de maîtriser quelques sanglots pour lui annoncer, plus calmement : *Je suis prête, tu peux sortir.* Sa mère ouvrit alors la porte en disant : *Je suis bien contente que tu sois prête, j'aime tellement être avec toi ! Tu sais quoi, on pourrait mettre le problème des pleurnicheries à l'ordre du prochain TEF et trouver de bonnes idées pour faire autrement la prochaine fois ?*

Quitter émotionnellement l'espace conflictuel : la stratégie du livre

Le retrait émotionnel n'est un retrait qu'en rapport avec la situation ; il n'est pas question de créer de distance dans la relation affective à l'enfant. Il s'agit seulement de ne pas s'impliquer tout en restant présent physiquement, et de se retirer ainsi d'une situation qui, sinon, s'avérerait génératrice de conflits ou de négociations sans fin.

Difficile, par exemple, pour un enseignant de quitter sa classe pour faire un temps de pause. La « stratégie du livre » consiste donc, sans quitter la classe, à prendre un livre lorsque le chahut ou le manque d'attention empêchent de faire cours dans de bonnes conditions d'apprentissage.

La première étape est toujours de partager avec les élèves ce que l'on a décidé de faire en tant qu'adulte en leur rappelant que notre responsabilité à nous est d'enseigner tandis que la leur est d'apprendre. *Comme il m'est impossible d'enseigner, lorsque l'attention est dispersée, je prendrai donc un livre en attendant que le calme revienne ; vous, élèves, viendrez me dire quand vous serez prêts à assumer votre responsabilité afin que je puisse assumer la mienne.*

Une des raisons pour lesquelles certains enseignants sont réticents à utiliser ce genre de technique est parce qu'ils ne supportent pas la période de test durant laquelle les choses ont tendance à s'aggraver avant de s'améliorer. Cependant, il ne s'écoulera pas longtemps avant que les élèves apprennent à utiliser leur jugement et soient prêts à se calmer.

Il faut noter que cette stratégie sera efficace :
- Si l'enseignant a préalablement instauré un climat de respect mutuel dans la classe, ce qui prépare chacun à coopérer.
- Avec des enfants jeunes (les adolescents, plus sensibles à l'approbation de leurs pairs qu'à celle de leur professeur, pourraient réagir tout à fait différemment).

Points essentiels de cet outil :
- Aviser à l'avance les enfants de nos modalités de retrait en cas de débordement. Prendre un livre ou trouver un espace de repli sont des exemples ; le moyen concrètement choisi se doit d'être en accord avec le style personnel de l'enseignant, mais aussi avec l'âge des enfants. (Comme l'exemple d'une enseignante ayant posé un petit palmier sur son bureau, symbole de son retrait temporaire.)
- Agir sans commentaire.

- Être convaincu que cette technique est efficace, et ne pas renoncer.

Ainsi, le professeur d'une classe d'adaptation qui avait choisi, avec l'accord de son directeur, de quitter la classe en cas de chahut, se retrouva à attendre pendant 45 minutes la première fois qu'il mit en œuvre ce retrait, rempli d'inquiétude à l'idée de tout ce que ses élèves intenables avaient pu commettre comme méfaits en son absence… Jusqu'à ce qu'un élève vienne le chercher pour lui indiquer que la classe était calme et prête à coopérer. Par la suite, le seul fait de le voir sortir de la salle suffisait à produire l'effet attendu.

▶ Décider de ce que nous allons faire et non de ce que nous allons faire faire à l'enfant

Le risque majeur du temps de pause est d'être perçu comme une punition par l'enfant, provoquant ainsi rébellion, ressentiment et revanche. C'est un point particulièrement sensible chez les adolescents ; ce pourquoi on préfère dans de nombreux cas utiliser l'outil qui consiste à décider de ce que l'on va faire, nous, adultes. L'enfant peut alors apprendre grâce aux conséquences naturelles ou logiques de ses choix.

Quelques vignettes en illustration :
- Plutôt que de faire en sorte que les enfants placent leurs vêtements sales dans le panier à linge, décider simplement de ne laver que les vêtements qui sont

dans le panier. Les enfants découvriront assez vite les conséquences (naturelles) de ne pas avoir de vêtements propres quand ils en ont besoin.

- Plutôt que de harceler les enfants pour qu'ils rangent et nettoient la cuisine, refuser simplement de faire la cuisine tant qu'elle n'est pas propre et rangée. Et pourquoi ne pas aller jusqu'à lire un livre en attendant. Au début, les enfants penseront qu'ils peuvent très bien se faire un sandwich rapide quand ils auront faim. Mais au bout d'un certain temps, ils se lasseront, et quand ils voudront à nouveau prendre leur repas, ils comprendront que la coopération doit fonctionner dans les deux sens.

Points essentiels de cet outil :

- Annoncer aux enfants de ce que vous avez décidé de faire.
- Lorsque l'incident se produit, dérouler son plan. Les mots sont alors inutiles.
- Rester ferme et bienveillant.
- Rester en dehors de toute lutte de pouvoir. Les enfants vont essayer de vous tester.
- Garder à l'esprit que les choses peuvent s'aggraver avant de s'améliorer. Garder confiance.
- Les parents et les enseignants pour lesquels c'est trop difficile de laisser l'enfant faire l'expérience des conséquences de ses choix choisiront d'autres outils. C'est l'avantage d'avoir une « boîte à outils » !

La discipline positive

► Impliquer les enfants dans les routines pour éviter les tracas du matin, des repas et du soir

La routine du matin

De quoi a-t-on besoin pour que la routine du matin se passe au mieux pour tous ? Comment pourrait-on faire pour que le repas soit un bon moment pour tous ? Quelles sont les choses indispensables à faire avant de se coucher ? Qu'a-t-on besoin de faire avant de commencer à travailler dans cette classe ? Autant de questions, de sujets de discussion qui visent à impliquer les enfants dans l'établissement des routines et à rendre le quotidien beaucoup plus paisible et agréable pour tous, que ce soit à la maison ou à l'école. Une fois la routine en place, l'adulte peut l'utiliser comme moyen de rappel : *Qui peut me rappeler ce que l'on est censé faire maintenant ?* Ou comme moyen d'encouragement : *Ce départ à l'école était vraiment facile et agréable ! Merci !*

Nous avons vu dans le chapitre 7 que les routines peuvent s'afficher en mots ou en images selon les âges, se modifier au cours du temps, et permettent de faciliter le quotidien en toute coopération.

Cas particulier des repas

La table est souvent le théâtre des luttes de pouvoir. Prenons l'exemple de l'enfant qui refuse de manger. Au bout du compte, on s'aperçoit, après avoir essayé mille stratagèmes, qu'il est extrêmement difficile de forcer un enfant à manger. Et si c'était une façon de nous dire : *Tu ne peux pas m'y obliger !* Et si l'objectif-mirage de l'enfant était le pouvoir ?

Lorsque l'on a identifié le besoin de l'enfant derrière son comportement, il est alors plus facile de lui donner ce dont il a réellement besoin.

Dans l'exemple cité, quelques stratégies, parmi beaucoup d'autres, pourraient être :

- Se retirer de la lutte de pouvoir.
- Mettre le repas sur la table et parler d'autre chose.
- Impliquer l'enfant dans la préparation du repas (ou toute autre solution qui va lui donner la maîtrise dont il a besoin).
- Lâcher prise dans son envie de contrôler ce que l'enfant doit manger ou pas.

Cas particulier du temps de partage au moment du coucher chez les plus jeunes

Vous est-il arrivé de ressentir une certaine impatience s'ajouter à la fatigue du jour au moment du coucher, lorsque votre enfant demandait une dernière histoire ou un dernier câlin ? Le quotidien de chacun étant bien rempli, il est assez normal d'avoir envie de temps pour soi lorsqu'arrive le soir.

Cette impatience, cette envie de faire vite, les enfants la sentent, mais ils l'interprètent souvent comme une façon de se débarrasser d'eux. Et bien souvent, cela stimule leur créativité pour nous garder auprès d'eux : le verre d'eau, le dernier pipi, la peur du soir qui soudain ressurgit, etc.

Un partage de quelques minutes peut apaiser les frustrations de l'enfant. Par exemple, chacun partage à tour de rôle (l'enfant commence, puis c'est au tour du parent) sa frustration du jour et son meilleur moment de la journée. Ce simple partage, qui au bout du compte fait plaisir à tout le monde, donne à l'enfant ce sentiment d'appartenance dont il a besoin pour s'endormir en paix.

▶ Enseigner les 4 Étapes de la Résolution de Problèmes aux enfants

Les TEF et les TEC sont d'excellents moyens, pour les enfants comme pour les adultes, de mettre en pratique leurs compétences de résolution de problèmes ainsi que les techniques de communication (questions de curiosité, gagner la coopération, etc.) présentées dans ce livre. À l'usage, on s'aperçoit avec satisfaction que les enfants transfèrent ces compétences à d'autres domaines de leur vie.

Il arrive également que la résolution de problème ne passe pas par un TEF ou un TEC mais se fasse à deux, en résolution de conflit. On peut alors enseigner aux enfants les 4 Étapes de la Résolution de Problèmes.

1. Ignorer le problème (il faut souvent plus de courage pour se retirer du conflit que pour rester et se battre).

a. Choisir de faire autre chose (trouver un autre jeu ou une autre activité).

b. Faire un temps de pause.

Profiter pleinement du chemin éducatif

2. En parler de façon respectueuse

a. Partager son ressenti et dire clairement ce qui ne nous convient pas dans la situation.

b. Écouter le point de vue et le ressenti de l'autre personne.

c. Chacun, à son tour, reconnaît sa part de responsabilité dans le conflit.

3. Se mettre d'accord sur une solution à mettre en place

Réfléchir ensemble sur ce que l'on pourrait faire différemment.

4. Demander de l'aide si l'on ne parvient pas à résoudre le problème sans l'intervention d'un adulte

a. L'inscrire à l'ordre du jour d'un temps d'échange.

b. En parler à un parent, un enseignant ou un ami.

Un bon entraînement pour permettre aux enfants de s'approprier cet outil peut être d'**organiser des jeux de rôle pour les enfants** en les mettant dans les situations fictives suivantes :

- une dispute pour savoir qui sera le prochain à jouer ;
- une bousculade dans une file d'attente ;
- un échange d'insultes ;
- une dispute pour savoir qui sera à côté de la fenêtre dans la voiture.

Les enseignants peuvent choisir d'afficher les 4 Étapes de la Résolution de Problèmes dans leur classe afin que les élèves puissent s'y référer. D'autres demandent que les enfants aient d'abord essayé cet outil avant de mettre le problème à l'ordre du jour du TEC. Enfin, le choix peut aussi être laissé à l'élève d'essayer l'outil ou d'utiliser l'ordre du jour du TEC.

Cette pratique est tout à fait courante dans la classe de CE2 de Mme S. : les enfants savent qu'ils ont le droit de quitter la classe s'ils souhaitent résoudre à deux un problème qui les opposent ; ils ne sont pas obligés d'en rendre compte quand ils regagnent la classe. En revanche, lors des TEC, tous les élèves sont invités, s'ils le souhaitent, à partager les fruits des résolutions de problèmes qu'ils ont menées.

En famille, on peut recourir à ce processus et y entraîner les enfants dès 6 ans. Là aussi, ce peut être une bonne idée d'afficher les 4 Étapes de la Résolution de Problèmes sur une affiche. Le problème peut être résolu dans le cadre d'un TEF ou deux par deux avec, pour les plus jeunes, un parent supervisant l'entretien.

▶ Ne pas s'impliquer dans les disputes entre enfants

S'impliquer dans les disputes entre enfants, se poser en arbitre est souvent le moyen le plus certain d'envenimer les choses. Les parents ont parfois du mal à croire que l'objectif principal des disputes est d'attirer l'attention de l'adulte. Ainsi, on s'est aperçu que les disputes avaient nettement tendance à s'espacer lorsque l'adulte n'intervenait pas.

Un des schémas classiques, facile à identifier parce qu'assez courant, repose sur l'ordre de naissance. L'aîné se retrouve facilement mis en accusation face à un plus jeune, qui voit avec satisfaction ses parents voler à son secours. Les provocations du benjamin peuvent alors se multiplier, et aller de l'emprunt non autorisé des affaires de l'aîné à la grimace. Tous les scénarios sont possibles. Aux prises avec les réprimandes des parents, l'aîné a beau plaider son innocence, il s'entend souvent dire : *Tu es le plus âgé, à toi d'être le plus responsable !* Si on prêtait davantage attention à l'expression de satisfaction qui se dessine sur le visage du plus jeune lorsqu'on prononce ces mots, nous serions aussitôt plus conscients de l'objectif-mirage poursuivi à travers son comportement :

Sans s'en rendre compte, les parents encouragent en fait le choix de la dispute comme un moyen efficace d'attirer l'attention, de se venger ou d'être en contrôle. Les croyances erronées de l'enfant, qui l'incitent à tenter de satisfaire son besoin essentiel d'appartenance par ce moyen inapproprié, s'en trouvent alors renforcées.

Il faut parfois une solide détermination pour tenir bon sans s'impliquer. Ainsi Cécile R., bien convaincue, avait-elle annoncé lors d'un TEF à ses fils de 7 et 5 ans qu'elle les croyait capables de résoudre leurs problèmes par eux-mêmes (et en suivant les fameuses 4 étapes). Dès le lendemain, elle vit Pierre (7 ans) assommer joyeusement Thomas (5 ans) à coup d'épée. Alors qu'elle se précipitait pour intervenir, elle prit conscience que le plus jeune, qui chouinait à peine avant de la voir, s'était mis à hurler quand elle était entrée. Sentant qu'elle s'était laissé piéger, elle fila donc dans la salle de bains, et essaya de rester indifférente aux coups sur la porte et aux bribes d'explications que les garçons se mirent à donner en criant tous les deux à la fois.

Sur le point de craquer, et tout en pensant : *Dreikurs était fou ! Ça ne marche pas !* elle voulut quand même persévérer, histoire de pouvoir soumettre l'incident au prochain atelier de Discipline Positive... et bien vite, les enfants se lassèrent et retournèrent dans leur chambre.

L'expérience continua à porter ses fruits : un mois plus tard, alors que Marie, la petite sœur, menaçait Thomas d'un : *Je vais le dire à maman*, Thomas lui rétorqua sans hésiter : *Vas-y, de toute façon, maman te dira que tu n'as qu'à résoudre toi-même tes problèmes*. Marie ne jugea pas utile d'aller plus loin. Selon Cécile R., le nombre de disputes a ainsi été divisé par quatre, et celles qui surviennent se résolvent désormais bien plus rapidement.

Toutefois, dans certaines circonstances, il est recommandé d'intervenir :

- Lorsque les enfants sont très jeunes, ils peuvent se faire mal, et il est sage d'intervenir, comme dans le cas d'un enfant de 2 ans tapant sur la tête de son frère de 6 mois avec un camion de pompiers. Lorsqu'ils sont plus âgés, si des enfants ont vraiment décidé de se faire mal, ils le feront la plupart du temps en dehors de notre présence.
- Les enseignants sont responsables de la sécurité de leurs élèves et sont donc dans l'obligation d'intervenir.

Lorsque des parents me disent que leurs enfants se battent même quand ils sont absents, ma première question est toujours : *Comment le savez-vous ?* Lorsque la réponse se résume à : *Parce qu'ils me le disent avant même que j'aie passé le pas de la porte ; il arrive même qu'ils m'appellent au*

Profiter pleinement du chemin éducatif

bureau, il est évident que les enfants attendent du parent qu'il prenne parti, qu'il se pose en juge ou en arbitre.

Même s'ils savent que la meilleure chose à faire serait de ne pas intervenir, certains adultes ne peuvent pas s'en empêcher. Dans ce cas-là, l'outil « mettre les enfants dans le même bateau » s'avère très efficace aussi. L'adulte comme l'enseignant pourront alors intervenir sans prendre parti ni chercher à savoir quel enfant est responsable du conflit. La sagesse de cette approche réside dans le fait qu'il est la plupart du temps impossible de savoir exactement comment la dispute a démarré ; et ce qui semble vrai pour l'adulte paraîtra sans aucun doute injuste du point de vue d'au moins l'une des parties.

Voici quelques exemples sur la façon de procéder :
* *Est-ce que vous pourriez vous séparer, ou revenir, lorsque vous aurez trouvé une solution qui vous satisfait tous les deux ?*
* *Temps de pause, ou bien vous voulez trouver une solution maintenant ?*
* En classe : *Voulez-vous mettre votre problème à l'ordre du prochain TEC ?*

Il y a tant de façons de ne pas se poser en arbitre. À chacun de trouver les phrases et les expressions qui lui correspondent le mieux.

Adèle, 12 ans, donne un coup à sa sœur de 10 ans sous les yeux de leur mère ; celle-ci, sans demander ce qui a pu causer un tel geste, décide simplement de mettre les deux filles dans le même bateau : elle demande à chacune de regagner sa chambre.

De même, dans une autre famille, avec Armand, 2 ans, et sa petite sœur qui n'a que 6 mois. Leur mère prend le bébé dans ses bras, la calme et la met dans son berceau avant d'envoyer son fils dans sa chambre pour un temps de pause : *Viens me retrouver quand tu seras prêt à ne plus te chamailler et nous irons ensemble chercher ta sœur.*

À première vue, cela peut paraître absurde d'utiliser une telle technique avec des enfants aussi jeunes, d'autant plus qu'il paraît évident que le bébé n'a pas pu déclencher les hostilités. Et pourtant, ce que cela enseigne est bénéfique pour chacun. En effet, lorsqu'on se lance systématiquement à la rescousse du plus jeune, ou d'un enfant en particulier, on lui apprend petit à petit à se comporter en victime. Le risque est alors d'installer chez lui la croyance qu'il n'est pas assez fort, grand, intelligent, etc., pour se défendre tout seul. De la même façon, si l'on s'en prend toujours au même enfant en le tenant pour responsable à la moindre dispute, il pourra développer la croyance que son agressivité lui permet de gagner de l'attention de la part de l'adulte, même si celle-ci est négative ; et il continuera à se comporter en agresseur.

Une autre façon de mettre les enfants dans le même bateau est de proposer le même choix aux deux, comme par exemple : *Soit vous arrêtez de vous disputer, soit vous allez finir votre dispute ailleurs.* Ou alors : *Vous voulez aller chacun dans deux pièces différentes pour vous calmer, ou dans la même pièce pour essayer de trouver une solution ?*

Chacun choisira la façon de procéder qui lui convient le mieux, à condition de traiter tous les enfants de la même manière.

Certains se demandent peut-être : *Et si l'aîné a vraiment frappé le plus jeune sans raison ?*

Si le conflit oppose de jeunes enfants, j'aurais alors tendance à commencer par reconnaître que, pour une raison que j'ignore peut-être, l'aîné se sent découragé, détrôné par le plus jeune, moins aimé. La raison importe moins que le besoin qui, non satisfait, entraîne le découragement. Encore une fois, il ne s'agit pas, comme certains pourraient le craindre, de valider le fait qu'il ou elle a commencé la dispute, mais d'accueillir ses émotions : *Je vois que ça ne va vraiment pas ! Qu'est-ce qui pourrait t'aider ?* afin qu'il se sente encouragé à faire différemment. On pourra alors lui demander son aide pour s'occuper du plus jeune et réparer le tort ou la souffrance qui a été causée : *Peux-tu m'aider à consoler ta sœur ? Est-ce que je lui fais un câlin, ou c'est toi qui commences ? Qu'est-ce que tu pourrais faire pour montrer à ta sœur que tu es désolé de lui avoir fait mal ?*

Si l'enfant n'est pas prêt à coopérer, on peut décider de lui laisser le temps de vraiment se sentir mieux tout en lui disant que, dès qu'il sera prêt, son aide sera la bienvenue. Cela permet à l'adulte de s'occuper du plus jeune en sachant que les besoins du plus âgé sont pris en compte.

Enfin, l'humour reste une des pistes les plus précieuses à ne pas négliger. Je me souviens de ce père qui, au plus fort de la dispute entre ses enfants, prétendait être un journaliste et demandait à chacun : *Pourriez-vous, au micro, en parlant bien fort, me donner chacun votre version de l'histoire ?* Puis, se tournant vers une audience imaginaire, il terminait en disant : *Vous venez d'entendre ce reportage en direct. Revenez sur nos ondes demain pour savoir comment ces enfants malins ont résolu leur problème !*

Si l'humour ne suffisait pas à dissiper la tension, il proposait alors d'en faire un sujet au prochain TEF, afin que toute la famille aide les protagonistes à résoudre leur différend.

▶ **La communication non verbale**

Souvent, un simple geste est plus efficace qu'un cortège de mots. Nous avons vu dans les chapitres précédents des outils comme le geste d'affection ou le temps de pause qui, lorsqu'ils sont utilisés avec fermeté et bienveillance, sont des alliés précieux pour dissiper la tension. Lorsque les mots sont nécessaires, ils peuvent se limiter à l'essentiel.

Quand l'adulte choisit d'utiliser un signal non verbal dans les actions qu'il met en place pour ne pas avoir à répéter sans cesse la même chose et pour rappeler discrètement à un enfant ce qu'il est censé faire, il est important qu'adultes et enfants se soient d'abord mis d'accord sur **une façon de faire qui soit respectueuse pour tous**.

Mme B. en avait assez de retrouver, chaque soir, sacs, manteaux et chaussures jetés en vrac dans l'entrée. Lors d'un TEF, elle proposa d'utiliser un signal non verbal, celui d'un cintre accroché à la porte d'entrée qui fut accepté par tous. La règle arrêtée était simple : si le cintre était là, cela voulait dire qu'il y avait des affaires à ramasser dans l'entrée. Un matin, quelques semaines plus tard, Mme B. eut la surprise de trouver le fameux cintre dans l'entrée. Elle s'aperçut alors qu'elle avait laissé toute une pile de livres qui lui appartenaient dans l'entrée la veille au soir. Les enfants avaient parfaitement intégré le principe et le fait que l'ordre de la maison concernait tout le monde. Ce fut l'occasion d'un bon fou rire en famille ce soir-là.

Dans sa classe de 6e, Mme R. instaure avec ses élèves toute une série de signes dès le jour de la rentrée ; ils deviennent rapidement comme une deuxième langue pour toutes les consignes de discipline habituelle : s'asseoir en silence, signaler que l'on est prêt à écouter (mains croisées sur le bureau), que le niveau sonore est trop élevé, etc.

Quant aux enfants de M. et Mme N., ce furent eux qui proposèrent à leur parents d'utiliser un signal discret pour leur rappeler de dire merci plutôt que de le faire à haute voix en public, car cela les mettait inévitablement mal à l'aise.

Si les exemples sont nombreux, c'est aussi pour rappeler que chaque outil peut s'utiliser dans beaucoup de situations très différentes.

▶ **Offrir des choix**

Nous faisons souvent l'erreur d'exiger des enfants qu'ils fassent des choses au lieu de leur offrir un choix qui les implique. Ils sont pourtant beaucoup plus réceptifs à cette approche, surtout lorsque le choix est suivi d'un : *À toi de décider !* Les choix sont bien sûr respectueux, centrés sur les besoins de la situation et directement liés à la notion de responsabilité.

À l'évidence, les jeunes enfants n'étant pas encore en mesure d'assumer les mêmes responsabilités que les plus âgés, leurs choix s'en trouvent plus limités. Par exemple, pour l'heure du coucher, on peut proposer aux plus jeunes de choisir de se coucher tout de suite ou dans 5 minutes, alors que les plus âgés pourront exercer pleinement leur choix de l'heure, puisqu'ils sont aussi responsables de se lever le matin et de se préparer dans les temps pour leur journée.

Autre exemple : les jeunes enfants peuvent se voir offrir le choix de venir à table dès qu'on les appelle ou attendre le repas suivant, ce qui évite le désagrément des « services à répétition », alors que les plus âgés choisiront éventuellement entre venir à l'heure dite ou se faire leur propre repas, à condition de ne rien laisser derrière eux.

L'expérience m'a montré qu'il est indispensable que les alternatives du choix proposé conviennent à l'adulte. Ainsi, j'avais demandé à ma fille de 3 ans : *Veux-tu te préparer à aller te coucher ?* Elle me fit clairement comprendre qu'elle n'était pas prête du tout ! De toute évidence, le choix proposé n'était pas approprié à ses besoins, ni aux miens d'ailleurs, puisque j'avais tout simplement omis de proposer une alternative qui me convienne. Je fis donc une deuxième tentative : *Veux-tu mettre ton pyjama rose ou le bleu ? Tu décides !* Elle opta immédiatement pour le bleu et commença à l'enfiler.

Si l'enfant refuse les alternatives offertes et propose autre chose, il arrive que sa suggestion soit tout à fait acceptable, auquel cas il n'y a pas de problème. Si ce qu'il propose

Profiter pleinement du chemin éducatif

n'est pas une option acceptable, il suffira de rappeler à l'enfant que sa suggestion ne fait pas partie des choix : *Ton choix est entre ça et ça, tu décides.*

Précisons que les enfants n'ont pas le choix pour tout. Par exemple, le plus souvent, faire leurs devoirs ou non ne fait pas l'objet d'un choix. Par contre, les impliquer sur le « comment et quand » constitue une façon de les faire participer dans les décisions et de les responsabiliser.

▶ Des options encadrées

Dès que tu auras rangé tes jouets, nous pourrons aller au parc. Cette formulation est souvent plus efficace que : *Si tu ranges tes jouets, nous irons au parc.* Le premier exemple est une façon ferme et bienveillante d'indiquer ce que l'on est prêt à faire, le deuxième est souvent interprété par l'enfant comme une invitation à la lutte de pouvoir. L'approche « dès que… on… » implique que le choix d'aller au parc ou non n'est vraiment pas un enjeu pour nous. À l'enfant de s'acquitter de sa responsabilité s'il a vraiment envie d'y aller. Par contre, si, pour une raison ou pour une autre, nous devons nous rendre au parc, nous choisirons plutôt de procéder avec des questions de curiosité : *Qui a envie d'aller au parc ? Qu'est-ce qu'il faut faire pour pouvoir être prêts à partir ?*

Beaucoup d'enseignants ont choisi de dire à leurs élèves de façon respectueuse et calme : *Dès que vous serez prêts, nous commencerons le cours (ou la leçon),* ou encore : *Dès que le silence se fait, nous pourrons commencer.* Le ton utilisé lors de la formulation doit indiquer clairement que l'adulte n'interviendra pas tant que la condition n'est pas remplie. L'enfant fera ainsi l'expérience des conséquences de ses choix et nous éviterons bien des conflits inutiles.

▶ Du bon usage de l'argent de poche

L'argent de poche peut être un bon outil éducatif.

Les enfants qui reçoivent régulièrement de l'argent de poche ont la possibilité d'apprendre la valeur de l'argent – si les parents gèrent la question de façon efficace.

L'argent de poche ne doit absolument pas être utilisé pour punir ou récompenser, ni être un moyen d'obliger les enfants à accomplir une tâche.

Les parents se servent souvent de l'argent de poche comme moyen de pression pour essayer de responsabiliser les enfants (par exemple pour les tâches ménagères). Pourtant, la menace : *Si tu ne fais pas ça, tu n'auras pas ton argent de poche* n'enseigne rien.

Quel parent n'a jamais tenté de raisonner son enfant dans un magasin parce qu'il ou elle voulait absolument acheter quelque chose immédiatement ? Avoir de l'argent de poche élimine rapidement ces négociations sans fin au profit de questions à valeur éducative : *As-tu assez d'argent pour te l'offrir ? Comment pourrais-tu mettre de l'argent de côté pour te l'offrir ?*

Souvent, les enfants oublient dans l'heure ce qui l'instant d'avant leur paraissait indispensable.

Lorsqu'un enfant a vraiment envie de quelque chose, comme d'un nouveau vélo par exemple, et qu'il ne s'agit pas d'une tentation passagère, c'est l'occasion pour lui d'apprendre à épargner, de décider ensemble ce que sera sa participation financière au montant global de l'achat. C'est d'ailleurs intéressant de constater que les enfants se montrent souvent plus responsables de leurs affaires lorsqu'ils ont participé à l'achat.

Enfin, l'argent de poche peut permettre à l'enfant de participer aux coûts de réparation des dommages qu'il a pu commettre en cassant ou en abîmant ce qui ne lui appartient pas.

Autant de situations qui font réfléchir et préparent progressivement les enfants à leurs responsabilités de demain.

Les notions essentielles à garder à l'esprit

Le premier objectif de la Discipline Positive est de partager au quotidien davantage de joie, d'harmonie, de coopération, de responsabilités, de respect mutuel et d'amour dans le rapport à l'autre. Souvent, nous agissons comme si nous avions oublié que c'est justement pour cela que l'on vit ou travaille avec les enfants : pour l'amour et la joie partagée ; et l'on se retrouve mus par la peur, le jugement, les attentes, la critique, la déception, la colère… de quoi assombrir la palette des ressentis.

Si apprendre de nos erreurs et progresser sont des envies qui nous animent, alors cette dernière partie du livre sera source d'inspiration par les exemples et les grands principes que l'on y retrouve.

Ci-dessous, quelques rappels pour nous montrer comment ne pas nous laisser détourner de ce qui mène à l'amour et la joie dans les relations avec nos enfants :

- Se souvenir que ce qui compte le plus est la manière dont on fait les choses, pas tant ce que l'on fait.
- Voir dans l'erreur une opportunité d'apprentissage.
- L'apprentissage est un processus qui demande de l'entraînement.
- Se centrer sur le positif de chaque situation.
- Faire confiance aux enfants.
- Exprimer son amour inconditionnel.
- Connecter avant de corriger.
- Consolider ses connaissances.

▶ La Discipline Positive est un chemin, l'apprentissage est un processus

Le plus important est la manière
dont on fait les choses, plus encore
que ce que l'on fait

L'attitude induite par le sentiment sous-jacent que nous éprouvons conditionne la façon dont nous agissons ; ce sentiment est souvent exprimé dans le ton de notre voix. En chassant les pensées négatives, nous permettons à nos sentiments positifs de remonter à la surface.

De retour d'un déplacement, je découvris en guise d'accueil à la maison un évier plein d'assiettes sales. J'étais furieuse, et assez découragée ; je me mis à râler et critiquer à tout vent : *On s'était mis d'accord sur le fait que*

tout le monde mettrait son assiette dans le lave-vaisselle ;
c'est quand même incroyable que personne ne respecte ses
engagements quand je ne suis pas là !

Je cherchais quelqu'un à accuser mais, bien sûr, chacun
y allait de son : *Ce n'est pas moi.* Vraiment fâchée intérieurement, je lançai : *Très bien, il ne nous reste qu'à faire*
un TEF et voir comment on peut régler ça. Je vous laisse
imaginer le genre de résultat qu'aurait eu un TEF en par-
tant sur des bases aussi critiques et accusatrices. Il n'avait
aucune chance d'aboutir à une solution comme celle que
l'on trouve dans un climat d'amour et de respect. Par mon
attitude agressive, j'étais sûre de susciter des réponses sur le
ton de la défensive et de la contre-attaque. Heureusement,
je pris conscience de ce que j'étais en train de faire, et
changeai aussitôt de cap, certaine que je n'obtiendrais rien
de bon dans ces conditions (sans même parler de ma
propre honte).

Aussitôt que je décidai de changer d'attitude, mes sentiments hargneux s'adoucirent, et il me vint une idée pour
aller vers une solution positive : *Nous n'avons qu'à aller*
ensemble manger une pizza ; ensuite, on pourra avoir un
vrai TEF fructueux, qui ne vire pas à la séance de règle-
ment de comptes. Le TEF fut excellent. On tomba tous
d'accord, en riant, sur le fait que le coupable était manifestement un fantôme mal élevé. Et puisque nous étions
dans un vrai esprit de recherche de solutions, Mary et
Mark firent une très bonne suggestion : chacun se chargerait deux jours par semaine des assiettes du fantôme.
Chacun acceptait de prendre sa part de responsabilité

pour gérer le problème. L'évier cessa d'être débordant d'assiettes sales.

Voir dans l'erreur une opportunité d'apprentissage

Tout au long de ce livre, j'ai parlé de l'importance d'aider les enfants à apprendre de leurs erreurs. Adopter ce principe pour nous-mêmes nous permet d'enseigner ce qui nous tient à cœur et de se rapprocher de ce qui procure joie, compassion et ressentis positifs.

L'exemple qui suit illustre ce point :

L'histoire se passe dans une classe de CE1, où, un jour, la maîtresse vit Michael donner un coup de pied à un copain. Très fâchée contre Michael et, bien sûr, soucieuse d'enseigner à ses élèves que l'on ne doit pas frapper, la maîtresse prit Michael à part pour le gronder : *Tu crois que tu aimerais, toi, qu'on te frappe comme ça ?* Et, pour mieux lui faire comprendre, elle lui décocha un coup de pied, qui frappa plus fort qu'elle n'en avait l'intention... juste au moment où passait un surveillant, qui alla aussitôt raconter la scène au directeur.

La maîtresse n'était vraiment pas fière, d'autant qu'elle avait essayé depuis des années de mettre en place la Discipline Positive dans sa classe. Elle me téléphona, effondrée : *Comment ai-je pu faire une chose pareille ? Mais qu'aurais-je dû faire ?*

Je lui dis tout d'abord qu'elle était « très normale ». Quel parent, quel professeur n'a jamais craqué, et n'a jamais réagi par des moyens dictés par la colère, au lieu de recourir

Profiter pleinement du chemin éducatif

à des outils qui auraient été bien plus bénéfiques sur le long terme ?

Je la félicitai ensuite d'avoir reconnu son erreur. Plutôt que de la laisser sombrer dans l'autocritique, elle aurait mérité une bonne accolade. Beaucoup de parents et enseignants ne prennent même pas conscience de leurs erreurs.

Pour finir, je la félicitai de manifester ce désir et cette volonté de chercher à faire mieux ! Je l'encourageai à voir cet incident comme un cadeau (ou une alerte) qui la motiverait pour chercher comment avoir un meilleur comportement.

La tentation de « réagir » à un comportement inapproprié plutôt que « d'agir » d'une manière choisie est universelle. L'intention de l'adulte est généralement positive, mais en réagissant, il prend le risque d'utiliser un comportement inapproprié contraire au respect. Les vieux réflexes centrés sur « faire payer pour l'erreur commise » reprennent alors leurs droits. Si on pensait aux effets à long terme de ces méthodes sur l'enfant, il est clair que l'on agirait autrement.

Ce qui est encourageant dans la Discipline Positive est que, quel que soit le nombre de fois où l'on réagit à chaud en oubliant d'utiliser les principes prônés par cette approche, on a toujours une deuxième chance en transformant la réaction première en opportunité d'apprentissage. Les 3 « R » de la réparation en sont un bel exemple. Encore une fois, il ne s'agit pas de devenir des parents ou des enseignants parfaits, mais d'utiliser nos erreurs, tout comme celles de nos enfants, pour progresser.

Si on revient à notre exemple, il fallut à cette maîtresse plus d'une semaine pour se remettre de sa honte et sortir de l'autocritique. Quand elle s'en sentit enfin capable, elle prit Michael à part pour s'excuser : *Michael, je suis vraiment désolée de t'avoir donné ce coup de pied ; j'étais tellement furieuse que tu aies frappé Mathieu... mais, en fait, je t'ai fait exactement ce qui m'avait rendue furieuse contre toi. Tu dois trouver que ce n'est vraiment pas malin.* Michael la regarda un peu en biais.

Elle continua : *En plus, ce n'était vraiment pas gentil de ma part* ; petite moue de Michael, qui dodelina un peu de la tête. *Est-ce que tu te sens un peu mieux maintenant que je me suis excusée ?* Toujours sans un mot, Michael approuva. *Et Mathieu, comment crois-tu qu'il se sentirait, si tu allais lui présenter tes excuses ?* Michael, en marmonnant : *Ben, mieux.*

— *Qu'est-ce que tu dirais d'aller lui présenter des excuses, et ensuite, on se retrouve tous les trois pour chercher comment résoudre le problème que tu avais avec Mathieu. Ou sinon, on peut le mettre à l'ordre du jour du prochain TEC pour que toute la classe puisse vous aider. C'est toi qui choisis.*

— *Juste entre nous*, répond Michael.

— *Et quand penses-tu que tu pourrais aller le voir pour t'excuser, et lui proposer qu'on se réunisse pour une petite session de recherche de solution tous les trois ?*

Michael répondit tout détendu : *Je peux le faire aujourd'hui !*

— *Magnifique, tu me dis quand vous êtes prêts, on choisira le moment.*

Le lendemain, la maîtresse, Michael et Mathieu se réunirent ; chacun des garçons put donner sa version de ce

Profiter pleinement du chemin éducatif

qui s'était passé, comment cela avait commencé, ce qu'il ressentait, ce qu'il avait appris, et comment il proposait de résoudre le problème. Ils discutèrent aussi du fait que, dans les erreurs, il y a toujours des opportunités d'apprentissage. Les deux petits garçons quittèrent la séance tout à fait ravis de la solution qu'ils avaient pu trouver pour essayer de ne plus se battre.

Les erreurs sont source de tellement d'opportunités d'apprentissage ! Grâce à cet incident, cette maîtresse put être un exemple pour les deux garçons et enseigner plusieurs compétences utiles : celle de reconnaître ses responsabilités, de savoir s'excuser, d'aider les enfants à en faire autant, d'apprendre à s'écouter et de trouver des solutions ensemble.

Pour ceux que ce principe intéresse, les jeunes enfants qui apprennent à marcher sont aussi un très bel exemple à observer. Le plus souvent, lorsqu'il leur arrive de tomber, les petits se relèvent, parfois après quelques larmes, avant de reprendre leur route, sans honte et déjà tournés vers l'étape suivante. Aider nos enfants à conserver cette simplicité dans les apprentissages au fur et à mesure qu'ils grandissent ne peut se faire qu'en redonnant sa juste place à l'erreur. Croire qu'il faut être parfait dans notre rôle de parent ou d'enseignant nous écarte de la possibilité d'apprendre, de progresser et d'en retirer de la joie.

Cela fait presque trente-cinq ans que j'ai écrit la première édition de *La Discipline positive*, et cela fait autant d'années que j'apprends de mes erreurs. Les principes de la Discipline Positive me servent de guide et m'aident à retrouver la route de la fermeté et de la bienveillance à chaque fois que je m'égare.

Combien de fois ai-je souffert de ce décalage entre mes agissements au quotidien et ce que je recommandais en conférence ou dans mes livres. Il m'arrivait d'en pleurer, me sentant découragée et sans aucune compassion pour moi-même.

Je disais à mon mari : *Qui suis-je pour dire à tout le monde comment faire mieux avec leurs enfants, leurs élèves, alors que je n'y arrive pas toujours moi-même ?*

Il souriait alors en me demandant si oui ou non ces principes que je défendais étaient aussi ceux que je mettais le plus souvent en pratique.

Avoir de la compassion pour soi-même signifie plusieurs choses : avoir ce courage d'être imparfait dont parle Dreikurs, s'aimer et aimer la vie. L'amour peut tellement !

L'apprentissage des compétences sociales est un processus qui demande de l'entraînement

Nombreux sont les parents qui s'exclament : *Combien de fois devrai-je te le dire ?* Les frustrations peuvent être infinies si l'adulte n'intègre pas le fait que la réponse puisse être : *encore et encore et encore.* Je reste même persuadée que certains apprentissages ne sont réellement intégrés que le jour où nos enfants élèvent leurs propres enfants.

Ces propos soulagèrent Mme B., qui était persuadée que dès le premier TEF, ses enfants allaient définitivement entrer dans la coopération et prendre toutes leurs responsabilités

Profiter pleinement du chemin éducatif

dans les tâches ménagères : *L'enthousiasme de mes enfants n'a duré qu'une petite semaine et j'en ai vite conclu qu'il valait mieux revenir à mes vieilles habitudes, puisque cette nouvelle façon de faire ne marchait pas !*

Mme B., dans sa frustration, en oubliait qu'une semaine sans devoir se répéter sans cesse était déjà un pas dans la bonne direction et que les répétitions, même lorsqu'il s'agissait de compétences sociales, permettaient de renforcer les apprentissages. Le sentiment d'incapacité qui parfois nous envahit lorsque nos enfants n'apprennent pas une bonne fois pour toutes ne nous apporte rien de bon.

Les répétitions dans le processus d'acquisition ne sont pas réservées uniquement aux enfants. Pourquoi alors ferions-nous si souvent appel à la technique de réparation ?

Le chemin du bonheur (amour et joie) passe par l'acceptation que les erreurs sont pour tous des opportunités d'apprendre encore et encore et d'avancer sur le chemin des acquisitions.

▶ **Quoi qu'il arrive...**

Se centrer sur le positif de chaque situation

J'ai pris l'habitude de dire que tout comportement inapproprié s'accompagne de quelque chose de positif : l'opportunité de transmettre une compétence sociale qui sans doute manque à l'enfant. Par exemple, lorsqu'un adulte se plaint du fait que l'enfant n'écoute rien, il peut décider de transformer ce qui l'agace en opportunité d'enseigner

« l'écoute » au travers de ces quelques outils : connecter avant de corriger, exprimer sa compréhension de ce que vit l'enfant et des intentions positives, utiliser des questions de curiosité, etc.

Penchons-nous un peu sur l'histoire de Laurie et de son père. Cette adolescente avait été exclue temporairement de l'école parce qu'elle avait été surprise en possession de cigarettes, ce qui était interdit par le règlement. *Je ne sais pas comment elles sont arrivées dans mon sac de sport ; je venais juste de les trouver et j'allais les porter chez le proviseur quand je me suis fait choper par un prof !* prétendit-elle.

Le scénario ne paraissait pas très plausible aux yeux de son père, que cette affaire le mit hors de lui ! Il était vraiment déçu, ne parvenait pas à comprendre comment Laurie pouvait lui mentir ainsi, alors que la confiance avait toujours régné dans la famille. Et il commença à imaginer que sa fille était en train de basculer dans toutes les conduites à risque possibles et imaginables. En prenant sur lui pour ne pas céder à la première tentation – dire à sa fille combien il était déçu et la punir –, ce père fit l'effort de chercher le positif dans la situation. Pour cela, il lui fallait se mettre à la place de Laurie ; il comprit que ce n'était pas forcément très facile de réussir, à la fois à rester fidèle aux valeurs familiales et à adopter les comportements et les codes qu'elle pensait nécessaires pour faire partie des groupes de copains. Quand il fit part de ses réflexions à Laurie, elle fut si soulagée qu'elle le remercia et en eut les larmes aux yeux.

Il conclut : *Laurie, ce qui nous décevrait ou nous blesserait, ce serait que tu fasses des choses qui te détruisent ; mais, ce qu'il y a de plus important encore, c'est que tu dois être sûre que tu peux toujours nous dire la vérité quoi qu'il arrive. Et si nous ne t'avons pas donné cette certitude, c'est que nous, nous ne savons pas assez bien te montrer que nous t'aimons de manière inconditionnelle.*

Faire confiance aux enfants

Tous les enfants ont envie de réussir. Chaque enfant a envie d'appartenir et de contribuer, de développer de bonnes relations avec les autres. Si l'on s'en souvient, on sera plus enclin à lui accorder le bénéfice du doute lorsqu'il a un comportement inapproprié. Au lieu de penser que l'enfant cherche à être difficile, on partira du principe qu'il veut atteindre des objectifs positifs mais ne sait pas vraiment comment s'y prendre par manque de savoir, de compétence ou de maturité. C'est à nous de l'aider pour cela. Notre approche doit partir de l'attitude suivante : *Je sais que tu veux bien faire. Comment puis-je t'y aider ?*

Comprendre ce que l'enfant veut réellement accomplir envoie ce message d'amour inconditionnel dont l'enfant a tant besoin pour s'épanouir et rejoint l'enseignement adlérien qui rappelle que tout comportement est orienté vers un but.

Exprimer son amour inconditionnel

Les enfants ont besoin de savoir qu'ils comptent plus que tout ce qu'ils pourraient faire, qu'ils valent plus que tout ce que nous possédons. La mère de Maxime fit l'expérience de cette notion qui paraît pourtant couler de source. Maxime avait cassé, par inadvertance, un vase ancien auquel elle tenait beaucoup. Voyant la tristesse et les larmes de sa mère effondrée, il finit par glisser timidement : *Maman, est-ce que s'il m'arrivait un accident, tu serais aussi triste que ça ?*

Poursuivons l'illustration de ce point :

Une adolescente avait volé, « emprunté » selon ses mots à elle, la veste d'une amie après une dispute animée. En l'apprenant, sa mère entra dans une colère noire, traita sa fille de voleuse, tout en se demandant par ailleurs si, à ce rythme-là, sa fille n'allait pas finir délinquante, avec tout ce que cela pouvait impliquer de souffrance. Lorsque mère et fille vinrent me voir, je demandai à l'adolescente ce qui lui était le plus pénible : l'idée de risquer d'aller un jour en maison de correction, ou ce dont elle faisait l'expérience avec sa mère. Elle répondit, tête basse : *Ce qui fait mal, c'est ce que je vis en ce moment à la maison. Ma mère, en fait, elle n'en a rien à faire de moi.*

Dans l'inquiétude et la réaction violente de sa mère, la jeune fille n'avait entendu que l'humiliation et l'incompréhension, sans percevoir l'amour parental pourtant bien réel qu'il y avait derrière cette réaction. Mais pour faire l'expérience de ses choix et pour pouvoir apprendre de ses erreurs, ce dont cette adolescente avait besoin, avant tout, c'était d'être sûre de l'amour inconditionnel et du soutien de sa mère.

Voici encore un exemple finalement assez courant, et qui semble se décliner quel que soit l'âge de l'enfant. Une mère demandait à son fils de 3 ans : *Est-ce que tu sais que je t'aime ?*

Le petit répondit : *Oui, tu m'aimes si je suis sage !*

À cette même question, un adolescent aurait pu répondre : *Tu m'aimes à condition que j'aie de bonnes notes !*

Souvent, les enfants ne savent pas à quel point ils sont importants, à quel point ils sont aimés. Et en se focalisant sur la correction de ce qui ne va pas, on perd de vue l'enfant, et il se perd lui-même.

Souvent, nous réprimandons nos enfants pour qu'ils fassent mieux. C'est parce que nous les aimons, et pensons qu'ils seront plus heureux s'ils font ce que nous croyons bon pour eux. Mais ce qu'ils perçoivent, ce n'est pas que nous voulons qu'ils fassent mieux pour leur bien. Ce qu'ils pensent alors, c'est : *Ce que je fais ne sera jamais assez bien ; je ne peux pas répondre à la hauteur de vos attentes ; vous voulez que je fasse mieux, mais c'est pour vous, pas pour moi.*

Pourtant, si l'on se rappelle que l'on fait mieux quand on se sent mieux, rien n'est plus efficace pour se sentir mieux que de se savoir aimé inconditionnellement.

Une dernière illustration, celle-ci dans un contexte scolaire, et qui démontre l'importance de l'attention bienveillante de l'adulte dans le processus d'apprentissage. Stan, alors élève en classe de 5ᵉ, fut pris en train de tricher pendant un contrôle : il avait préparé des « antisèches » écrites sur la paume de sa main. Devant toute la classe, il fut qualifié de tricheur et eut zéro au devoir ; ses parents, quand ils l'apprirent, privèrent Stan de sortie pour le reste du mois. En reparlant de l'incident deux ans plus tard, lors d'un TEC, Stan raconta à quel point il s'était senti humilié et coupable, mais il déclara qu'il avait le sentiment qu'il avait bien mérité son zéro, et que cela lui avait passé l'envie de récidiver.

En explorant ce que l'incident avait réellement enseigné à Stan, le groupe de classe se rendit compte que l'opportunité d'apprentissage aurait été bien plus riche si les adultes – enseignants et parents – avaient aidé le jeune garçon à identifier l'intention positive derrière son comportement : le zéro était mérité, mais la vraie question à lui poser, en privé, aurait pu être : *Qu'est-ce qui fait que tu as triché ?*

Stan : *Parce que j'avais envie d'avoir une bonne note.*

Professeur : *Je comprends ça très bien. Mais de quelle façon plus constructive aurais-tu pu atteindre cet objectif ? Pourrais-tu me dire comment tu vas t'y prendre pour être prêt pour le prochain test ? Quel est ton plan de travail ?*

Par cette attitude attentive, ferme et bienveillante, l'enseignant serait allé au-delà du comportement de Stan, pour en comprendre l'intention positive, avant de le mettre en face de ses responsabilités.

Dans le même ordre d'idées, Stan ajouta qu'il aurait aimé que ses parents lui disent qu'ils savaient à quel point il avait dû se sentir mal à l'aise et coupable, qu'ils lui expriment qu'ils avaient confiance en lui, même après son erreur, et qu'ils croyaient qu'il était capable d'en tirer les leçons et de faire mieux la fois suivante.

Connecter avant de corriger

Faire passer le message d'amour inconditionnel (parents) ou d'attention bienveillante (enseignants) est l'essence même de ce qui construit le lien, dans la fermeté et la bienveillance. Le message ou l'acte qui permet la connexion et souvent ce qui inspire le changement et tourne résolument l'enfant vers les solutions et vers demain. Nous ne reviendrons pas sur ce concept, même s'il est central, car il est présent à chacune des pages de ce livre.

Consolider ses connaissances et poursuivre la route

À tous ceux et celles qui ont aimé l'approche de Discipline Positive présentée dans ce livre, je conseille de prendre le temps de le relire. Une deuxième lecture viendra consolider et approfondir ce qui a tout d'abord séduit. Chaque pièce du puzzle prendra alors sa juste place, dans une compréhension plus globale faite de cohérence et de logique.

La Discipline Positive insuffle un élan éducatif efficace dans notre quotidien, que ce soit à la maison ou à l'école, mais elle permet aussi de poser les fondations sur lesquelles l'enfant pourra construire sa vie pour devenir un membre épanoui, autonome et constructif de sa communauté. Il est de notre responsabilité d'offrir à la jeunesse d'aujourd'hui les opportunités qui lui permettront de grandir en sagesse, en autonomie, en respect mutuel, en acceptation de soi et des autres. Le sentiment d'appartenance et d'importance directement lié à ces compétences de vie appelle à la contribution positive.

Enfin, la Discipline Positive n'est pas synonyme de perfection. Au contraire, rien n'est plus gratifiant que d'entendre un parent dire : *Mes enfants ne sont pas parfaits, moi encore moins, mais une chose est certaine, nous profitons davantage les uns des autres.* De même, lorsqu'un enseignant me confie : *C'est vrai que les enfants ne se comportent pas toujours comme par le passé, et je suis content d'avoir aujourd'hui des outils autres que le contrôle pour travailler avec eux de façon efficace.* Ces témoignages traduisent mieux que n'importe quelle récompense le processus dynamique dans lequel on s'engage avec une approche comme celle de la Discipline Positive.

Tous ces principes, tous ces outils ne garantissent pas la perfection, juste davantage de joie et d'amour sur le chemin !

« Boîte à outils »
Discipline Positive – chapitre 11

1. Utiliser le temps de pause parce qu'on fait mieux lorsque l'on se sent mieux – technique de la salle de bains (pour les parents), technique du livre (pour les enseignants).
2. Décider de ce que l'on fera au lieu de faire faire quelque chose aux enfants.
3. Informer les enfants au préalable de ce que l'adulte va faire.
4. Agir de façon bienveillante et ferme au lieu de céder à la tentation des longs discours.
5. Si les mots sont indispensables dans le suivi, s'en tenir au minimum de façon ferme et bienveillante.
6. Pratiquer le retrait émotionnel pour ne pas entrer dans une lutte de pouvoir et attendre le retour au calme pour se centrer sur les solutions.
7. Utiliser les routines pour éviter les luttes de pouvoir.
8. Au coucher, partager à tour de rôle son moment le plus agréable et sa frustration de la journée.
9. Éviter les luttes de pouvoir en impliquant les enfants dans les solutions.
10. Ne pas s'impliquer dans les disputes entre enfants – ou alors assurer de traiter tous les enfants de la même manière. Mettre les enfants « dans le même bateau ».
11. Les 4 Étapes de la Résolution de Problèmes.
12. Accueillir le ressenti de l'initiateur du conflit puis lui demander de l'aide pour consoler celui qui « a été blessé ».
13. Faire appel à son sens de l'humour.
14. Se mettre d'accord sur un signal non verbal pour éviter certaines répétitions.
15. Offrir des choix au lieu d'exiger.
16. Utiliser « Dès que... on... ».
17. Se servir de l'argent de poche pour enseigner la responsabilisation financière – pas pour punir ni récompenser.
18. Le sentiment derrière l'acte est plus important que l'acte en lui-même.

La discipline positive

19. Voir les erreurs comme des opportunités d'apprentissage et avoir de la compassion pour soi-même.
20. Se montrer patient envers soi-même et prendre le temps des apprentissages.
21. Exprimer son amour inconditionnel et sa confiance.

À propos de l'auteur

Jane Nelsen, thérapeute familiale, est l'auteur d'une ving-taine d'ouvrages traduits dans plus de 15 langues, et vendus à plus de 2 millions d'exemplaires dans le domaine de l'éducation. Des années durant, elle a travaillé avec parents et enseignants, développant avec Lynn Lott des programmes de formation aujourd'hui enseignés mondialement.

Psychologue scolaire, enseignante en développement de l'enfant, formatrice de parents et d'enseignants, elle est aussi mère de sept enfants. À 75 ans, Jane Nelsen estime qu'élever ses enfants lui a finalement appris davantage que le doctorat dont elle est titulaire en psychologie éducative (obtenu en 1976 à l'université de San Francisco).

Elle partage son temps entre la Californie et l'Utah. Aujourd'hui, elle se consacre principalement à sa famille, quand elle n'est pas en conférence aux quatre coins du monde tout en restant aussi incroyablement active dans les congrès sur l'éducation, sur les réseaux sociaux comme Facebook, Twitter, mais aussi ceux qu'elle a créés, comme NING.

Elle reçoit tous les jours des courriers de parents et d'enseignants qui souhaitent lui faire part des succès qu'ils ont rencontrés grâce aux principes présentés dans ses livres, ateliers et conférences.

Elle a été l'invitée de célèbres émissions télévisées américaines comme celles d'Oprah Winfrey, Sally Jessy Raphael et Twin Cities Live.

Pour plus d'informations et découvrir les autres ouvrages de Jane Nelsen (en langue anglaise), merci de visiter le site :

www.positivediscipline.com

Béatrice Sabaté, psychologue clinicienne et mère de trois enfants, est formatrice certifiée en Discipline Positive, membre de l'Association américaine de Discipline Positive et présidente de l'Association Discipline Positive France.

Pour en savoir plus sur ses activités en France (conférences, ateliers, formations), nous vous invitons à consulter les sites :

www.pedagogieparlencouragement.com
www.disciplinepositive.fr

Remerciements

Cette édition française est le fruit d'une véritable coopération visant à être fidèle à la pensée de l'auteur, tout en
prenant en compte les spécificités de la culture française.

Notre premier élan va vers Jane Nelsen qui nous a
accordé toute sa confiance. Nous tenons tout particulièrement à remercier Armelle Martin et Rozenn Le Roux-Mion
pour leur étroite collaboration qui est venue enrichir le travail d'adaptation. Sans leur talent, leur compétence et leur
sensibilité, le résultat n'aurait pas été le même.

Nous remercions également tous ceux et celles qui ont
contribué à ce projet ambitieux.

Béatrice Sabaté
Anne Burrus

Imprimé en Allemagne par GGP Media GmbH, Poessneck,
ISBN : 978-2-501-08795-7
4132197/09
dépôt légal : septembre 2014